民政转型发展研究

江治强　著

中国社会出版社
国家一级出版社·全国百佳图书出版单位

图书在版编目（CIP）数据

民政转型发展研究 / 江治强著 .—北京：中国社会出版社，2017. 10
ISBN 978-7-5087-5717-9

Ⅰ. ①民… Ⅱ. ①江… Ⅲ. ①民政工作—广西—文集
Ⅳ. ①D632-53

中国版本图书馆 CIP 数据核字（2017）第 184252 号

书 名：民政转型发展研究
著 者：江治强

出 版 人：浦善新
终 审 人：李 浩
责任编辑：彭先芬
责任校对：丁 一

出版发行：中国社会出版社 邮政编码：100032
通联方式：北京市西城区二龙路甲 33 号
电 话：编辑室：（010） 58124828
销售部：（010） 58124848
传 真：（010） 58124870
网 址：www. shcbs. com. cn
shcbs. mca. gov. cn
经 销：各地新华书店

中国社会出版社天猫旗舰店

印刷装订：北京九州迅驰传媒文化有限公司
开 本：170mm×240mm 1/16
印 张：16. 5
字 数：264 千字
版 次：2017 年 10 月第 1 版
印 次：2017 年 10 月第 1 次印刷
定 价：58. 00 元

中国社会出版社微信公众号

目　录

前　言

一、研究的缘起

民政工作是历史悠久的社会管理工作。纵观民政工作的演变，我们现在所讲的民政与历史上曾经出现的民政已有很大不同，但有一点是相同的，无论过去还是现在，民政工作总是与“民事”相对应，“民事”，也就是老百姓的事务。中国社会经历了长达几千年的发展变迁，但社会成员因互动而产生的“民事”是客观存在的。因此，与处理“民事”相关的社会管理活动，随着国家和政府的产生而逐渐被固定下来，并最终被置于“民政”这一范畴之下。

民政工作在不同的历史时期有着不同的范围和特点。在由古代社会的民政向传统民政转变，再由传统民政向现代民政转变的漫长历史进程中，民政的内涵、范围、对象和运行方式等也在不断发生着变化，很多业务不断改头换面、去旧换新，甚至有些方面发生的变化还是颠覆性的。然而，历史是有惯性的，民政与生俱来的不少特性，虽然经历了漫长的历史演变，但仍然世代传递而被保留了下来。历史发展到今天，民政工作已经成为当代中国政府的基本职责之一，其范围主要包括：社会救助、社会福利、减灾救灾、优抚安置、基层民主和社区建设、社会组织管理、区划地名管理、婚姻殡葬等 20 多项具体业务，民政工作的作用范围主要集中在民生保障和社会管理领域。在民生保障方面，通过建立和实施托底性民生保障网，向因贫困、年老、残疾、失去监护、自然灾害和遭遇突发事件等原因而陷入生存困境的人们提供基本生活、医疗、住房、照料等方面的救助帮扶，帮助他们获得基本生存条件；通过向老年人、残疾人、孤残儿童、留守儿童、流浪乞讨人员等社会群体提供养老、康复、照料、养育等方面的福利服务和关爱保护，改善这部分社会成员的生存和发展状况。在社会管理领域，负责指导村（居）民委员会，引导城乡居民自我治理，开展城乡和谐社区建设，打造社会管理的基础平台，将国家赋予公民的民主政治权利落实到基层；依法履行对社会团体、基金会、社会服务机构等社会组织的登记管理职责，培育参与社会治理、提供社会服务的社会主体；承担行政区划调整职能，向社会提供地名服务、婚姻登记、殡葬等基本公共服务，为加强社会的管理和服务创建基础性秩序。总之，民政工作与人民群众的基本生存和社会基础秩序的构建紧密相关，对于增进民生福祉，促进社会建设，构建和谐的社会关系，发挥着不可替代的重要基础性作用。

中国社会正在经历大变动大调整的转型过程，实现社会进步和人的全面发展，需要更加依赖民政工作发挥更大作用。在社会快速转型中，人们渴望能够分享发展成果，享有更广泛和切实的民主政治权利，期待社会和谐稳定。推动民政事业改革与发展，就是满足人民群众这些所思所盼的客观要求。面对困难群体对保障民生的期盼，面对社会对公平的资源和机会配置、体面和有尊严的生活以及对免于剥夺、排斥的期盼和诉求，各级政府不仅将在新的历史条件和环境下作出新的民政制度安排，同时民政工作原有的制度结构也必然需要适应经济社会的发展及时进行优化、调整和创新，在嵌入社会总体变迁中，建立起新型的民政民生福利体系和社会管理体系。民政事业的改革与发展，不但应当适应解决社会问题的需要，不断增强各项制度和政策落实的力度和效果，更为重要的是，要自觉地顺应和服从经济社会发展的大局和长远目标，把民政事业的发展放到国家整体改革发展的框架下进行谋划与推动，以保持发展的适应性和协调性。

民政事业改革发展面临的困难和挑战是十分艰巨的。因为社会大环境正在快速变化，可预期和不可预期的因素越来越多，民政事业的发展要适应这种变化需要进行全方位的变革，但是，这种适应性变革不是轻而易举能完成的。中国目前的转型，一方面是社会的快速转型，整个社会已经由改革开放之初的总体统一型社会，快速转变为一个流动性更快、思想观念更加多元、社会分化更加复杂的社会，在这样一个社会中，传统上以管控为主的社会管理模式已经逐渐失去了功效；另一方面，中国经济发展已经从高速增长的时代逐步回归到以中高速增长为外在特点的新常态。改革开放以来，中国凭借近乎具有无限供给潜力的“人口红利”“资源红利”推动了整个国民经济以超乎寻常的速度发展，使得中国的经济总量一路高歌猛进，跃上了世界第二大经济体的位置，然而，为此付出的代价是沉重的，比如环境污染问题、食品安全问题、收入分配问题、贫富分化问题等，这些社会问题伴随着经济的高速增长而来，在很大程度上对冲了经济增长带来的成果，影响了人们的获得感，使得中国的发展模式和可持续性受到了人们的质疑。为了消除这些问题，党中央国务院提出全面深化改革的重大决策，一场以解决供给侧结构性问题为定位的改革大幕已经徐徐拉开。这一改革的广度与时间跨度可能是以往历次改革所无法比拟的，其产生的影响也将异常深刻。改革能否顺利推进取决于诸多因素，尤其离不开稳定的社会环境，也不能以牺牲民生为代价。民政工作与社会稳定密切相关，改革“阵痛”的很大一部分需要民政来缓解，如果民政的改革和能力建设没有同步跟进，在这一史无前例的考验面前将很难胜任使命。

同时，经济发展迈入新常态，意味着中国的社会事业将面临新的挑战。简而言之，经济增速下降带来的必然是财政收入的下降，但是社会事业的发展往往又与宏观经济形势逆势而行，特别是中国正处在各项社会事业需要加快发展的关键阶段，民政事业发展对国家财政支出所产生的压力将不断加大。比如，如何解决日益紧迫的养老问题，如何完善公平可持续的社会保障体系以及如何使数千万农村贫困人口全部如期脱贫，等等。从近期目标看，这关系到能否在2020年全面建成小康社会目标的实现，从长远来看，其意义关乎中国社会的稳定与发展。虽然民政只是众多社会事业之一，但是，民政与保障和改善民生以及社会的稳定运行密切相关，直接关系社会的良性运行，在解决民政领域的社会问题方面同样面临着艰巨的挑战。

在外部环境变化的条件下，如何在社会转型中同步推动民政事业转型与发展，是当前需要深入研究的重要课题。本书将重点聚焦民政相关业务工作发展遇到的突出问题，并对问题进行系统归纳和总结，着眼于前瞻性和战略性发展探讨改革的政策思路与重点，在深度分析的基础上，力图为构建更加完整、有效和可持续的民政制度体系提供改革的思路和对策。

二、研究背景

研究民政事业改革与发展问题，是在社会转型的背景下，由时代发展和民政自身发展提出的命题。

第一，社会呈快速转型之势，社会运行风险增多，需要我们重新审视民政工作的作用，定位民政工作的功能。民政是中国特色社会事业的重要组成部分，民政事业的发展与社会变迁的变化密切相关。因为社会总体制度环境发生了变化，嵌入在总体制度结构中的民政制度体系，必须随之进行相应的改革、调整与完善。对于传统民政工作，有人将其概括为“拜拜年、发发钱”，言外之意，技术含量不高、服务对象有限，在经济社会发展大局中的地位无足轻重。这样一种认识尽管是偏颇的，然而，在一定程度上反映了传统民政工作的确有其天然的不足和缺陷，这种认识也与中国计划经济时代所采取的管控型社会管理的模式有关，当然还与民政的业务工作属于拾遗补阙的地位有关。

随着改革的深入，中国的社会渐趋多元化，社会运行的体制、人口的流动、就业和社会的组织形式、人的思想观念等方面，都发生了显著变化。社会的风险结构也因之发生了重大变化，一方面经济运行的风险会向社会领域扩散；另一方面，由于资源、利益、机会分配不合理会加剧社会风险的程度，人们价值观念上的分歧也会孕育潜在的社会问题。与此同时，中国的社会转型尚未定型，原有体制、利益格局逐渐被打破而新的体制和利益格局尚未稳定，由此导致风险产生的可性能提高，触发风险的燃点降低，而信息化社会的到来，也使我们对风险的管理面临更多不确定性。

在这样的背景下，中国传统社会管理的模式逐渐失灵，如何使社会既要有活力，还要有秩序，考验着我们的社会管理能力。在这样的大变局中，需要重新思考和审视民政工作的职能作用。过去很长一段时期，民政工作被定位为社会的“稳定器”“安全阀”，在和谐社会建设中具有基础性作用，这些对民政功能方面的界定，都具有现实根据，符合民政工作的特点。但是，时代在不断发展进步，社会风险类型和触发社会问题的原因发生了变化，民政工作发挥着什么样的功能，应当发挥什么样的功能，类似这样的基本问题需要我们结合新的时代条件作深入的思考和筹划。本书要研究的就是针对社会转型出现的新特点新趋势，提出新的思路理念，引领民政工作的方向、定位民政工作的功能，使民政在新的时代条件下的作用得以充分彰显。

第二，全面深化改革的步伐正在加快，需要研究民政领域改革的举措和思路。党的十八大以来，中央提出了一系列改革发展的新举措新部署，特别是党的十八届三中全会作出了全面深化改革的总体部署。中央提出的全面深化改革，是在继承改革这一中国发展基本经验基础上的进一步拓展，全面深化改革的目标是对中国特色社会主义制度的完善和发展，是推进国家治理体系和治理能力走向现代化。全面深化改革的核心是要理顺政府与市场的关系，最终确立政府治理、市场决定、社会自治、个人自主的现代国家治理体系。全面深化改革涉及领域之多、复杂程度之高、影响广度之大将是前所未有的。可以看到的是，围绕发挥市场在资源配置中的决定性作用、发展社会事业、政府简政放权、培育自由竞争的市场体系，以及财税体制改革等诸多方面的改革正在向纵深推进。民政作为社会事业的重要内容，一方面需要根据改革的总体战略，配合总体改革的进行，加快研究制订民政各项改革方案，比如社会组织登记管理体制、退役士兵安置改革等；另一方面，民政工作要为各项改革的顺利推进创造有利条件，尤其要为改革带来的失业下岗人员或利益受损群体提供基本生活方面的兜底保障，为社会中的老年人、残疾人、孤儿等困难群体提供必要的福利服务，同时在推进国家治理能力和治理体系现代化建设中，社会组织管理、社区建设、基层民主等多项民政业务是这项改革事业的重要组成部分，这些民政工作做得好有利于助推国家治理能力的提升。这就需要研究如何定位城乡社区建设和基层民主政治建设，如何处理政府与基层社区、社会组织的关系，如何培育社区共同体来推进基层协商民主等问题。

因此，全面深化改革，对民政部门而言，既带来了新的任务，也面临着工作重点、思路和理念等方面的转变问题。在全面深化改革的伟大事业中，民政能否成为其中的积极推动者和参与者，取决于民政事业改革发展的举措与思路能否跟得上形势的发展变化和改革的总体要求，而实现这一新的目标，需要从理论、制度、政策上加以创新、改革和完善。

第三，民政事业发展创新富有成效，但同时仍存在制约发展的突出矛盾和问题，既需要总结经验，又需要探讨破解问题的思路与对策。近年来，民政事业改革发展的步伐迈得很大，社会救助建立了综合性制度体系，并向法制化、规范化方向加快发展；适度普惠型社会福利服务体系加快发展，老年人福利服务覆盖对象不断拓展，启动了养老服务业综合改革和公办养老机构改制，积极支持社会力量参与养老服务业发展，儿童福利方面推动建立了孤儿基本生活保障制度和困境儿童福利制度，并增加了儿童福利服务的内容；以基层民主和社区服务为重要内容的城乡和谐社区建设有效开展，推动开展了社区减负增效、深化试验区建设等工作；社会组织管理制度改革深入推进，行业协会商会类、科技类、公益慈善类、城乡社区服务类社会组织取消了业务主管部门，可以直接向民政部门依法申请登记；慈善法治和促进发展的政策措施不断完善；社会工作者培育和专业社工服务成效明显。民政事业的经费投入、服务机构设施建设、法治建设同步获得了长足发展。这种发展本身说明，民政工作在国家整体改革中不断深化自身领域中的改革，而且这种改革与探索产生了积极的社会影响，取得了较好的社会效益。

由于受历史和现实等诸多因素的影响，民政事业的改革发展还存在不少瓶颈和制约因素，主要表现在：民政社会服务的社会化或市场化供给水平不足，一些社会服务管办一体，资源分散、缺乏效率；民政业务呈现碎片化，不少性质相似或类型相近、功能相同的业务缺乏有效的协同与整合；民政综合协调机制不够健全，不少业务工作缺乏跨部门的协调配合，工作推进的难度较大；基层民政机构不健全、工作力量薄弱、工作经费安排不足，基层服务机构工作队伍的专业化水平不高。这些问题的存在，不利于在新的形势下民政事业健康发展，尤其是在全面深化改革背景下，与民政相关的其他领域的改革在不断向前推进，民政领域的改革若裹足不前，不仅不能适应国家整体制度环境的变化，而且也将对民政事业的未来发展造成制约。在这样的条件下，需要加强对民政领域改革的总体设计，注意对趋势的分析和研究，进而提出改革的科学设计，提出既能解决眼前问题又有利于长远发展的思路与对策。我们注意到，近年来全国民政系统涌现出了不少值得进一步观察、符合改革趋势、可复制可推广的地方性试验，这些试验具有鲜明的时代特征和创新色彩，需要总结提炼，使之在更大范围得到推广和应用，从而引领民政事业的未来发展。

因此，从民政事业面临的新形势，民政创新发展对自身职能定位、发展思路的角度来看，都应当对民政工作的发展演变、民政未来改革蓝图和发展的思路进行系统的梳理分析，为解决当下遇到的问题和谋划长远发展提供科学的对策建议。

三、研究的主要问题

根据对研究背景的分析，民政事业转型发展研究是因应实践需要而提出的一项课题。具体而言，之所以要以民政事业转型发展为主题进行研究，主要基于以下考虑：

一是在全面深化改革背景下，研究民政总体发展战略的需要。全面深化改革带来了全方位改革的深化，民政作为社会事业的重要组成部分自然需要与时俱进对相应的政策、制度作适当的改革与调整，否则就将滞后于全面深化改革的需要。随着全面深化改革的深入，推进国家治理能力和治理体系现代化，民政的工作不是减轻了，而是任务增加、要求更高，不管从配合改革深化的角度，还是从民政自身充分发挥职能作用的角度，都需要对民政的各项制度和政策进行改革和完善。

二是研究民政如何促进社会治理创新的需要。民政社会管理和公共服务的政策体系，虽然总体上与政府对社会管理的要求和社会公众的需求相适应，但是，在从社会管理向引导社会治理转变，进而促进国家治理体系和治理能力建设的要求上看，民政所面临的改革任务异常艰巨，需要作大量前所未有的改革探索。作为政府工作的组成部分，民政在社会管理方面已经形成了依靠行政手段对公民个人、基层自治组织、社会组织进行管理的模式，而要从习惯于行政管理转向引导社会主体走向治理，这其中的差别不是在字面上的。社会治理聚焦于激发社会的活力，发挥社会力量的作用，强调鼓励和支持各方面参与，而不是政府的管控，同时社会治理更加强调制度建设，特别要用法治思维和法治方式化解社会矛盾。对政府而言，社会管理与社会治理代表着两种不同逻辑，前者可以无所不包，而后者则暗含着政府与社会的两分法，也就是在合法的边界内政府不要随意干涉社会的“自由”，要让社会自己去管理自己的事务，同时，政府作为社会治理体系中的一分子要学会与社会平等合作。这样一来，作为国家机器运行的政府能不能放低姿态、转变理念，改革工作的体制机制就成为无法回避的重要课题。民政主管社会组织、基层民主和基层自治组织建设等工作，与基层社会治理创新可谓密切相关，更深刻地涉及理念、制度和机制等方方面面的转变和改革。因此，具体到如何进一步转换思路、完善政策体系，还需要从需求和发展的视角进行深入系统的研究探讨。

三是研究怎样更好地保障和改善基本民生的需要。从民生的战略意义上看，民生问题自古以来都是关系社会安定、政权安危的头等大事，在当今中国，保障民生更是集中体现着执政党的执政理念和施政目标的头等要事。近年来党和国家提出了社会建设的重大历史任务，并将社会建设的重点放在保障和改善民生上，而保障和改善民生必须通过相应的社会政策才能实现。目前，民政部门负责的社会救助体系建设取得了重大阶段性成就，用短短 20 年时间基本建立起国家财政能负担得起的、水平适度、覆盖广泛的托底性民生保障网。但是，初步构建起的这张民生保障网还不尽完善和健全，尤其在经济结构转型升级、打造中国经济升级版的背景下，还不能完全适应改革力度进一步加大对民生保障的需要，同时随着改革的深入，客观上也需要使经济改革与社会改革协同并进，使经济政策与社会政策协调配合，为增强全面深化改革的成效，提供良好社会基础。

本项研究也是民政理论创新的需要。从事民政工作的人大都会有这样的体会，说起民政很多人不见得了解得很全面，但提起比如救灾、社会组织管理、婚姻殡葬等民政的某些单项业务，可能比较清楚。这跟民政理论建设还比较滞后有很大关系。跟其他政府工作相比，民政工作碎片化、多元性比较明显，很难用一条贯穿全部的“线”将所有的业务串联起来，使之构成一个逻辑严密、功能整合的封闭体系。这一特点是民政工作的独特之处，但是不利于民政事业系统性发展。从理论的视角看，只有建立良好的结构才能发挥强大的功能。民政工作实践的发展对理论创新提出了新的要求，我们不仅需要从理论上回应实践中的困顿，而且需要研究如何将实践升华为理论，再来用理论引领和指导实践的发展。

根据上述情况，本书专门对民政事业转型发展进行系统研究，自认为有着极其重要的意义。

本书拟研究的问题主要有以下三个方面：

第一，探讨民政工作的功能定位及未来改革走向。近年来，我国民政领域的实践正如火如荼地进行，国家财政投入力度之大、政策出台密度之大、群体受惠幅度之大均刷新了历史纪录。民政事业的发展与中国整体改革开放事业相同步，在中国的现代化建设事业进入“四个全面”全新布局的新阶段，本书将尝试梳理民政工作发展的历史脉络，分析民政事业改革发展面临的环境与条件，在此基础上，放眼未来回答民政在改革发展新的战略中处于怎样的地位，如何踏准改革的节奏深化民政重点领域的改革，为民政事业的改革和发展提供科学的理论基础和政策设计。

第二，分析民政重点业务工作的政策演变及其运行状况。近年来是民政工作改革步伐迈得最快、政策出台较为密集的一段时期，许多传统的业务不断焕发新的生机，不少新的领域、新的业务不断出现，也有很多新的工作方式、工作机制的创新，但是，在民政工作快速发展的过程中，遇到了不少新情况新问题，其中既有来自外部体制、社会环境的变化带来的破旧立新问题，也有原有制度不尽合理需要修补完善的问题，还有需要适应其他领域改革的推进而提出的民政政策创新的问题，这对各项业务工作的持续改进、完善和提高提出了新的要求。为此，本书将梳理各项重点业务工作的政策演变，对政策的实施进行相应评估，分析存在的突出问题，进而探讨相关政策改革和完善的方向。

第三，探讨民政事业发展的支撑保障体系建设的思路与对策。民政事业属于政府公共管理和公共服务体系的重要组成部分，其发展既离不开国家财政的保障，也需要构建政府与社会良性合作伙伴关系，与此同时，在信息化高速发展的今天，亦需要引入和运用先进的科技手段。只有建立起坚实的支撑保障体系，民政各项法规政策和制度才能最终得以落地，才能惠及民生、服务社会。为此，本研究还将关注点放在建立与民政转型升级发展相适应的民政法治建设、人力资源开发、科技手段运用等问题上，力图通过相关分析，提出建设性建议。

需要说明的是，民政工作主要有两大领域、四大板块、二十多项业务，不同板块和业务之间缺乏内在关联，为了使整个研究保持系统性，全书采用了“总—分—总”的结构设计，首先对民政工作的特点和历史演变进行了简要梳理，之后分析了民政事业转型发展面临的经济社会环境，这两章算作总论；接下来分七个专章，重点探讨社会救助、社会福利、基层社会治理、社会组织、慈善事业等重点业务工作的改革发展问题；最后一章，研究民政公共服务能力建设，探讨推动民政转型升级的支撑保障体系。

本书是笔者从事民政政策理论研究十多年来对民政工作观察和思考的阶段性成果。从收集材料到形成各章初稿，再到修改完善、出版，前后大概用了两年时间。尽管已经做了很大努力，但限于学识和水平，可能书中谬误不少。古语有云："日日行，不怕千万里；常常做，不怕千万事。"民政政策理论研究是一项宏大的事业，愿以此为新的起点，沉下心来从点滴做起，再下一番苦功夫，争取将来能推出更好的研究成果。

| 第一章 |

民政工作的沿革、特点与功能定位

当今中国正在经历广泛深刻的社会变革，社会整体的转型和发展呼唤民政工作发挥更加重要的作用。尽管对民政功能定位的探讨早由来已久，然而由于民政工作业务多元、内容繁杂，缺乏一条贯穿主线，很难对民政的功能作用作出广泛认同的概括。在社会快速转型时期，如何适应形势变化定位民政自身功能，并使其应有的功能得到进一步提升和发挥，仍然是迫切需要研究的重要课题。

一、民政工作的历史沿革

（一）近代之前的民政工作

民政工作并非开始就存在于政府职能之内。从词源上看，“民”与“政”是两个相互独立的词，民者“众萌也”①，“政”乃众人之事。“民”与“政”两个词组合而成“民政”一词始于唐宋时期。唐代初有“安民立政”之说，北宋继有“修治民政”之论，但当时之民政与“君政”“官政”“吏政”等诸

① 萌，同古氓，意为“田民”。参见：孟昭华等编著：《中国民政通史》，北京：中国社会出版社，2006年10月第1版。

多之政相对应,[①] 其外延广泛，但已进入当时政府职能范围。到了北宋时期，由于确立了文官治政的制度，国家官制中以文官任知州，以防止武职专权割据，按照《宋史》中的解释，这里的州指的就是“民政”，泛指除了军队工作或军事工作以外的政府事项，它基本上涵盖了全部内政方面的政权工作或全部地方政权工作,[②] 因此北宋时期的民政含义非常广泛。从南宋开始，政府提出了具有确切内涵的民政工作。在徐天麟编撰的《两汉会要》中专设民政门类，将户口、风俗、附籍、更役、乡役、泛役、复除、置三老、尊高年、恤鳏寡孤独、恤流民等项政府工作全部列入民政的范畴，可以说这标志着作为正式制度的民政工作的初步形成。

明清以来，学者和官方普遍使用民政一词。明代政府将辕田、常太平仓、殉葬等项工作作为民政工作内容。在清朝末年的立宪改革中，中央政府设立了民政部，这是中国历史上首次在中央政府中设置民政部门，当时民政部主要管理地方行政、地方自治、行政区划、警务治安、户口管理、风尚习俗、灾荒政务、移民、宗教寺庙、丧葬等社会事务。从辛亥革命直到民国时期，民政工作的内容一如清朝末年，内容十分庞大，凡有关地方官吏任免、地方行政经费、地方行政区划、地方自治、国土疆界、图志、选举、赈灾扶贫、慈善事业、国籍、户籍、土地行政、水利、建筑、公共卫生、褒扬恤典、礼制宗教、移民、烟毒禁政、出版登记、社团管理、劳资争议均属于民政事项。这种大民政的印记对后代民政工作的本质定性产生了深远的影响。[③]

纵观早期民政工作的演变轨迹，可以看到作为制度的民政工作，它与广泛存在的“民事”相对应，它的功能主要是为统治者推行全面的社会控制提供“规则”，履行政府对社会的管理职责。因此，在制度意义上，民政工作的本质，首先表现为一种社会规则，也就是上面所讲的统治者进行社会控制的规则；其次，作为制度的民政工作是协调国家与社会关系的一种机制。在历史的变迁中，统治者与选民之间总存在某种紧张关系，统治者具有垄断暴力的权力，选民则在超出压迫极限的条件下拥有推倒政权的可信威胁，千百年来中国历史就在充满对立的两大集团之间的博弈中演进，实现博弈的均衡状

① 乔耀章:《关于“民政”问题的理论探微》，载《上海行政学院学报》，2012 年 3 月第 13 卷第 2 期。

② 孟昭华等编著:《中国民政通史》，北京：中国社会出版社，2006 年 10 月第 1 版。

③ 常宗虎:《论民政工作与人民群众社会化权益的保障》，载《民政论坛》，1997 年第 6 期。

态是理想目标，民政工作便是协调两者关系的有效工具。

由此观之，民政工作从其产生之日起，统治者依靠国家权力机构的强力实施，通过民政工作为选民提供“保护”和“公正”，一方面确立了封建时代政府在民事领域合法使用强制性手段的垄断权，另一方面也通过民政工作实现统治的目的。可以说，在封建时代，民政工作的根本属性是阶级性，它在本质上是调节社会矛盾的有组织的权力机器和实现形式，它在功能上虽然有助于缓和阶级矛盾，推动社会进步，但在本质上却是服务于统治集团稳固统治的目的。

（二）传统民政工作的演变

从新中国成立之初到“文革”结束的近30年里，是传统民政工作形成和演变的阶段。传统民政工作是与传统的中国社会结构相对应的一种形态。新中国成立之初，国家实现了政治体制上的根本变革，但仍然没有完全改变中国以自然经济为支柱、以单位制为基础、以“强国家—弱社会”为主要特征、法治化程度不高的传统社会特性。嵌入在这种传统社会结构中的民政工作，便与理念上的落后性、对象上的特定性、运行上的封闭性相联系。从发展的角度看，这个时期的民政工作可以称之为传统民政工作。

新中国成立之初的民政工作以民主建政和帮助恢复国民经济为主要任务。1949年11月7日，中央人民政府内务部宣告成立，开启了民政工作发展的新篇章。由内务部主管的民政工作的内容延续了革命根据地时期的主要工作，除了民主建政之外，还包括优抚、复员安置、社会救济、生产救灾、困难补助、地政、户籍、国籍、行政区划、边界纠纷、社团管理、婚姻登记、民工动员、移民安置、游民改造、老区建设以及宗教、侨务等10多项业务。当时民政工作的范围仍然十分广泛。在新生的社会主义政权刚刚成立的历史时期，面对国内外敌对势力尚未完全消灭、国家建设百废待兴的严峻形势，各级民政部门在政权建设、土地改革、安置战俘和散兵游勇、组织收容救助和生产自救、改造慈善团体、处理旧中国遗留社会问题等方面，开展了大量工作，为巩固新生政权和快速恢复国民经济发挥了重要作用。

国民经济初步恢复以后，从1953年至1956年，我国进入社会主义改造时期。这段时期，由于民政工作中与改造旧社会相关的任务已经完成了它的历史使命，因而，民政工作的重点和作用方向得到了新的调整。在1953年10

月召开的第二次全国民政会议上，民政工作确定的指导思想，从服务于巩固新生政权调整为“围绕过渡时期总路线和第一个五年建设计划的基本任务，继续做好建政、优抚和救灾工作，以保证总路线的实现有广大的民主基础”，1954年又确定了“以优抚、复员、救灾、社会救济为主要业务，并相应地做好其他民政工作”的方针。[①] 在以优抚、复员安置、救灾和社会救济为重点任务的同时，民政工作仍包含行政区划、收容遣送、婚姻登记以及民族、宗教、民工动员、殡葬改革等业务。通过对业务工作和相关政策的落实，民政工作在社会主义经济改造和促进社会稳定方面发挥了积极的作用，也为支持抗美援朝战争作出了贡献。但是，从1957年“反右”运动和“大跃进”开始，受极左思潮的影响，民政工作中也出现了不少“冒进”的做法，提出了一些不切实际的工作目标，特别是十年“文革”时期，内务部被撤销，从中央到地方的民政组织机构遭到了破坏，大量业务有的陷入中断，有的被分割并入其他部门，民政工作一度陷入低迷。尽管如此，在那段艰难的岁月中，民政工作在双拥优抚、群众解困方面仍发挥着不可替代的作用。

这段时期，民政工作的演变总体上保持着连贯性，在工作重心和主要任务的布局上，与当时国家建设的中心任务高度契合，同时也受到当时政治环境的深刻影响。从功能角度来看，民政工作功能的发挥与党和国家中心任务的转移紧密相连，其核心是服务于社会秩序的重构。一是发挥了政治上的重构社会秩序的功能。当时民政工作具有很高的政治性，在涤荡封建余孽、解决旧社会遗留的社会问题，遣散国民党散兵游勇、妥善安置战俘以及改造烟民、妓女等方面，始终体现着“政治挂帅”的根本原则，推动旧社会中不良和丑恶现象得以改造和消除，促进了新的社会秩序的创建。二是组织上的秩序建构功能。朱德同志曾指出，“民政部门是人民群众的组织部”，这是对当时民政部门在政权建设、地政、救灾、民工动员、殡葬等方面组织群众、动员群众等方面工作的生动概括。通过这些工作，社会运行中的一系列基本秩序得到了确立。三是发挥着社会管理上的秩序功能。通过行政区划、户籍、国籍等工作，确立了国家的基本行政管理秩序，通过收容遣送、婚姻登记、殡葬等工作建立了社会运行秩序。同时，从社会运行的角度看，民政工作的功能主要有三个方面：一是为社会成员之间的彼此合作创造了条件。比如婚姻登记、生产救灾等政策的落实，规范了人与人之间的合作关系。二是提供

---

① 窦玉沛：《民政工作发展历史、发展现状、特点规律和发展趋势》（内部材料）。

了公共服务。民政事务在很大程度上属于公共需求，满足公共服务的有效供给者便是政府。通过民政工作，社会成员在优抚、灾害救助等方面的需求得到了保证。三是明确了特定的产权。享有民政救济和抚恤的社会成员，实际上是从国家那里获得了排他性的权益性产权，这对后来建立和完善以资源转移为主的国家救济制度产生了重要影响。

（三）现代民政工作的演变

伴随着改革开放的进行，民政工作开启了现代化转型进程。1978 年 5 月召开的第五届全国人大第一次会议决定设立民政部，同年 9 月，民政部召开了第七次全国民政会议，标志着民政工作重新走上历史舞台。重获新生后的民政工作范围包括优抚、复员安置、生产救灾、社会救济、社会福利、行政区划、婚姻登记、殡葬改革和政府机关人事工作等。

党的十一届三中全会以后，从 1979 年下半年起，民政部门又负责县社两级人民代表直接选举的具体事务。1983 年第八次全国民政会议对民政工作的内容作了新的界定，即民政工作是“有关社会保障的一部分、有关政权建设的一部分、有关行政管理的一部分”，1988 年社团管理工作明确列为民政工作。党的十四大以后，国务院赋予民政部的工作任务概括为部分社会保障工作、部分社会行政事务和基层政权建设工作；1998 年 3 月，国务院机构改革启动，民政工作中的养老保险业务转交给当时的劳动和社会保障部，老龄工作、民办非企业单位的登记管理工作、原国家经贸委承担的抗灾救灾组织协调工作由民政部承担。2002 年召开的第十一次全国民政会议又把民政部门管理的各项业务概括为四个方面：社会救助和社会福利方面的工作、基层民主政治建设方面的工作、服务军队和国防建设方面的工作、有关社会行政事务管理工作。这一概括的突出贡献在于进一步明确了民政部门“保障人民群众基本生活权益和民主政治权利”方面的职责。

进入 21 世纪以来，适应改革开放各项事业的发展，民政工作的内涵和外延不断发生变化，原有业务不断拓展，新的业务有所增加，但归结起来仍在“保障基本民生、发展基层民主、提供社会服务”范畴内，具体包括以解决特殊人群生活困难为目标的社会救助工作，以促进基层社会治理为目标的基层民主和社区建设、社会组织管理工作，以满足社会成员公共服务需求为目标的社会福利、社工以及婚姻、殡葬、地名等工作，以褒扬特殊贡献群体为目标的优抚安置、烈士褒扬工作，以及以促进社会安定和区域协调发展为目标的区划、边界工作。

改革开放 30 多年间，中国从传统计划经济体制逐步向社会主义市场经济体制过渡，从传统农业社会向现代工业化社会转型，从宗法社会向法治社会转变，民政工作在这一时期产生的功能仍然与传统民政工作有很大的相同性，所不同的是，所处的环境发生了重大改变，传统民政工作的功能生发于计划经济时代的特定环境中，而当前的社会环境则是市场经济体制。

改革开放以来的前 15 年（从 1978 年到 1992 年）是我国农村经济体制改革和社会主义市场经济体制改革探索阶段，民政工作通过重点抓社会保障、扶贫、精减退职职工救济、优抚对象补助政策的落实等工作，为经济体制的改革创造了良好的制度环境；通过抓社会团体清理整顿、复查登记和婚丧习俗改革，促进了社会秩序稳定和社会文明观念的形成；通过重点抓农村基层自治、基层政权建设，巩固了基层社会稳定的基础。从 1992 年以来的 20 余年是我国社会主义市场经济体制逐步走向完善的阶段，民政工作继续按照发挥社会稳定机制作用的定位，以社会保障为重点，以保障群众基本生活权益、维护社会稳定为目标，推动发展民政经济和民政事业社会化，有力地支持了社会主义市场经济体制的建立和完善。

特别是从 2002 年党的十六大以来，党中央提出了构建社会主义和谐社会的战略任务，并将以改善民生为重点的社会建设提到前所未有的高度，民政工作在建立新型社会救助体系、拓展社区建设和社区服务、改革社会组织登记管理体制、推动普惠型社会福利事业和慈善事业发展等方面进行了大量探索和实践，树立了民政工作在社会建设中的基础性地位。

二、民政工作的特性

民政工作的特性是指能使民政工作区别于其他行政工作的专有属性。在民政工作演变的历史长河中，随着其内涵和内容的继承和发展，民政工作逐渐形成了独立的传统、机制和边界，从而形成了鲜明的特性。

新中国成立之前的民政工作，尽管阶级性是其根本特性，然而所蕴含的思想，进而形成的“传统”对后世民政工作特性的塑造产生了深远影响。按照制度分析的逻辑，早期民政工作的出现无异于创设了民政“元制度”，而这些“元制度”在执行中逐渐产生“吸同效应”① 以至在长期的演化中趋于稳定，并进而形成了相对固定的制度框架。根据制度演化理论，可以作出这样的推论：民政工作与生俱来的“特点”在历史演化中得到了继承和发展。这是构成民政工作特性的基础性“内核”，对现代民政工作的形成产生了深远的影响。

（一）民政工作领域相对宽泛

民政工作在由旧式向传统再向现代转变的过程中，尽管在范围、对象、运行方式等方面不断发生变化，但是历史的“惯性”留下来的框架和硬核仍然很多。

自古至今，民政工作作为由政府负责的一种行政管理工作其领域一直相对宽泛。特别是从清朝末年设立专司民政事务的中央机关以来，还没有哪个政府部门的工作既直接涉及政权建设，又关乎民生保障和社会事务管理。从现代政府职能的分类看，民政工作主要集中于社会管理领域，直接服务于国家与社会互动关系中加强对社会管理的需要。虽然社会管理的概念在中国形成于 20 世纪 80 年代初，但在此概念提出之前的中国社会确有社会管理之事实。因为社会管理概念在本质上是对国家与社会互动关系的理论描述，是对社会管理实践和模式而提出的形而上的抽象概念。事实上，在广义社会管理范畴内，民政工作属于对包括政治、经济、思想文化和社会四个子系统在内的整个社会系统管理工作的重要组成部分；在狭义社会管理范畴内，民政工作是对社会自治事务的规范、引导和基础性社会秩序的管理。这些工作实质上是对社会事务的管理、控制、调控、引导和约束，这一传统一直影响着历史上的民政工作的发展，并延续至今。

显而易见，当今民政工作的作用领域集中在社会管理领域。行政区划、婚姻登记、基层政权建设、社会组织登记管理工作属于引导社会，创造社会秩序的工作，而且这种社会秩序是政府管理社会的基本条件；社会组织培育管理、基层民主政治建设是培育多元社会治理主体、引导社会自我管理、自我服务必不可少的工作；城乡低保、殡葬、儿童收养、养老服务等方面的工作是提供社会服务，以实现社会管理职能的重要方面；防灾减灾救灾工作，则属于应急管理的重要内容。

---

① 参见：卢现祥：《新制度经济学》。吸同效应，主要是遵守制度和惯例的人越来越多，时间足够长，从而产生制度的稳定性。

（二）民政工作内容具有多元性

在历史演变中，民政工作不仅曾与政治事务相交融，而且随着现代政府职能分工的发展，也曾与民族宗教、社会保障、政权建设、军队建设互相交融，呈现出鲜明的多元性和多样性。

目前，在民政工作的业务构成体系内，二十几个方面的业务彼此之间缺少内部关联，且自成体系、自有相应的活动范围和工作机制。同样是承担政府职责，诸如公安、卫生、教育等部门的工作，均以解决单一矛盾为工作目标，围绕目标的实现，各项业务之间的内在关联度较高，而民政的业务工作却大不一样，它设定的目标更加多样，与之相适应的便是业务的多元化，很难用统一的价值和功能来定位和串联各项具体业务。实际上，民政是政府相关社会管理工作的“综合体”，正如老一辈民政工作者指出的那样，民政部是“不管部”，归不到其他部门的业务都归民政部门主管。

民政业务体系的多元性，虽然大大降低了相关业务整合的可能和效果，但丝毫掩盖不了民政工作的整体功能作用。因为在历史变迁中存续下来的每一种制度，都是为了解决社会中存在的特定问题，如果这些问题持续存在，就足以说明这些制度的重要性。

（三）民政工作功能具有复合性和基础性

在整体上，民政工作主要发挥着维护和提供社会秩序的功能作用。对现行民政工作中那些性质、功能、机制相近的业务进行整合后会发现，与民政工作多元性相对应的是民政工作在功能上的复合性。正如前面所述，社会问题的演化使每一个社会问题客观上都需要相应的制度予以应对。因此，针对社会管理和公共服务领域中的问题，民政工作中不同板块的业务具备的功能也不尽相同。社会救助和社会福利工作是政府为解决家庭保障机制的失灵问题，而向社会成员提供的基本社会保障服务，功能在于保障社会有需要群体的基本生存权；基层民主政治建设、社区建设、社会组织登记管理等工作，主要是培育社会管理的参与主体，引导社会有序参与，功能在于建构基层社会治理秩序；区划调整以及婚姻、殡葬等社会事务工作，主要是对社会行政性事务的管理，构建基础社会秩序；优抚安置、双拥工作是支持国防和军队建设，体现国家对特殊群体的褒扬，为军队建设服务。民政业务工作的功能最终落脚于创造社会稳定秩序，但在更微观的角度上，不同业务各自发挥的功能仍然存在较大的差别，而相同之处在于功能上的基础性。分析可见，民政工作保障的是社会成员的基本生存权，属于“底线”保障；所调整的社会关系和构建的社会秩序属于社会基础秩序，社会成员之间的交往要依据这些基础社会关系进而形成扩展性社会秩序；民政工作提供的社会服务是基本公共服务，属于非竞争性和非排他性很强的公共服务，直接体现着政府的公共职能。

民政工作的上述特点，有利于使民政工作在政治、经济和社会发展等多个方面发挥作用，但是从民政工作自身发展的系统性、专业化来看，却带有与生俱来的不利性。

其一，民政工作业务的多元性，同时意味着缺乏体系上的结构功能整合。也就是说，民政是由多项互不关联的行政事项“混搭”而成，单独将某一项业务（比如宗教事务、养老保险）分离出来划归其他部门或增加新的业务（比如慈善事业），从理论上讲是完全可行的，无须过多考虑新增业务与原有业务的整合问题。而其他政府部门的业务与此不同，比如，社保、教育、卫生等行政职能，均是依据相应的社会公共事务的系统性而形成了自成系统的业务体系，无论是业务的新增还是分离都需要充分考虑体系的整合性，而与此相比，民政工作的功能性整合则相对弱得多。

其二，民政工作中交易费用相对较高。交易费用主要是指制度运行的费用，对于正式制度，交易费用源自于建立、使用、维持和改变法律意义上、权利意义上的制度所涉及的费用。除了正常交易费用之外，交易费用很大程度上来自于部门之间的协调所发生的经济的、非经济的耗费。现代政府的职能分工、专业化日益高度发展，但是随之而形成的本位主义、职责交叉、流程破碎等问题，又需要建设“整体型政府”。因此，在不同政府部门之间便产生了协调协作的需要。与其他具有单一行动目标的政府工作相比，民政工作中经常涉及其他相关职能部门，从一定意义看，尽管民政部门不承担综合协调职能，但由于涉及面广、战线较长、工作流程繁冗，反而十分需要相关部门在政策的制定落实、信息共享、行动的协调配合等方面提供支持，由此导致做好民政工作的交易费用明显高于同类政府工作。

其三，民政工作的价值体现社会正义，意味着工作绩效带有双向“效应”。与困难群众的基本生存密切相关，是民政工作的一个突出特点，也是民政工作的核心功能之一。在这方面，民政工作积极回应社会成员的贫困、年老、生活失去依靠等社会问题，为社会公众实现有尊严的生活、恢复正常社会功能提供基本保护，发挥了“守底线”的作用；通过社会福利制度的利益调节作用，保证起点、权益、机会公平，实现差别原则，均平社会弱势群体与社会强势群体之间的福利差距，发挥了“保公平”的作用。民政工作绝大多数直接面向服务对象，有些工作（比如殡葬工作）还必须尊重社会习俗和文化，民政工作的这种特性，使其经常成为社会各界尤其是困难群体关注的焦点，社会关注度高，出了问题社会容忍度低。因此，政策科学并规范执行，社会便会给予认同，相反便会产生较大负面效应。特别是在信息化高度发达的现代社会，每个人都拥有信息发布权和话语权，稍有不慎就会引发不良社会影响，这说明做好民政工作必须在依法行政的框架下讲究方式与艺术。

三、转型时期民政工作所处的社会环境

当前和今后一段时期，社会转型无疑是中国社会发展的基本特征。在本质上，中国社会转型是一个持续的大规模制度变迁的过程，在这样一个涉及广泛、影响深远，且远未结束的转型过程中，伴随政治、经济、社会、文化等领域的制度变迁的推进，中国社会总体保持不断发展进步的同时，也孕育诸多社会问题，从而对包括民政在内的具体社会制度系统提出严峻考验。

（一）社会转型中的制度环境变化

中国社会转型最引人瞩目的是制度变迁。从一定意义上讲，制度变迁推动了社会转型的进程，社会转型又引发了新的制度变迁。理解民政的制度功能，必须厘清民政在总体制度变迁中所处的位置、面临的形势和未来的走势。

在制度经济学视野内，首先，制度是分层次的：其一为宪法秩序，其二是在宪法秩序框架内创立的法律规章等基础性制度，其三是规范性行为准则。不同层次的制度相互间发生历时性和共时性联系。其次，制度又是一个复杂的制度网络系统，整个制度网络就是制度不同内容的组合。一个网络化的制度体系的特点是具有复合性、相对稳定性和规模化效应。网络化制度体系内，

任何一种制度都不能单独发挥作用并实现最终目标，不同层次的制度交互作用、协同演进，并协同发挥规模效应；同时，每一种制度的变迁必然会受到其他关联制度的牵制和影响，主要表现在：基础性制度决定、影响次级制度变迁的方向、空间及进程；次级制度安排是基础性制度在执行层次上的细化与延伸。

民政作为特定领域的制度系统，其变迁大致受到两种力量的支配：一是作为社会总体制度变迁的重要组成，在协同效应、报酬递增、锁入效应等因素的作用下，更高层次或平级制度的调整，都会对民政制度变迁持续产生影响，从而形塑民政制度变迁的轨迹。二是制度作为激励、规范、约束和引导个体和群体行为选择的外部因素，民政制度变迁一方面是为了获取制度变迁收益而由国家强力推进的结果，另一方面，也是适应社会博弈中的个体和群体寻求降低不确定性和最大化收益需求的结果。

社会转型时期，国家主要是通过持续不断的制度供给，来推动经济发展和社会进步。改革开放30多年来，中国从一个制度供给严重落后的国家逐步建起了相对完备的制度体系，在经济、社会、政治领域制定和实施了一系列法律法规，比如作为国家根本大法的宪法，围绕社会主义市场经济体制的建立而出台的法律法规体系，以及涉及不同领域的专门法律法规。这些由不同层次、不同领域、不同方面和不同执行主体构成的“叠床架屋”式的网络化的制度体系，构成了中国总体社会制度体系，也构成了中国转型社会的制度环境。

社会转型中的民政制度变迁与总体制度环境的嬗变并非孤立地发生，而是与社会总体制度变迁契合的结果。这种契合，可以从总体制度变迁对民政制度变迁的需求中看到。中国社会转型发展目标的追求，真实地诠释了诺斯提出的“制度（因素）是经济增长的关键”的观点，以建立社会主义市场经济体制为目标的体制性改革所产生的效率，甚至超过了技术进步对增长效率的贡献。但是，体制改革对经济增长的追求，从另一方面说也是对传统体制弊病的革除，对新的社会关系的塑造，因此，经济体制改革不是单兵突进式的，它从最初转换国有企业经营机制开始，逐渐扩散和传导到其他领域的制度安排上，从而最终构造形成了具有复杂结构的复合性制度网络，民政制度创新及其功能的发挥，便在这种社会总体制度变迁契合中不断生成和演进。

在这方面，过去的实践表明，面对国企改革剥离出的大批失业下岗职工，面对市场化带来的贫富差距拉大趋势，面对单位福利体制解体和家庭福利功能的弱化等问题，单纯依靠市场化制度是解决不了的，需要复合性制度网络发挥规模效应。在这样的背景下，民政工作因其与经济制度具有强耦合性，其地位在市场经济体制改革的进程中得以凸显，并在过去30多年间获得了重大发展，最突出的是建立并不断完善了城乡低保制度，建立了现代社会救助体系，推动社会福利制度重大转型，支持发展社会养老服务等。由此可见，社会总体制度变迁对制度规模效应的追求为民政工作的制度建设提供了契机，也进一步使总体社会制度网络的复合性和功能性逐步得以完善。

从未来发展看，在过于追求经济增长的惯性下，社会发展总体滞后于经济发展的现实表明这种契合还存在巨大的空间和潜力。一方面“改革要有顶层设计”必将创造新的制度需求，在大系统的顶层设计不断推进的条件下，大系统的下一层级的制度就需要进行相应的设计，这自然包括民政制度系统在内；另一方面，由于中国社会结构的发育程度远低于经济结构，因此，弥合两者之间的鸿沟，解决“有增长、无发展”或“先发展、后治理”的问题，从时序角度来看，对民政制度功能的发挥也势必产生巨大需求。

从社会自适应主体与制度交互作用角度看，制度的功能在于为社会自适应主体（个体和组织）之间及其与外部环境之间的关系提供基础秩序。社会自适应主体与制度演化之间是互为因果、相互促进的关系。按照哈耶克的观点，社会秩序由两种秩序构成：一是社会自适应主体遵循普遍的制度约束而形成的自发秩序；二是在普遍的规则体系下，社会自适应主体对其面临的局部环境进行自由调适而形成的扩展秩序。随着中国市场经济体制改革的提出，原先与计划经济时代相适应的人口制度、社会管理制度、基层治理制度等一系列传统制度逐步地由有利于解放生产力和彰显公平正义价值的社会制度所取代，“国家”与“社会”、公共场域与私人场域、公权与私权、政府与市场等对立性范畴不断面临重新界定的需要，这也意味着需要在新的历史条件下作出新的制度安排，以此来实现社会基础秩序的重构。在这样的背景下，民政制度变迁呈加速态势，并通过民政制度的执行，最大限度地降低了由结构性贫困导致群体性暴力的风险，从而推动着社会治理机制的建立，促进了社会多元参与主体的培育和参与。在基础性制度安排下，社会自适应主体基于知识分散性和交往需要在社会互动中形成了扩展秩序，从而使丰富多彩的社会万象得以生成。在复杂社会中，社会自适应主体在享受制度提供的合法空间的同时，理性的自觉和自利性动机又使他们对自由和个性发展的追求时刻保持敏感性，当新的需求超过既有制度供给的临界点时，便对规则制定者产生出新的制度供给需求，从而在“学习效应”“协调效应”以及“锁定”的作用下，制度系统进入新的演变轨迹。

社会转型中民政领域中的绝大多数制度变迁基本符合上述逻辑。从保民生的制度体系来看，低保制度的执行为困难群体提供了基本的生活保障，而依托“低保”形成的救助叠加效应唤起了低保边缘群体以及其他专项救助的需求，在此社会需求作用下，推动了社会救助体系向制度的多样化方向发展，同时，在基本解决基本生计问题后，民政部门又以老年人、孤残儿童、重度和贫困残疾人等特殊群体为重点，加快推动社会福利转型，这就是所说的社会自适应主体与制度交互作用引致的制度变迁。从社会管理的制度看，流浪乞讨救助管理由强制性收容遣送向救助服务转变体现的是突变式的制度变迁，反映了原有制度长期“不得人心”违背人权的矛盾越过了社会可承受的临界点，大量的案例修正了规则制定者的认识，最终导致新的制度取代原有制度。再如，对社会组织登记管理制度的改革，也体现了规则制定者对双重管理体制执行中社会反馈的回应，适当放松登记管理顺应了社会发展的需要。

中国社会转型正处在内部结构大变动、利益格局大调整的过程中，实现社会进步和人的全面发展必将更加依赖更多正义的制度。从转型社会人们对生存、民主和秩序的需求来看，推动民政制度创新是社会发展的必然趋势。这一趋势正显现在它日益涵盖社会弱势群体和其他群体（对象的广泛性），涵盖社会个体和部分社会组织与单位（对象的复杂性），涵盖帮助与扶持、管理与构建、指导与自治等功能与形式（功能与作用的多样性）上。[①] 面对人们对公平的资源和机会配置、体面和有尊严的生活以及对免于剥夺、排斥的期盼和诉求，不仅国家将在新的条件和环境下作出新的制度安排，也意味着民政工作原有的制度结构也必须顺势优化、调整和创新。

可以认为，面对该当民政主管的社会问题，不进行或延缓相关制度创新，不但不能与总体社会制度相协调，更无法解决眼前问题以及未来的问题。当然，制度与社会需求的协调并不是一件简单的事情，它需要汇聚民意，并具有完善的政治决策机制，这样社会主体在扩展秩序中达成的博弈均衡才能上升为制度构建的议题。

---

① 戚攻：《论社会关系嬗变与民政工作转型》，载《西南师范大学学报（人文社会科学版）》，第28卷第6期。

（二）社会转型对民政工作的功能要求

在社会快速转型背景下，民政面临着需要重新审视自身功能作用的问题。从与民政相关的社会领域看，社会转型中表现最突出的问题可以概括为两个方面：民生问题和社会秩序问题。

民生问题是转型时期中国社会不可回避的问题。过去我们仅把民生作为一个经济问题来看待，但当经济发展进入一定阶段后，民生问题便表现为一个社会的制度性问题。市场经济条件下，任何公民都面临着陷入贫困的可能，但是如果一个国家对沦为贫困的社会成员不能提供起码的生存保障，这样的结果一方面会造成社会阶层的分化，另一方面也将威胁到这个国家的政治系统的运转。特别是造成中国社会不同阶层收入分配差距拉大的因素，除了个体原因之外，更有更深层的制度原因、体制转换原因、垄断、资源和机会分配不公平等原因，这些因素造成的结果便是改革发展成果共享性不足、包容性不够，使社会财富集中到少数人手中，而能有效遏制贫富差距的制度供给却相对不足。

在社会转型中，要塑造合理的社会结构，必然包含着使收入分配更加合理、贫富差距相对公平、社会困难群体具有自我改善能力的社会需要。这自然需要政府既要注重从宏观战略上实现经济增长与社会事业发展的统筹协调，又要从制度上寻求解决和改善民生的突破口。从民政需要发挥的功能看，民政主要负责绝对贫困对象的基本生活救助、受灾群众生活救助以及其他生活困难群体的医疗、住房、教育等救助，虽然通过社会救助体系的逐步完善和健全，基本解决了社会困难群体的基本生存难题，但是应当看到，以事后救助和收入保障为主要特点的现行社会救助缺乏对困难群体的“造血”功能，极易使人错误地认为这是以国家名义对一部分社会成员的施舍，是一部分社会成员“养活”另一部分社会成员，不符合社会分配正义。实际上，很多救助对象渴望的救助是有尊严的救助，不少救助对象也有自食其力的动机。因此，从反贫困和社会排斥角度，需要社会救助建设确立提升制度功能的目标，使这项制度能够传递社会公正价值、矫正社会问题，进而帮助贫困社会成员恢复其正常的社会功能。

民政面临的第二种形势来自社会治理领域的挑战。当前中国，创新社会治理是转型社会出现的重大课题。社会治理问题之所以成为当下中国最为紧迫的问题，所折射出来的是社会结构的急剧变化带来的潜在震荡和风险。新中国成立之初，中国是一个城乡存在巨大差异且具有封闭性的农业社会，国家主导一切，泛政治化的行政计划体制贯穿渗透于政治、经济和市民生活一切领域，官民关系、劳资关系、城乡关系、阶层关系、个人与国家（集体）、社会组织的关系等，都是人为设计的产物。因此，在人为构造的共同体中，不存在个体性生成的环境。

随着全球市场经济浪潮的兴起，中国社会形态发生了显著变化。改革开放以来，中国的人口结构、家庭结构、就业结构、城乡结构、组织结构、社会阶层结构、利益分配结构、观念结构等的分化、重组、裂变都是中国历史上亘古未有的，这种深刻变化带来了社会活力，但是也带来了分化、矛盾、对抗等社会风险，从而使中国社会出现“风险并发症”的概率成倍增加。这种新社会风险的出现，客观上需要及时转变传统的社会管理模式，代之以发挥社会多元主体主动性的社会治理机制，促进新型社会秩序的构建。

这样的新形势对民政在社会管理中的作用提出了新的要求。在中央提出构建的社会管理格局中，除了党委和政府的领导之外，“社会协同”“公众参与”都与民政关系密切，党的十八届三中全会提出的推进国家治理体系和治理能力现代化的目标，也与多项民政工作密切相关。特别是创新社会治理目标的提出，需要民政部门创新城乡社区建设、基层民主方面的工作，加强对社会组织的培育和监管，并在协同社会组织凝聚各方力量方面发挥民政工作的先天优势，让更多社会主体参与到社会事务的治理中来。

与此同时，推动社会治理创新，也对大力发展慈善事业提出了新的要求，慈善不仅仅是汇聚善款，更重要的是它可以向社会传递一种共同的精神，这是社会团结的重要精神力量。这些重要方面，是在新的发展要求面前需要民政工作充分发挥功能作用的重要着力点。

四、转型时期民政工作的功能作用

在提升民政制度功能的永恒追求与适应制度环境变迁和应对现实问题相结合的逻辑下，民政的功能可以归纳为四个方面：一是为贫困和困难社会成员提供社会保护，二是增进社会成员社会福利，三是构建社会治理秩序，四是提供基本社会服务。这四个方面的功能合起来，共同发挥着维护社会和谐稳定的功能作用。

（一）社会保护的兜底功能

考虑中国转型社会中传统贫困因素与新社会风险相互交织，以及由此导致的民生问题日趋加剧的形势，今后一个时期，民政民生保障体系建设的方向，应当以结构升级、程序优化为目标，以拓展体系、完善制度、加强管理为主要内容，加快推动建立保基本、全覆盖、多层次、防御型的民政民生保障体系，为社会成员的基本生活提供全方位保护。改革的思路应当从城乡分割走向城乡统筹，从单一化低层次向复合性、立体化，从覆盖不全面走向全面覆盖，从注重生存救助到生活救助转变，构建起统一、公平、普惠的制度体系。

（二）民生福祉的基础功能

民生福祉是民政工作的全部价值所在，也是传统民政向现代民政转型的重要体现。目前，需要政府给予救助和保护的特殊群体已不仅仅是绝对贫困的“三无”人员，又增加了经济上贫困，且缺少社会资本的困难人群，他们当中以残疾人、孤儿以及贫困的老年人、单亲家庭、“失独”家庭为代表，这部分社会成员极易陷入生存和发展困境。在当下的中国，应当格外关注这部分群体，因为中国的社会阶层结构目前还不是西方国家的“橄榄形”结构，而是“倒 T 形”结构①，支撑这个结构的主体主要是低收入群体，包括刚刚解决温饱的和面临特殊困难的贫困阶层，这部分社会成员分布广泛，而且多以工薪（劳务）收入为主，虽然绝大多数不需要政府救济，但普遍期望生活能有更好的改善。低收入阶层弱势化趋势在短期内是不可能消除的，从而转型期社会孕育的风险较高，这是影响中国社会稳定不可忽视的因素。

再从对未来中国经济社会发展的影响来看，中国的低收入阶层以其庞大的规模、较高的边际消费倾向、正在升级的需求结构等这些特殊性，决定了在未来很长时期将是扩大内需、促进发展方式转变，应对人口红利时代终结

① 参见王培暄：《收入差距扩大与社会结构失衡》，载《南京大学学报》，2012 年第 5 期，第 57 页。

后提升整个社会人力资本的关键。只有将更多的中低收入群体纳入福利保障范围，才能消除社会贫困、收入悬殊、社会排斥问题等与社会成员权益的保障和维护有关的社会问题，使中低收入群体的民生福祉切实得到改善。这就需要民政工作加快构建制度健全、功能完善、水平较高的普惠型社会福利服务体系。

（三）社会秩序的规范功能

社会秩序既来自于依法管理社会事务，又是在社会主体良性互动过程中形成的。科学审慎的行政区划调整工作是形成稳定的政治局面和规范的行政管理秩序的基础；基层群众自治组织和社会组织是社会成员形成社会互动关系的组织基础；婚姻登记确立的是社会成员最基础的伦理关系。在社会变革背景下，民政工作中的上述方面涉及全民，所实施的相关法规政策对于规范社会基础秩序起着至关重要的作用。实施科学的行政区划调整，创造社会成员参与基层社会事务管理的条件，依法有序引导群众自治，这是推动从管理走向治理，维持良性社会秩序的重要途径，也是新形势下充分发挥民政功能作用的必然要求。

（四）公共服务的供给功能

人民群众对公共服务的需求正在全面迅速地增长，迫切需要强化政府的公共服务职能。民政所承担的公共服务包括养老服务、地名公共服务、婚姻登记服务、殡葬服务和社会工作服务。民政领域公共服务的内容，在服务的对象上，不仅涉及贫困群众，更面向全体社会成员；在服务的内涵上，既有应当由政府负责的基本公共服务，也包括由市场定价的选择性服务；与此同时，面向家庭的社会服务，也离不开由社区建设提供的平台以及专业化社会工作人才队伍的支撑。可以说，未来民政公共服务的管理水平和可及性，决定着中国总体公共服务的供给水平。向社会提供比较完整、方便快捷、优质高效的基本公共服务，是社会发展和社会建设的必然要求，也是民政工作发挥功能作用的重要方面。

| 第二章 |

民政事业改革发展面临的环境与条件

随着我国经济社会的发展，民政事业发展环境和条件总体上不断改善，但是也要看到，在中国社会快速转型和改革进入全面深化阶段，影响社会稳定的因素变得更加复杂、各种积极变化和不利影响此消彼长、短期问题和长期矛盾相互交织。同时，经济发展步入新常态，经济结构战略调整的要求更加迫切，经济增长下行压力加大；人口结构发生巨大变化，人口老龄化速度不断加快，养老服务供需矛盾异常突出。这些因素对当前和今后时期民政事业的发展创造了难得的机遇，但也带来了不少新的挑战。把握机遇、化解矛盾和难题，推动民政事业健康发展，必须对外在发展环境和条件作出科学的判断。本章将对当前和今后一段时期我国民政事业发展面临的环境和条件作一些具体分析。

一、外部环境与民政事业发展的关系

环境分析是构成公共政策分析或公共组织理论研究的重要内容。任何一项事业都离不开一定的外部环境，作为社会管理和公共服务重要方面的民政工作，同样离不开特定的环境和条件。

政治、经济、社会、文化环境就如同空气、水、温度等之于生命体一样，对于公共政策的制定和公共组织的存亡与发展起着决定性作用。这种决定性意义，一方面在于公共政策的制定主体或公共组织的发展需要与外在环境进行能量、信息的交换，使投入转化成产出；另一方面公共政策的制定或公共组织的发展又需要根据外在环境的变化不断地进行适应性调整，这样才能使公共行为符合特定的时空条件，并发挥出应有的功能和作用。因此，公共部门的活动、公共政策的运行是一个开放的系统，外在环境不仅影响政策主体的行为，也决定着主体与客体两者互动的方式和效果。

民政工作运行实质上是民政部门（公共组织）制定和执行公共政策的过程。按照行政生态学的观点，诸如民政等公共部门的活动，如同人在生物圈中处于食物链的一个环节，既受生态环境的影响，同时又影响生态环境。① 在一般意义上，民政外部环境是指民政部门对外能够直接或间接影响民政工作的各种因素的总和。这些因素主要来自政治环境、经济环境、文化环境和技术环境等不同的领域或层面。

民政是社会性很强的政府工作，属于以直接向贫困家庭、优抚群体和社会公众提供保障和服务为目标的公共政策范畴。民政事业发展的经验表明，民政作为一种制度安排和有着多元化业务的独立系统，虽然能够自成体系，并按照自身固有的规律发展，但却不是孤立地存在与发展的，而总是与外部环境保持着紧密的联系。在某种意义上，外部环境的变化对于民政政策的调整、目标任务的确定，以及应当采取的战略、行动起着决定性作用。

如果将外界环境与民政事业看成两个相对独立的系统，那么这两者之间存在着交互影响的关系：一是由制度、物质基础和社会系统构成的外部环境构成了民政事业发展的支持性或约束性条件。民政事业的存在与发展是一定社会历史条件下的产物，特定的社会制度和社会体制决定着特定时期内民政事业的管理体制和运行模式，不同的经济发展模式、不同的经济总量水平决定着民政公共政策的不同类型，也决定着民政公共政策执行中可依赖的物质资源的多寡，而社会的复杂程度及其运转机制的不同，又决定着民政事业管理与服务体制和工作机制的差异。因此，民政事业的发展必须植根于外部的环境，同时其发展的成效客观上又受制于外部条件的制约，也必须接受来自它的外部客观条件的评价。二是民政事业的发展又对外在环境的改变产生着积极的促进作用。在现实中，从宏观的角度看，民政起于为社会机器的良性运转提供配套性制度的需要；在微观层面上，民政制度和政策的形成与实施，

① 陈振明主编：《公共管理学——一种不同于传统行政学的研究途径》，北京：中国人民大学出版社，2003 年版，第 69 页。

源于稳定社会、解决各种社会问题的需要。民政事业之所以在中国的历史长河中历久弥新，最重要的原因是它通过制定实施相关政策，为特殊社会成员提供援助与支持、向社会公众提供公共服务，履行管理社会和提供公共服务的职能，去除社会病态调节社会关系、增进社会公平与团结，从而对社会环境的改造、社会的健康发展发挥着积极促进作用。

当然，外在环境与民政事业的内在关系十分复杂，但可以肯定的是，外部环境无疑对民政事业的发展起着决定性作用。在任何一个时期，民政制度或政策的建立、实施和变革归根结底取决于那个时期国家的战略导向、经济的发展水平，乃至政治、社会、文化等诸多方面提供的客观条件。

二、经济环境

自2008年全球性经济危机爆发以来，中国经济发展迈入新常态。作为一项不创造直接经济价值的社会事业，民政事业的发展离不开经济发展提供的物质基础，同时又能为经济系统的稳定运行提供支持。

（一）“十三五”时期超高经济增长率将成为历史，经济增长将迈入“慢车道”

改革开放以来，以建立社会主义市场经济体制为目标的经济体制改革极大地促进了中国生产力的发展，由此在长达30多年时间里，中国经济增长迈上了发展“快车道”。尤其是“十一五”和“十二五”的两个五年计划中，中国的经济增长速度远超同期世界经济年均增长速度。统计数据显示：2006—2010年，中国国内生产总值年均实际增长11.2%，比“十五”时期年均增速提高了1.4个百分点。2010—2015年，中国经济增长率依然领跑世界。在这五年里，中国经济发展换挡不失速，年均增速达到7.8%，最高的2010年高达10.6%，2015年回落至6.9%。在一个较长的时间跨度内，经济快速发展的意义在于它铸就了中国庞大的经济“航母”，极大地增强了经济抗风险性，同时也为中国大力发展社会事业奠定了雄厚的物质基础。

但是，中国经济超高速发展的同时蕴含着不可忽视的风险，经济发展积累的矛盾和问题也不断显现。问题主要是，过去较长时期的经济增长是建立在近乎无限的土地、能源和低成本劳动力投入基础上的，经济发展的内生动力不足，发展方式落后、经济结构失衡，抵御外部风险的能力偏弱，从而对经济结构和发展的模式进行深层次战略性调整成为改革的必然，这是中国经济朝着形态更高级、分工更细致、结构更合理的高级阶段演化的必由之路。

经济转型带来的必然是经济增长速度回归理性。"十三五"时期，中国经济改革的战略已经十分明确，就是以供给侧结构性改革为重点，以去库存、去产能为主要任务，以转换经济增长动力为目标，使经济改革向纵深推进。伴随这一进程的推进，经济增长速度回落将是未来一段时期中国经济发展的必然。2015 年，GDP 增速回落至 6.9%，根据有关专家预测，"十三五"时期中国经济增速会处在 6.6%—7.4%之间，考虑到 2020 年要实现的目标，还有观点认为，中国的经济增长潜力在 2016—2020 年间平均为 6.1%（蔡昉、陆旸，2012）。这样一个增长速度放在以前是不能被接受的，因为要补足中国发展的历史欠账必须具有一定的速度来支撑，而在国内经济面临的下行压力加大、国际经济复苏的不确定性因素增多的情况下，对经济增长速度回落的预期是理性的，至于经济增长的底线在什么位置则难以准确预测，而能够预料的是，如果经济增长降速之后经济增长的质量和结构能够得到提升，适当地降低速度不但不会带来不良影响反而会有助于中国经济实现更有质量的发展。

（二）"十三五"时期经济增长的模式将发生重大转换

中国经济高速发展的 30 年，靠的是中国所特有的人口红利、土地以及楼市超常发展的拉动。尤其是丰富的农村劳动力为中国这一典型的刘易斯二元经济体提供了无限的劳动力供给，这是决定中国在国际市场上竞争力的最重要因素，而且也使中国大部分产业集中于劳动密集型领域。①

同时，拉动中国经济增长的另一大引擎来自公共设施建设与公共服务的扩张。中国改革开放以来，以"铁公基"为主的公共投资规模不断攀升，对经济增长作出了巨大贡献。特别是在 2008 年，中国经济遭遇世界金融危机的冲击，为了化解不利影响，中央政府推出了 4 万亿元投资计划，并出台了扩大内需的 10 项措施②。这从一个侧面表明，中国经济高速增长在很大程度上与这种公共投入的大规模扩张存在着紧密联系。

① 黄益平:《走向新的经济增长模式》，载《行政管理改革》，2013 年第 11 期。

② 新华网：温家宝主持国务院常务会，确定扩大内需十项措施，2008 年 11 月 9 日。

如果综合考量经济增长的投入、能耗以及所产生的负面效应，中国30多年经济增长的模式完全可以称之为“规模速度型粗放增长”模式。它的主要特点是劳动密集化程度、资源依赖程度比较高，时间拉长后，必然超过人口、资源、环境的承载能力。

当前正在进行的全面深化改革，正是对30多年来中国这种相对落后的经济发展模式的进一步改革。很显然，面对人口红利时代的终结以及自然环境的进一步恶化，中国经济增长的根本出路在于全要素生产率的提高。全要素生产率有三个来源：一是效率改善，二是技术进步，三是规模效应。① 全要素生产率的提高能够抵消资本报酬递减、劳动力短缺等因素带来的不利影响，从而为经济增长注入持久动力。

中国早在制订国民经济第九个五年规划时就提出了经济增长方式转变的历史任务。然而，迫于经济发展的压力，经济增长方式转变的进程迟迟没有见到多大起色。与此同时，随着经济发展中潜存的问题不断暴露，转变经济增长方式日益成为中国经济改革的共识。党的十八大和十八届三中、五中全会对这一问题又提出了新的部署。其中，在谋划未来五年发展蓝图的“十三五”规划中，明确指出要把发展的基点放在创新上，塑造更多依靠创新驱动、更多发挥先发优势的引领型发展。这应该是中国在“十三五”时期经济发展模式的重大转变。相比以往，本轮经济发展方式转变的改革将会被执行得更加坚定和有效，因为它是寻求未来发展的根本出路，也是现实倒逼改革的不二之选。

然而，经济增长从主要依靠资本和劳动的投入，到主要依靠提高全要素生产率的转变，必将是一个艰难而曲折的过程。一方面需要消化前期刺激性政策带来的过剩产能，加大经济结构调整力度；另一方面，还要保护和引导技术创新，提高人力资本素质，同时要为创新和技术进步负担必要成本。从根本上，还要推进经济体制改革，破除政府在经济发展中应当处于主体地位、发挥主导作用的惯常思维，建立有利于创新和全要素生产率提高的体制机制。

（三）“十三五”时期服务业占比继续扩大，产业结构将更加趋于合理

产业结构升级是经济发展自然演进的必然规律。改革开放以来，我国遵

---

① 应丹：《全要素生产率：经济持续增长的引擎》，《浙江日报》，2013年11月8日。

循发展经济学提出的三次产业发展规律，大力发展重化工业，并结合劳动力比较优势发展劳动密集型产业，加快推进工业化进程，形成了较为完整的产业体系，成为了名副其实的“重化工业大国”和“制造大国”。[①] 但同时，中国经济结构长期以来农业规模过大，制造业能力不强，传统产业出现了大规模过剩，产能利用率长期不足，而新型产业，包括制造型服务业发展滞后。产业结构落后的局面不改变最终将对中国经济的可持续发展造成重大限制。

在“十一五”规划中，我国就提出了产业结构升级的战略部署，并将产业结构的升级上升到关系中国经济能否持续发展的高度来认识，着力出台和推动相关措施落实。近年来，我国第二产业占比开始小幅下降，第三产业比例开始逐步上升，2014 年第三产业增加值占经济总量的比重继续大于第二产业，达到 46.7%，且有进一步扩大的趋势。与此同时，代表新一代业态模式的互联网经济近年迅速发展，大有后来者居上的势头。可以预测，互联网经济的发展前景将会更加广阔。在中国经济新常态下，产业结构调整和改革的力度在不断加大。这是消化经济扩张时期积累起来的落后、低效产能的紧迫需要，也是实现未来经济发展更有质量、更可持续的先决条件。

进入“十二五”以来，国家对淘汰落后产能更加重视，采取严格的控制性措施，另外，通过税收优惠、简政放权，降低企业税收负担、加大金融信贷政策支持力度等措施，大力支持和鼓励战略性新兴产业、高端服务业发展。对产业结构调整采用有效的政策工具，必然会使传统落后产业进一步收缩，推动整个产业结构走向更加合理。从服务业的发展来看，未来在城乡居民收入水平不断提高以及城镇化加快等因素的作用下，生活性服务业包括休闲服务业、健康服务业等现代服务业在整个产业结构中的比重还将不断上升，此外一个可以预见的是，市场竞争的加剧会进一步推动制造服务业的发展。

（四）“十三五”时期消费对经济增长的拉动作用将更加重要

在传统经济学的理论中，“消费”被称为拉动经济增长的“三驾马车”之一。消费对经济增长的拉动作用体现在它可以直接创造市场，一个国家或地区拥有一定规模的消费能力能够使市场顺利实现出清，产品不会产生冗余积压，从而使经济得到良性循环。

---

① 王蕴，曾铮：《产业结构不断优化升级是新常态的重要特点》，http：//economy.gmw.cn/2016-01/05/content_ 18312162.htm。

我国是一个人口超过13亿的大国，而且已经迈入中等收入国家的行列，社会成员对改善生活条件和生活质量的追求预示着中国必然成为全球最大的消费市场。中国的经验表明，消费的增长对于中国经济增长的贡献越来越大。2009—2011年，消费对经济增长的贡献比国际金融危机前三年提升了7个百分点；2014年，最终消费支出对国内生产总值的贡献率为51.2%，2015年更是达到66.4%①，俨然成为经济增长的第一驱动力，而且未来中国消费持续快速增长的趋势还将会延续。中国目前正在形成一个中高收入阶层，中等收入群体的扩大会使得未来中低端商品和服务将难以满足这部分群体的消费需求，消费结构会随着居民收入的提高而加速升级，这是中国未来消费呈增长性变化的直接原因。

进一步预测中国的消费潜力，还可以看到有两大因素决定了中国未来消费对经济增长必将发挥更大的作用。一是中国快速新型城镇化的推进，更大规模的农村居民转变为城市市民，这其中必然伴随着消费结构的升级与消费规模的扩大。二是新的消费方式、消费业态的不断涌现，以及消费理念的不断创新，触发了中国消费革命的产生，由此可预示着中国必将迈入消费新时代。

但是，也应该看到，“十三五”乃至今后一段时期，中国总体上已经不会再有像20世纪90年代时期出现的大规模排浪式的消费，在告别了物质生活资料的短缺之后，中国居民的消费将逐步地向更高层次、更高品质的消费结构升级和换代。而在目前这个阶段上，我国还存在着生活性消费品供给过剩，真正能够满足社会成员对提升生活品质的消费品供给不够，同时广大农村地区还普遍存在支付能力不足等问题。

解决这些问题将是“十三五”时期的重要任务。实际上，早在2014年10月，国务院部署推进消费扩大和升级，提出了重振六大领域消费，包括扩大移动互联网、物联网等信息消费，促进绿色消费，稳定住房消费，升级旅游休闲消费，提升教育文体消费，鼓励养老健康家政消费。与此同时，随着供给侧结构性改革的推进，制约消费升级的关键行业和领域将会进一步破除；社会保障改革的推进，会进一步增强居民敢于消费的预期，脱贫攻坚工程的实施以及对国民收入分配格局的调整，也将会进一步增加中低收入居民的收

① 参见：2015年国民经济和社会发展统计公报，http：//www.stats.gov.cn/tjsj/zxfb/201602/t20160229_ 1323991.html。

入，从而有利于增强居民消费能力。特别是中低收入者由于边际消费倾向较高，一旦收入状况发生明显的改善，发生向消费转化的概率相对较高。

所以，综合各方面的情况，只要跟进相关配套性政策，对消费的风险进行有效的控制和引导，在未来中国经济增长的动力机制中，消费的地位和作用将会变得更为显著和重要。

（五）中国经济向好发展的背后依然存在不少隐忧

中国是世界上少有的既保持了增长的高速度又使经济态势总体处于长期稳定的国家。在强有力的政府宏观调控政策与渐趋完善的市场经济体制下，我国经济长期可持续发展的基础和优势是相当充分的。但是，同时也要看到我国经济总体向好发展的背后仍然存在不少隐忧与问题。

从国际影响看，经济全球化势不可当，随之而来的是资本、技术、劳动力等要素的全球化流动不断加快，国际经济形势的变动对国内的影响将更为直接、更为深刻，与世界主要经济体之间的竞争和合作既面临机遇也遇到不可预测的风险，国际金融、贸易、资本、技术、信息等方方面面都会对我国经济的运行产生直接或间接的影响。作为世界经济体系的重要组成部分，中国经济与世界经济之间的关系将充满了不确定性。

其次，从发展的动力看，随着劳动年龄人口增长率的下降，经济发展所依赖的人口红利不断消减；土地、资源、环境对规模扩张型经济增长的约束越来越大；支持新技术、新产品创新的体制和制度环境还不够成熟和完善，创新型高技术人才缺乏。跟改革开放之初比，经济领域中的顽疾和改革遇到的阻力增大，过去经济体制改革所产生的生产力释放效应远非以前可比。

还要看到，虽然中国经济体量越来越大，但城乡、区域之间发展仍然不够平衡，经济结构不够合理，市场发育不充分，经济增长对房地产和政府公共支出依赖过大，扩张性刺激政策的空间变小，这些问题的存在使得对经济风险的抵御能力还有待加强。

因此，对于未来一段时期的经济形势，一方面需要看到稳定和持续发展的基本面，另一方面其中的不稳定、不可控、不可预期性因素更不容低估。在这种情况下，更加需要宏观经济政策保持稳定、微观政策更加灵活，同时还要发挥社会政策的托底作用，通过经济政策与社会政策协同互补，为经济发展创造良好条件。

三、社会环境

改革开放以来的中国既迎来了国民经济的迅速发展，同时整个国家的社会结构和社会管理体制也在不断发生着变化。在制度变革异常活跃的全方位改革时代，社会环境的变化一方面是社会发展规律的体现，另一方面也对变革社会管理方式提出了新的要求。民政工作作为政府部门有关社会管理的重要内容，研究新时期的民政改革发展问题，必须客观地审视所处的社会环境，对社会总体态势作科学判断，从而确定下一步发展的目标和具体策略。

（一）“十三五”时期社会总体稳定和谐的基本面不会有所改变

经过改革开放30多年发展，中国社会进入新成长阶段。社会保持和谐稳定的体制基础、物质基础和社会基础已经变得相当稳固，这为我们长期保持社会稳定的局面奠定了坚实基础。

党的领导是中国特色社会主义制度的最大优势，是实现经济社会持续健康发展的根本政治保证。与许多西方政党不同，中国共产党的领导地位是在带领中国人民实现民族独立、国家富强的风雨考验中确立起来的，是历史和人民正确选择的结果。中国共产党具有极强的实践性思维，注重实践探索、理论创新，一切从国家和人民的根本利益出发，领导着中国特色社会主义不断走向前进。可以说，中国共产党的领导是中国最大的制度优势，也是中国社会长期保持稳定的最可靠的保证。

物质生活水平的不断改善，使未来社会稳定有着坚实的社会基础。中国从一个落后贫穷的国家发展到人均国民生产总值达到了中等国家水平，人民生活水平提高的幅度是世界上少有的，改革发展成果由全体人民共享在制度上也有根本保证，与此同时，中国建立的是社会主义经济制度，国有经济主导国民经济中的关键行业和领域，而且在大力发展市场经济、加快全体人民实现共同富裕的过程中，注重运用宏观调控手段和倾斜性政策，促进城乡之间、区域之间平衡发展；确立了按劳分配为主体、多种方式并存的收入分配制度，保证收入分配向劳动者倾斜；建立了覆盖全民的社会保障体系，为全体社会成员提供安全网；实施农村扶贫开发战略，推动全体人民共同迈向小康。上述几方面归结起来，说明中国的社会建设在坚持根本制度的前提下不断地向前发展，这样一个积极结果极大地消除了发生社会动荡的风险。

中产阶层的崛起，是维持中国社会稳定的一支中坚力量。一个社会，如果中等收入、中产阶层的占比达到一定规模，这个社会的稳定性就有了极大的保证。因为中间阶层的崛起，相伴而来的是整个社会文明程度的提高，而且有利于形成社会的共同体意识，从而使社会结构的稳定性增强。从中国现阶段阶层结构看，中国社会正在建设一个“橄榄形”结构的社会，中产阶层和中等收入群体的规模不断扩大。据预测，到 2020 年前，中国城乡居民收入有望保持 7.3%—7.4%的增速，将实现全面建成小康社会所设定的收入翻番目标，这意味着将有 7 亿中国人步入中等收入阶层，人均年收入最高可达 2.3 万美元。① 随着中国阶层结构的变化，传统的农民群体的规模将不断缩小，同现代社会相适应的新的社会阶层不断出现，加上全社会收入和财富的不断扩张，中间阶层群体的规模和在社会经济生活中所起的作用将不断增大。这必然使中国社会结构的稳定性变得更强。

公民福祉权的保障是中国社会稳定的价值基础。我国的法律体系赋予了公民享有广泛的福祉权。公民在劳动就业、基本教育、社会保障、公共服务等方面权利的实现均有相对完善的法律法规设定。在推动改革不断深化的过程中，政府对公民的公共需求的回应性不断增强，公共投入的力度不断加大，并且注重公民福祉的公平和均等普惠，扩大公共服务的可及性，加快改革医疗卫生、教育等关系居民切身利益的民生问题，重视和解决在城镇化过程中农村转移人口和失地农民的福利短缺问题，使以公众需求为导向的公民福祉发展机制不断完善。人民群众从中有了更多的获得感，对社会不断向好发展的价值认同越来越牢固。

“十三五”时期，中国社会发展的上述有利面不会因为经济下行压力加大而发生实质性改变，随着社会建设的不断推进和全面建成小康社会目标的完成，可以预料的是，未来社会发展的质量将会更高，社会成员在经济社会发展成果分享中的获得感会更强，从而社会的结构也将会更加稳固。当然，在得出这个基本面的判断的背后，必须要看到社会转型中存在的一些复杂问题。

---

① 参见：http：//news.ifeng.com/mainland/special/zhonggong18da/content-2/detail_2012_11/15/19174102_0.shtml.

（二）“十三五”时期人口结构将发生更大规模的拐点性变化

统计数据显示：2015 年年末我国大陆总人口 137462 万，其中城镇常住人口 77116 万，占总人口比重（常住人口城镇化率）为 56.1%；人户分离的人口 2.94 亿（其中流动人口 2.47 亿）；就业人员 77451 万人（其中城镇就业人员 40410 万人）；60 周岁以上人口 22200 万，占比为 16.1%。目前的人口结构是中国长达 30 多年的经济社会变迁因素作用于人口的体现。在人口自身发展规律的作用和经济社会变迁的作用下，中国人口结构还将发生深刻变化。

一是人口出生率下降的趋势有可能加剧。新中国成立之初，中国曾经是人口高生育国家，但是从 20 世纪 90 年代起，人口的生育水平以及相应的出生人数呈现下降趋势，人口的自然出生率下降到 10‰，出生人数从每年 2000 多万人下降至 2003 年的 1600 万人，之后一直徘徊在 1600 万人上下。近年来国家出台了“单独两孩”政策，力图逐步放开曾经执行了 30 年的计划生育政策，但是这一政策基本上没有达到预期目标。面对人口出生率的下降，国家“十三五”规划提出了实施积极人口政策的部署，同时“全面两孩”政策也已逐步浮出水面，政策的效果或可比“单独两孩”政策更可期待，但是仍然需要看到的是，一个社会生育观念的形成，往往会滞后于政策的变化，从世界各国和地区人口变化的经验看，人口出生率下降往往也是与经济社会发展相伴而生的必然现象。因此，中国未来的人口出生率极有可能会处在更低水平。

二是人口的老龄化将进一步加剧。截至 2015 年，60 周岁以上老年人口达到 2.22 亿，占比达到 16.1%，65 周岁以上人口达到 1.44 亿，占比达到 10.5%。另据调查，80 岁以上高龄人口达到了 4000 多万。老年人口当前的规模，表明中国已经从 20 世纪 90 年代迈入老龄化社会以来又向更深度的老龄化迈进了一大步。“十三五”时期，中国人口老龄化将在前 10 年的聚势作用之下，快步迈入深度老龄化阶段。2015—2020 年的 5 年，正好是 20 世纪 50 年代中国第一次“婴儿潮”时期出生的人口全面步入老龄化的阶段；从更长时段看，有关预测表明，21 世纪 40 年代后期将会形成老龄人口高峰，60 岁以上老年人口达 4.3 亿人，占比将达 30%。与此同时，中国人口预期生命的延长，又使得老年人口呈现高龄化的特点。

三是劳动年龄人口加快减少。与人口出生率下降和人口老龄化直接相关的一个问题是劳动年龄人口将进入快速递减阶段。从 1978—2014 年，我国经济活动人口占总人口的比重从 42.3%上升至 58%，然而，根据 2010 年第六次人口普查数据，中国劳动年龄人口绝对数量开始逐年递减。如果考虑到儿童总和出生率在未来会进一步降低，进入劳动年龄人口的基数将会同步缩小，劳动力人口占比会持续下滑。因此可以预料，随着劳动年龄人口的减少，我国的劳动力成本将大大提高，“人口红利”消退，同时老年人口占比不断提高，将直接提高中国未来人口抚养比，加在在职社会成员身上的负担将不断加重。

四是人口的城镇化率不断提高，人口城乡结构将发生逆转。改革开放以来，随着市场化劳动用工制度的建立，农村大量的剩余人口宛如溃堤洪水一般流向城市，那些有经济实力和就业稳定的人员逐渐融入就业所在城市，从而成为城镇居民。第六次全国人口普查统计数据显示：我国流动人口达到 2.6 亿，流动人口占总人口的比例为 16.53%；2014 年常住人口的城镇化率达到 54.8%，有超过 7 亿人口居住在城市。近年来，我国城镇化率以平均 1.35 个百分点的速度发展，城镇人口年均增长 2096 万人。我国目前的城镇化水平还存在一定的水分，也低于世界平均水平。城镇化是破除中国城乡二元结构、走向现代化的必由之路，“十三五”时期，随着户籍政策的松动以及新型城镇化的推进，农村约 1 亿人将落户城镇，农村居民的城镇化将会进一步提速，人口的城乡结构将在更大规模上出现逆转。据有关预测，2020 年城镇人口占比有望超过 60%。在这一过程中，值得注意的是，大量农村人口流向城镇，会给城市住房、交通、教育等公共产品和服务的供给带来严峻挑战，城市的管理服务如果调整不及时，可能导致城镇内部出现“二元结构”现象，同时农村“空心化”带来的问题也不容低估。

（三）收入分配差距仍然是导致社会分化的重要因素

最近 20 年，中国经济高速增长的同时政府注重对第二次分配进行改革，使得中国城乡居民收入水平持续提高。国家统计局公布数据显示：1995—2014 年，我国城镇居民年人均可支配收入从 4283 元增长到 28843.8 元，农村居民年人均可支配收入从 1577.7 元增长到 10488.9 元。从近年数据看，全国居民年人均可支配收入从 2013 年的 18310.8 元增长到 2015 年的 21966 元，居民收入增长率超过 GDP 增长率。

虽然中国近年来居民收入增长速度很快，但居民收入的不平等程度呈快速上升趋势。根据基尼系数这一指标，我国在 20 世纪 80 年代初的时候基尼系数仅为 0.3，到了 90 年代中后期，基尼系数达到 0.45，国家统计局 2008 年公布的基尼系数则达到 0.49，2013 年为 0.473。与国外有关国家基尼系数的对比发现，中国无论是研究机构测算的基尼系数，还是官方公布的基尼系数，均已经大大高于欧美发达国家的平均水平，也高于日本（2008 年 0.38）、韩国（2011 年 0.42）、印度（2004 年 0.37）等亚洲国家，甚至已经超过拉丁美洲的阿根廷（2009 年 0.46）。① 大量的研究表明，中国居民的收入分配差距已经达到了国际警戒线。

除了居民收入差距之外，我国城乡间、地区间、行业间的收入差距也有不断扩大趋势。从城乡差距看，2013 年城镇居民可支配收入是农村居民可支配收入的 2.8 倍，2015 年为 2.7 倍；以消费支出指标来看，2013 年城镇居民消费支出是农村居民消费支出的 2.5 倍，2015 年为 2.3 倍。从地区差距看，2015 年大陆 31 个省区市中已有北京、天津、上海、浙江、江苏、内蒙古、广东、福建、辽宁和山东 10 个省市人均 GDP 超过 1 万美元，一些依靠能源、重化工业、传统农业为主的省份的经济发展速度明显放缓；不同地区之间居民人均可支配收入的差距很大，比如，2014 年北京市居民人均可支配收入是河北省的 2.7 倍。行业之间的差距主要体现在垄断性行业与非垄断性行业之间，而且近年来两者之间的差距尚未出现缩小的迹象。

我国的居民收入差距以及城乡之间、地区之间和不同行业之间收入差距的形成，与改革开放的不断推进是密切相关的。在鼓励先富的改革开放策略下，一方面全体城乡居民的收入水平不断提高，但与此同时也催生了一部分先发展起来的地区和先富起来的群体，计划经济时代近乎平均主义的收入分配格局被打破，社会成员之间的收入拉开了距离。虽然一定水平的收入差距可以产生有效的激励，但是当收入差距越过了社会可以接受的程度，就必然会走向它的反面，进而影响经济发展，还会带来贫富悬殊、社会阶层固化等一系列社会问题。对此，美国经济学家、1971 年诺贝尔经济学奖得主西蒙·库兹涅茨在他的“倒 U 形理论”中进行过深刻的揭示。因此，未来五年要实现全面建成小康社会的目标，就必须高度重视收入差距和发展不平衡问题，

---

① 参见谢宇等：《中国民生发展报告 2013》，北京：北京大学出版社，2013 年 9 月第 1 版。

加快推动收入分配体制改革，提高贫困群体和低收入群体的收入水平，建立相对公平合理的收入分配机制。

中国收入分配差距是在长达 30 多年的发展过程中不断累积而形成的，很难在短时间内使之发生根本性的改变。由于城乡间、地区间和居民之间的收入差距具有很大的惯性，应该防止这种收入和发展差距的扩大演变成为中国社会进一步分化的推力。中国过去的经验表明，社会身份的不同在很长时期一直是造成居民收入差距的重要原因，而随着城乡统一的户籍制度的放开，对居民收入差距造成影响的因素与人力资本、就业、财产等因素的相关性增强，而且居民收入的多寡又进一步与家庭成员的人力资本、就业和财产占有情况有着直接联系。可以说，市场经济越是发展，社会成员的家庭经济状况所产生的代际影响就会越显著。经过改革开放 30 多年发展，这个问题正在逐步显现，已经有越来越多的家庭由于经济状况不佳，而丧失了享有优质教育、改善人力资本和获得体面收入的机会，普通家庭改善收入的机会虽然增多了，但真正能成功向上流动的概率反而有所下降。从这个角度看，中国居民收入分配差距若得不到有效的控制，它所带来的社会成员之间的分化会变得更加严重，从而使整个社会阶层陷入固化。

（四）社会更趋多元化，社会治理面临更大的挑战

我国社会已经随着改革开放的推进，从一个结构相对单一的社会发展演变为一个主体多元、利益关系更加复杂的多元化社会，在多元社会治理力量并存的条件下，对于承担公共管理责任的主体而言，社会治理面临着前所未有的挑战。

一是社会结构多元化，社会整合的难度增大。社会结构包括人口的阶层、年龄分布、城乡或区域之间发展的均衡性以及社会主体的构成结构等诸多内容。我国现实的社会结构相比改革开放之初正在发生着深刻的变化，比较突出地表现在：原先固有的城乡二元结构正在松动，大量农民流向城市并向城市市民转化；原有的工、农、兵、学、知识分子的分类原则逐渐失去解释力，新的职业类型、新的就业方式、新的社会身份不断涌现，社会成员分层化加速，同时社会阶层“复制”现象增多，人们改变先赋身份和地位的难度比改革开放初期进一步加大；利益相对受损群体以及失利阶层相对剥夺感较强，

其对自身所属阶层的评价也相对偏下,[①] 这些方面所导致的社会离散化在不断增强。对社会整合带来重大挑战的还有一点，即人们的家庭和婚姻观念发生了重大转变。传统上中国人的结婚率高、离婚率低，家庭观念比较强，但是随着向现代社会的转型，中国传统的婚姻家庭所赖以存在的社会基础在逐渐削弱，离婚率上升、初婚年龄推迟、未婚同居等现象在近年来有上升趋势，同时家庭规模更加趋向小型化，家庭的经济互助功能、情感纽带功能也在不断地弱化。

二是社会组织的类型多元化，社会主体之间交互关系更加复杂。当前中国社会的各类组织形式，除了党政机关、事业单位和公司企业等传统的社会组织形式之外，还涌现出了各类民间社会组织和新经济组织。2015 年，全国登记的社会组织总量已达 63.8 万个；2015 年上半年，登记注册新市场主体 685.1 万户，比上年同期增长 15.4%。随着各类组织的大量涌现，各种性质不同、功能各异的社会主体之间的活动变得更加复杂。从社会关系来看，正是由于这种构成上的复杂性、利益上的多元性、行为方式上的多样性，使得不同主体之间的交互关系变得异常复杂。

三是利益关系的多元化，利益冲突不容低估。在市场化改革和城市化的进程中，与社会主体的多元化、社会结构的复杂化相伴而来的是利益诉求的多样化和利益关系的多元化。在国家与社会关系上，某些地方政府在扩张性城市建设中，更加深入地卷入了土地所衍生出来的利益，在征地拆迁中产生了不少“官民”冲突；农村剩余劳动力希望能够在工作地享有与当地居民一样的福利待遇，但是城市教育、医疗等公共服务和福利制度与户籍相挂钩，多数城市的农村进城的流动人口难以真正融入城市生活体系，在户籍、就业、住房、子女教育、社会保障等诸多方面面临障碍，成为遭遇体制性社会排斥的弱势群体；一些改革政策缺乏稳定性和系统设计，使政策的涉及对象成本分摊不均衡，造成一些相对剥夺和利益受损群体。这些问题的存在，虽然不是根本性的矛盾冲突，但是在问题解决所需要的实践中产生冲突的风险不容低估。

四是社会价值观念和信息技术多变，社会治理方式亟待革新。当前，人们思想活动的独立性、选择性、多变性与差异性日益增强，各种思想观念互

---

① 刘中起：《转型期社会治理创新及其体制建构：挑战与路径》，载《观察与思考》，2016 年第 1 期。

相碰撞、融合；人们的利益诉求和表达的意愿、权利意识、法治意识大大增强，共享改革发展成果的愿望日益强烈，要满足不同的需求、适合不同价值，取得所有人的满意将越来越难以实现。随着互联网、物联网和大数据、云计算等现代信息技术不断出现和广泛应用，虚拟社会与现实之间的界限越来越模糊，两者之间相互交织、相互作用日益突出，人们的生活、工作和思维方式越来越多地受到现代信息技术的影响。在这种形势下，社会治理亟待进行理念、方式方法上的全面变革。

综上所述，随着中国社会结构日益走向多元、差异，社会各种力量和因素不断地产生着裂变、分化、融合，社会的不确定性、不稳定性、不协调性日益增强，这样一种变化使整个社会的风险结构发生了显著变化，不仅个体安全的影响因素变得复杂起来，对于履行公共管理职责的政府来说，更面临着前所未有的挑战。

四、政策环境

社会政策是公共部门制定并付诸公共行动的基本工具。在复杂社会中，不同领域、不同部门的公共政策彼此之间内在关联性较强，往往牵一发而动全身。作为社会政策体系的重要构成部分，民政公共政策的改革与发展问题，必须放在与之相关的社会政策体系当中，才能权衡不同公共政策的变革对民政公共政策带来的影响。“十三五”时期，中国社会政策发展的方向、重点和改革的导向，将对制定和完善民政公共政策产生深刻影响。

（一）社会政策将在“稳”上做文章

早在2013年中央政治局常委会研究当时经济形势和经济工作时，就鲜明地提出了社会政策要托底的思路。李克强总理在2016年全国两会工作报告中，再次重申坚持社会政策托底的总体思路。可以说，社会政策要托底概括了中央政府应对当前及今后一段时期中国经济社会问题所坚持的一条总的指导思想。

“十三五”时期，中国经济发展面临的首要任务是对过去高速增长带来的落后产能、不当库存进行全面的去产能、去库存、去杠杆，建立更加合理、更为优质的经济结构，增强发展质量。供给侧结构性改革带来的是经济增长率的降低，更为重要的是，将对部分地区、部分行业带来一些困难，有些企业可能破产，相关行业从业人员收入降低，甚至下岗失业的风险增加。由此而产生的民生问题必须通过"社会政策托底"来解决，也就是政府要织好一张覆盖全民的基本民生安全保障网，来切实化解因经济下行可能导致的社会问题。

托底性社会政策与民生紧密相关，这样的社会政策往往具有刚性，特别是"十三五"时期，一方面结构性改革力度将加大，另一方面全面建成小康社会的目标即在眼前，社会政策必然需要保证一定的稳定性，在民生资金的投入和政策的惠民效果上绝不能大起大落，反而更加需要强化民生保障来形成良好的社会预期。除了保持政策的稳定性之外，在经济不景气时，为了应对可能出现的社会风险，特别需要就业政策、社会保障政策、收入分配政策等社会政策发挥对社会稳定的基础性作用。这一点在近年政府工作报告中得到了充分体现。比如，在财政收入增长率下降的条件下，中央提出财政对民生的投入要继续增长，要提高城乡低保补助的水平，增加财政扶贫资金投入，扩大保障性安居工程建设规模，提高基本医疗保险财政补助标准等一系列重大决策。这些举措的加强必将增强社会政策对稳定社会的作用。

（二）社会政策将更加突出公平导向

在"十三五"时期，建立一种符合社会公平价值要求的社会政策是解决中国社会诸多发展不平衡问题的客观需要。"十三五"时期，我国发展处在一个新的历史起点，经济实力显著增强，体制机制逐渐完善成熟，为解决不合理的城乡差距、区域差距以及调节收入差距创造了有利条件；同时，这一时期我国还将面临消化前期改革积累问题的沉重压力，而且经济社会发展动力正处在转换期，推动经济社会发展的"改革红利"和"人口红利"逐渐式微，而更应该通过社会公平的维护来焕发整个社会的活力和认同感，更需要运用更加公平的社会政策来巩固积累起来的发展成果。

另外，借用国际上流行的"中等收入陷阱"分析框架，未来五年中国恰好处在从中等收入向更高水平阶段迈进的门槛上，能不能避免"中等收入陷阱"，一个关键性措施就是社会政策能不能有效地促进社会公平。从近年来政府出台的一系列社会政策所蕴含的价值理念看，无论是城乡一体化改革的提出，还是大力推动社会保障体系改革、促进教育、医疗卫生等公共服务均等化，在这些典型的社会政策领域均传递出了对社会公平的倡导和遵循。展望“十三五”，中国社会发展的过程，必将是社会政策的公平理念更加彰显、增进社会公平的效果更加明显的过程。

（三）社会政策与经济政策的协同性增强

通常认为，社会政策的目标在于平等，经济政策的目标在于效率，两者之间往往不可兼得。西方国家自 20 世纪 80 年代以来的改革，其主线是去福利化，以提高经济效率。① 中国从改革开放以来，最先受到重视的是经济政策，而社会政策被吸纳到经济政策中，长期得不到独立认可与推动，处在次要和从属地位，这在很大程度上造成中国社会事业的发展滞后于经济建设事业。

为了应对 2008 年发生的金融危机，我国采取了一系列扩大内需为主要目标的政策措施，其中在提高退休人员工资待遇、促进就业、完善社会保障体系等社会政策方面重点加大投入和改革力度，使得社会政策对于经济健康运行产生了举足轻重的支持作用。社会政策不仅在扩大需求意义上有利于经济发展，还在其他方面对经济产生诸多积极影响。② 同时更重要的是，社会政策是经济与社会两大系统之间建立互促关系的桥梁，一方面经济系统的正常运转离不开社会政策的支持，比如合理的人口政策和福利政策是建立市场经济的必要条件；另一方面趋利导向的经济发展可能不会直接带来社会发展，而产生的公共性损失必须通过社会政策才能得到有效矫正。

实际上，我国长期扩张性增长模式带来的环境污染、收入分化、贫困等社会问题，必须通过扭转社会政策滞后于经济发展的状况，及时补上社会政策当中的短板与缺项才能解决。综合国家“十三五”规划提出的目标，尤其在当前社会事业还相对滞后、民生建设亟待加强、人民群众期盼共享发展成果的形势下，建立更加完整、公平、更可持续的社会政策体系将具有更重要的意义。

---

① 参见孙炳耀：《反思社会政策与经济政策的关系》，《中国经济时报》2009 年 8 月 10 日。

② 参见孙炳耀：《反思社会政策与经济政策的关系》，《中国经济时报》2009 年 8 月 10 日。

（四）社会政策的根本指向是保障和改善民生

保障和改善民生是我国社会政策的根本目标。在“十二五”时期，我国各项民生改善工程取得了突破性成就；而在以供给侧结构性改革为重点，朝向全面建成小康社会的“十三五”时期，如何使保障和改善民生再上一个大的台阶，使各阶层社会成员切实增强对改革发展成果的获得感，将是“十三五”时期又一重点任务。

保障和改善民生的重点首先在就业。“十三五”时期，随着结构性改革的深化，就业面临的压力比较大。这将进一步倒逼各政府把积极促进就业、扶持创业摆上重要议程。积极就业政策将从鼓励和引导毕业生就业、加强就业再就业培训、解决农村劳动力就业困难、完善劳动力市场监管等方面全面推进，努力实现充分就业。

增加公共产品和公共服务的供给是改善民生，提高居民生活质量的重要保障。“十三五”时期，将针对公共产品短缺、公共服务薄弱等现实问题，坚持保基本、兜底线原则，通过政府与社会资本合作、特许经营等市场化办法，引导社会资本参与，推动公共服务体系走向更加健全，基本公共服务的均等化水平不断提高，公共服务的公平性和可及性不断增强。

保障和改善民生必须加大农村脱贫攻坚力度。2015 年 11 月召开的中央扶贫开发工作会议，按照党的十八届五中全会对农村扶贫开发工作的部署，进一步明确提出要到 2020 年使我国现行标准下的农村贫困人口实现脱贫、贫困县全部摘帽，解决区域性整体贫困。这次会议是对我国“十三五”时期脱贫攻坚任务的一次总部署和总动员，标志着一场全面的扶贫脱贫攻坚战的大幕已经拉开。在脱贫攻坚中，产业扶贫政策、社会救助政策、教育、医疗等方面的社会政策，将不断增强针对性，进一步扩大投入，助力农村贫困人口如期全面脱贫。

“十三五”时期，还将更加注重收入分配政策在保障和改善民生中的重要作用。城乡收入差距、城乡内部不同阶层之间的收入差距已经成为我国总体民生状况的重要制约。国家“十三五”规划明确提出，要在今后五年进一步使收入差距缩小，使中等收入群体规模扩大。毫无疑问，首次分配领域中，政府将通过鼓励和支持“双创”政策的落实，使收入低的地区和人群富起来；在第二次分配领域，个人所得税对高收入者限高作用将会进一步增强，同时社会保障、社会救助等相关社会保障制度的建立和完善，也会对增加低收入群体的收入起到重要托底作用。

综上所述，中国的国家建设已经到了必须注重社会与经济两大系统协同发展，通过社会政策应对社会风险，促进社会良性发展的阶段。在这一意义上，“十三五”时期将是社会政策不断健全和完善，从而其功能作用得到不断彰显的五年。

五、新科技革命

科学技术是推动社会进步的重要力量。在人类社会的发展史上，科学技术的每一次进步都推动了社会的生产力和生产关系发生巨变，开启了经济社会发展的新的增长点。在当今社会的新一轮科技革命中，信息化和智能化无疑最为引人注目，影响也最为广泛而深刻，包括对整个社会系统的运行产生着巨大影响。

（一）新科技革命的影响空前广泛

当今以信息化和智能化为代表的新科技革命产生的影响，不仅局限在生产领域，而且更为重要的是，它通过提升信息分享和信息传递的速率以及增强制造业科技含量而广泛作用于国民经济中的几乎所有产业。可以说，正是由于持续的科技创新与进步，才使产业的升级和进步获得了源源不竭的动力。目前，发生在中国的科技革命对中国的传统产业升级产生了巨大推动作用，它不仅催生了电子商务、信息产业、云计算、物联网等新兴产业，而且金融、交通、教育、社会服务等传统产业，在新信息化技术和人工智能技术突飞猛进的发展面前也不得不作出适应性调整与改革。

与此同时，以信息化和智能化为核心的新科技革命在社会领域的影响同样不可小觑。首先，它带来了人们的生活方式、交往方式和互动关系的深刻变化，人与人之间交往的时空距离被压缩，互动变得更为迅捷，人的活动在现实与虚拟之间的转换成为常态，社会交互的网络结构变得更加具有开放性。其次，互联网和信息技术的发展，在引起人的交往发生革命性变化的同时，进而对社会的组织机制产生了重大影响。它大大地拓展了使一个社会组织起来的载体和纽带，延伸了社会不同阶层、群体和组织发生关联的手段与途径，从而加剧了社会发生聚合与分裂的可能性。最后，新技术革命的运用使人们获取信息的渠道更加多样、便捷，生产生活变得更加便利；但技术对人的控制也随之而来，如何在获得的便利与失去的自由之间恰当地平衡将是无法回避的问题。

（二）新技术革命将再造工业化

传统工业化是以制造业为主体，依靠资本、资源和劳动力推动实现的工业化。信息化和智能技术的发展，将对传统工业产生革命性冲击。一是制造业智能化技术的运用，将直接拉高制造业在整个产业价值链中的位置，提高制造业的技术和科技含量，信息化技术的运用还有助于促进金融业与制造业融合发展，克服虚拟经济与实体经济两者之间的脱节。二是智能和信息化技术的运用，将会加速落后产能的淘汰速度，推动国家的经济结构和产业结构的调整，加快再生性能源开发、智能互联网等技术的发展，使传统的能源依赖型经济发展模式发生根本改变。三是自动化技术的广泛运用改变了设备与人力的配比结构，降低了单位劳动成本，使制造业竞争力得以提高。四是通过持续不断的科技进步，新的产业形态和商业模式被创造出来，这将成为“再工业化”的中坚力量。

未来工业化变革的趋势至少有三个方面：① 一是制造的服务化。工业经济向服务经济加快转型，生产型服务业将成为产业价值链增值的主体，服务贸易和服务外包的趋势更加明朗。二是生产的智能化。随着 3D 打印、信息技术向生产过程的不断渗透并日益成为重要的支撑环节，高效、低成本生产模式得以形成，使大规模定制和个性化消费成为可能。三是组织的网络化。跨国公司利用全球化的生产、销售网络，把不同的价值链环节配置到成本相对最低的地区，系统整合构建全球产业链、营销网络和服务体系，在全球范围内实现了产业的优化配置。

（三）新科技革命的就业效应是一把“双刃剑”

科技革命对就业会产生方向相反的两种效应。一方面，它可以催生新的产业形态，创造大量的就业岗位和机会。近年来，互联网技术的出现使得网

① 潘逸阳：《新技术革命与制造业再转移带来的机遇和挑战》，载《理论研究》，2013 年第 4 期。

络销售逐渐成为一种不可小觑的销售方式，催生出现了网店、快递、代购等新的销售和服务形态，这种新兴商业形态凭借较低的运营成本和低技术性进入门槛，创造了大量就业机会；但同时大量的实体店因为失去比较优势而纷纷倒闭，造成大量失业和半失业人员。因此，科技革命在创造就业的同时，也将加快那些落后于科技革命进程的产业和就业形式的淘汰速度，注定带来结构性失业问题。

另一方面，新科技革命进一步推动就业方式走向多样化，非正规就业、灵活就业的规模将呈现持续扩大趋势。比如，互联网技术的发展，大大降低了社会成员个体创业的成本，也使小微企业在融资、获取信息等方面的门槛降低，使形态各异的就业创业方式不断涌现。近年来，越来越多的大学生选择自主创业，律师、会计师、艺术家等自由职业者也不断涌现，表明劳动者的就业选择在进一步多元化。但同时大量非正规就业、灵活就业方式和人员的增加，也使得传统行业和习惯于传统就业模式的人员在劳动力市场上遭遇困境。从长远来看，生产的发展将越来越依赖科技的进步，劳动密集型的产业迟早要走向衰退，只有培育和造就足够的高素质人才，才能适应我国产业结构升级和新技术广泛应用的需要。

综上，科技革命的影响是广泛而深刻的，它既孕育着巨大的机遇，也对经济社会的发展提出了前所未有的挑战。危机或是机遇，关键取决于能否把握新科技革命的先机，充分利用其有利一面，而把冲击和负面影响限制在可控范围之内。

第三章

社会救助体系的建构与改革发展

社会救助是当今多数国家和地区消除贫困、保障贫困人口生存权益，促进社会稳定而广泛采取的一项社会政策。在中国当前和今后一段时期，健全和完善社会救助制度是贯彻共享发展理念，推动全面建成小康社会的必然要求。本章主要对中国社会救助体系建设的历程进行简要回顾，探讨社会救助相关制度实施中存在的突出问题，分析社会救助体系改革与发展的关键议题，为完善重点措施提出思路建议。

一、当代中国社会救助的发展演变

中国社会救助的实践和探索，主要发生在改革开放以来的 30 多年之间，而政策创制力度最大、成效最显著的时期则要从 20 世纪 90 年代算起。总的来看，改革开放以来，中国社会救助的发展演变大致分成三个主要阶段。

（一）探索阶段：对传统社会救济制度的改革

新中国成立后，新生的人民政权建立了以灾荒救济为主要内容，以城市单位福利体制与农村集体互济为主要特点的社会救济制度。据不完全统计，1949 年年底全国急需救济的受灾群众、失业等人口在 5000 万人以上，占当时全国总人口的 10%。社会救济制度的建立有效解决了这部分困难人口的基本生计问题，促进了新生政权的巩固。与此同时，新中国成立初期确立的社会救济方针、原则和救济的方式，为社会救助事业后来的发展奠定了重要基础。

1978 年，我国开始实行对内改革、对外开放的政策。在改革开放的宏观背景下，农村率先进行了以包产到户为主要内容的家庭联产承包责任制改革，从 20 世纪 80 年代开始又在城市启动了国有企业改革。1992 年党的第十四次全国代表大会提出了“建立现代企业制度”的国有企业改革目标，我国的改革事业由此全面展开。随着改革向纵深推进，除了普遍物质匮乏需要逐步解决之外，我国的贫困问题呈现出新的变化。一是国企改革导致大批失业下岗人员生活没有着落，城市贫困人口迅速增加。据统计，1998 年第一季度国有企业下岗职工人数达到 655.7 万人。此前中国城市传统贫困对象多以无劳动能力、无经济来源、无赡（抚）养义务人等所谓“三无”人员为主，国企改革导致下岗、失业人员剧增，还有部分经营不景气的企业职工实际上处于隐性失业状态，这种状况从根本上改变了我国城市贫困群体的构成。二是普遍的绝对贫困问题仍然比较严峻。1978 年，我国没有脱离温饱的人口达 2.5 亿人；1985 年年人均纯收入 200 元以下的农村人口达 1.25 亿，1995 年年人均纯收入 530 元以下的人口为 6500 万。而按照世界银行日人均 1 美元标准测算，1999 年农村贫困人口达到 2.12 亿。截至 20 世纪末，农村基本摆脱了温饱之虞，但是贫困面依然比较大，尤其是“老、少、边、穷”地区的贫困人口规模依然很大，大量的贫困人口尚不能解决基本温饱问题。

贫困状况发生的上述变化，使得传统社会救济模式无法为市场经济体制改革提供有力支持，也不能满足贫困人口日益增长的救助需求。在此形势下，改革传统社会救济制度，并根据形势需要建立新的救助制度的改革序幕由此拉开。

1. 探索创新农村社会救济制度

在计划经济时代，中国在农村主要依靠人民公社和集体经济组织向老弱病残对象提供低水平的福利救济。为了适应集体经济逐渐瓦解后对农村贫困人口救助的需要，国家对农村社会救济制度从多个方面进行了改革。

一是对农村常年生活困难的特困户、孤老病残人员和精减退职老职工，按季度或按月给予固定数额的救济金或救济粮，称之为定期定量救济；而对其他贫困人口则通过受灾群众荒情救济的方式给予临时救济。同时，从 20 世纪 90 年代初开始，北京、上海、辽宁、广东等省市在对贫困家庭实行定期定量救济的基础上，率先探索开展了一种新的救助制度即农村低保制度，但全国只有极少数的省份和县区开展了探索，多数省份仍然以推行特困户救助和临时救助为主。

二是对1956年国家制定的农村五保供养制度进行了改革。农村五保供养制度开始于人民公社时期，它以集体经济体制和人民公社的政治体制为基础，农村家庭联产承保责任制改革改变了五保供养的体制基础。为适应农村改革带来的体制性变化，中央政府于1994年颁布了《农村五保供养工作条例》，规定对农村“三无”人员在吃、穿、住、医、葬方面给予生活照顾和物质帮助，明确五保供养经费从“村提留或乡统筹”中列支，规定了农村五保供养对象的供养方式及管理体制，以国务院行政法规的形式确立了农村五保供养制度。

三是20世纪80年代以后，国家在农村开展了大规模的扶贫开发战略，其主要做法是根据人均收入标准划定国家重点扶持贫困县，通过采取产业、金融政策以及开展扶贫项目等多种方式，有计划、有组织地开展大规模的农村扶贫开发活动，加大贫困治理力度，改善农村地区贫困落后面貌，从整体上推动农村贫困群体脱贫解困。

2. 探索建立城市最低生活保障制度

城市最低生活保障制度是改革开放以来我国政府在社会救助事业上取得的重大制度创新。1993年上海市制定了《关于本市城镇居民最低生活保障线的通知》，在全国率先试点城市居民最低生活保障制度，标志着一种新型的城市社会救助制度开始出现。它的重大意义在于通过测算最低生活标准，给有需要的贫困家庭发放救助金，资金渠道稳定、救助水平科学，克服了定期定量救济不管不同对象的贫困程度，按一个标准发放救助金的缺陷。随后截至1995年年底，厦门、青岛、福州、大连等12个城市也相继建立了最低生活保障制度。1996年，“建立城市居民最低生活保障制度”写入《中华人民共和国国民经济和社会发展“九五”计划和2010年远景目标》，当年年底全国有116个城市建立了此项制度，山东、江苏、浙江、广东等省进行了整体设计、连片实施。

1997年召开的党的十七大明确提出要“实行保障城镇居民基本生活的政策”。经过充分试点，国务院于1997年下发《关于在全国建立城市居民最低生活保障制度的通知》，提出了在全国建立城市低保制度的时间表，规定了保障对象的范围、标准和申请对象认定审批程序，通知的下发极大地推动了城市低保在全国建制的速度。根据各地探索实施取得的成功经验，1999 年国务院颁布了《城市居民最低生活保障条例》，进一步明确了城市低保制度的管理体制，首次以行政法规的形式确立了城市低保制度的框架，标志着对传统社会救济的改革迈出了坚实步伐。截至 1999 年 9 月底，全国所有 667 个城市、1638 个县政府所在地的镇，全部建立了城市低保制度。

（二）快速发展阶段：新型社会救助体系框架全面建立

21 世纪的前十年是中国社会救助体系建设快速建立和发展的十年。这一时期，社会救助体系从救助项目到覆盖面，均发生了全方位变化，基本建立了以城乡低保、农村五保供养和受灾群众生活救助为主体，以教育、医疗、住房、就业等专项救助制度为补充的综合性社会救助体系。

1. 城市低保制度不断完善

1999 年国家层面规范城市低保制度的行政法规颁布后，民政部出台了一系列配套性政策文件，进一步规范和完善这项制度的管理和运行。2000 年 1 月，民政部下发《关于深入贯彻〈城市居民最低生活保障条例〉 进一步规范完善城市居民最低生活保障制度的通知》，将“解决部分群众应保未保问题”列入重点工作之一。2001 年，民政部下发《关于进一步做好 2001 年城市居民最低生活保障工作的通知》，要求扩大覆盖面，建立稳定的低保资金投入机制；同年 12 月，国务院办公厅下发《关于进一步加强城市居民最低生活保障工作的通知》，要求按照属地原则将中央、省属企业，尤其是远离城镇的军工、矿山等企业符合条件的贫困职工纳入低保范围。2004 年，民政部下发了《关于进一步加强和规范城市居民最低生活保障的通知》，2008 年又会同财政部下发《关于进一步提高城乡低保补助水平 妥善安排当前困难群众基本生活的通知》，2011 年会同发改委、财政部等部门出台了“关于规范低保标准制定和调整工作”的政策文件。通过上述措施，指导各地强化低保规范化管理，使低保工作取得了突破性进展。

2. 建立农村最低生活保障制度

农村最低生活保障制度是在改革农村定期定量救济、农村特困户救助的基础上，比照城市低保建立起来的一项现代社会救助制度，是中国在农村推行的一项最基本的社会救助制度。早在 1992 年，山西省阳泉市率先进行了农村低保的试点工作，到 2002 年，全国绝大部分省份都不同程度地实施了农村低保制度。但是，农村低保的开展仅限于地方试点，一直没有国家层面的制度设计和经费保障。到2003年，税费改革启动后，中国农村的社会救济主要由农村低保、特困户定期定量救济和临时性救济、灾民生活救助等制度构成。

随着城市低保制度的全面建立，农村低保的建制随即提上议程。2004年，中共中央、国务院出台《关于促进农民增加收入若干政策的意见》，提出“有条件的地方要探索建立农民最低生活保障制度”的任务；2005年12月，又在《关于推进社会主义新农村建设的若干意见》中进一步明确提出“有条件的地方，要积极探索建立农村低保制度”。民政部根据中央的精神，加大了建立农村低保制度的工作调研、协调和推动力度，部署和推动有条件的地区尽快建立农村低保制度。

2006年10月，中共中央十六届四中全会作出《中共中央关于构建社会主义和谐社会若干重大问题的决定》，文件中第一次明确提出在全国“逐步建立农村最低生活保障制度”的要求；2007年《中共中央、国务院关于积极发展现代农业　扎实推进社会主义新农村建设的若干意见》进一步明确要求“在全国范围建立农村最低生活保障制度，各地应根据当地经济发展水平和财力状况，确定最低生活保障对象范围、标准，鼓励已建立制度的地区完善制度，支持未建立制度的地区建立制度，中央财政对财政困难地区给予适当补助”。这表明在全国范围建立农村低保制度已经转入实质阶段。2007年，国务院召开全国建立农村最低生活保障制度工作会议，部署在全国建立农村低保制度。同年10月，国务院下发《关于在全国农村建立农村最低生活保障制度的通知》，这一文件的出台标志着中国农村低保制度完成了地方试点探索的过程，进入了全面实施的新阶段。2007年年底，全国31个省（自治区、直辖市）全部建立了农村低保制度，受救助人口达到3566.3万。

3. 建立医疗救助制度

我国在计划经济时期，农村医疗服务主要依靠合作医疗，城市采取劳保医疗模式。20世纪80年代中期，由于合作医疗和公费医疗难以为继，同时随着医疗费用的快速上涨，广大农民和城镇未参保人员普遍难以承受巨大的医疗负担。2002年，中共中央、国务院出台《关于进一步加强农村卫生工作的决定》，提出建立以大病统筹为主的新型农村合作医疗制度和医疗救助制度。2003年，民政部会同卫生部等部门出台《关于实施医疗救助的意见》，部署全面开展农村医疗救助工作；2005年3月，国务院办公厅转发了民政部等部门联合下发的《关于建立城市医疗救助制度试点工作的意见》，提出用两年时间开展试点，之后用2—3年时间在全国建立起管理制度化、操作规范化的城市医疗救助制度。2005年，民政部下发《关于加快推进农村医疗救助工作的通知》，推动城乡医疗救助加快推进。截至2008年，医疗救助制度实现了城乡全面建制，标志着中国医疗保障体系中又增加了一项新的基础性制度。统计显示：2004年资助参加新型农村合作医疗人数为552.6万人、直接医疗救助121.1万人次，到2010年，资助参加城镇基本医疗保险人数达到1461.2万人次，资助参加新型农村合作医疗4615.4万人，直接医疗救助1479.3万人次。

4. 建立了以财政供养为主的农村五保供养制度

农村五保供养制度是中国在农村开展的一项传统社会救助制度。随着经济体制改革的深化和税费改革的推进，中国对财税制度进行了重大改革，在农村地区表现为乡统筹、村提留和各种面向农民的集资以及行政事业性收费被取消，这导致由乡镇和村集体承担的五保供养经费难以落实，直接影响了农村敬老院供养服务的提供。

为了从根本上解决五保供养工作出现的新问题，从2005年开始民政部抓紧调研，启动了对1994年制定出台的《农村五保供养工作条例》的修订工作。2006年1月，国务院常务会议审议通过了新修订的《农村五保供养工作条例》。条例修订的重点内容是将农村五保供养所需资金纳入公共财政保障范畴，明确了地方财政成为供养资金主渠道，中央财政对财政困难地区的农村五保对象供养在资金上给予适当补助。这标志着农村五保供养工作实现了从集体福利向国家保障的重大制度转型，同时，新条例还全面系统地规范了供养对象、审批程序、供养标准、供养形式、监督管理等内容。为推动五保供养服务机构建设和管理工作，2006年7月，民政部印发《关于农村五保供养服务机构建设的指导意见》，对五保供养服务机构建设的总体思路、基本原则、建设标准、机构管理等内容提出了明确要求；启动了“农村五保供养服务设施建设霞光计划”，利用福利彩票公益金支持地方建设五保供养服务机构。2010年10月，民政部又出台《农村五保供养服务机构管理办法》，对敬老院等五保供养服务机构作出新的规定。

这一时期的农村五保供养制度虽然在供养对象上，与过去相比没有太大变化，但是在经费来源、供养内容、标准、供养机构等方面有诸多创新。统计显示：2002 年，全国农村五保供养对象 204.2 万户，2006 年达到 503.3 万户，2010 年达到 556.3 万人；2006 年，农村五保集中供养标准每人每年 1608.2 元，每人每年分散供养标准 1224.5 元，到 2010 年年底供养标准分别达到每人每年 2951.4 元、2102.1 元。

5. 探索建立住房救助、教育救助、就业援助等专项救助制度

住房、教育和就业是构成基本民生的核心内容，也是为困难群体提供基本社会保障的重要方面。21 世纪头十年是我国探索建立住房救助、教育救助、就业援助等专项救助制度的重要时期。

一是建立住房救助制度。住房救助属于住房保障范畴，是针对中低收入家庭实施的特殊类型的住房保障，目的是帮助那些在住房市场化改革后基本住房有困难的贫困家庭，保障人人享有基本的居住条件。1998 年，国务院下发《关于进一步深化城镇住房制度改革加快住房建设的通知》，提出对不同收入的家庭采取不同的住房供应政策，即低收入家庭租赁由政府或单位提供的廉租住房，中低收入家庭购买限价房或经济适用房。1999 年建设部出台了《城镇廉租住房管理办法》，提出建立和完善多层次的住房供应体系，解决城镇最低收入家庭的住房问题。2004 年建设部对 1999 年的“办法”进行了修订，出台了《城镇最低收入家庭廉租住房管理办法》；2007 年国务院《关于解决城市低收入家庭住房困难的若干意见》对解决城市低收入家庭住房困难问题提出了明确要求。2007 年建设部、国家发改委、民政部等 9 个部门联合出台了《廉租住房保障办法》，进一步明确了廉租住房的保障对象为“城市低收入住房困难家庭”，保障方式实行货币补贴和实物配租相结合，同时规定了廉租住房建设的资金来源渠道、用地规划、审批管理、工作机制等内容。这标志着中国住房救助制度基本成型。

从 2008 年开始，政府启动了保障性安居工程，加快解决社会救助对象的住房困难问题。同时，针对农村住房困难问题，加大对农村贫困家庭解决最基本的安全住房的工作力度。2008 年中央财政支持贵州率先开展农村危房改造试点，2009 年，住房和城乡建设部会同有关部门开展扩大农村危房改造试点。统计显示：2010 年全年各类保障性住房和棚户区改造住房开工 590 万套，其中基本建成 370 万套。

二是探索开展教育救助。我国政府高度重视发展教育事业，让贫困家庭的孩子顺利入学、完成学业被放在重要位置。

在义务教育阶段，2001 年开始试行国家免费教科书制度，逐步形成了“两免一补”为主体的义务教育阶段学生资助政策体系。2003 年 9 月《国务院关于进一步加强农村教育工作的决定》提出，“建立健全资助家庭经济困难学生就学制度，保障农村适龄儿童接受义务教育的权利”，同时规定“到 2007 年，争取义务教育阶段家庭经济困难学生都能享受到‘两免一补’”。

在中等职业教育阶段，2005 年国务院《关于大力发展职业教育的决定》提出“建立职业教育贫困家庭学生助学制度”，2006 年财政部、教育部印发《关于完善中等职业教育贫困家庭学生资助体系的若干意见》和《中等职业教育国家助学金管理办法》两个文件，其中提出了要设立中等职业教育国家助学金，对贫困家庭的学生提供补助，此后每年中央财政都安排专项资金用于资助贫困学生。2009 年国家又推行职业教育贫困家庭免学费的政策，当年 12 月 2 日，国务院常务会议审议并通过了中职学校学生免学费的意见，从 2009 年秋季开始，公办中职学校全日制在校生中的农村贫困家庭学生和涉农专业学生逐步开始免除学费。2010 年中职学校免费的政策又进一步推广到城市贫困家庭学生。

在普通高中教育阶段，2001 年国务院规定地方政府可以根据经济发展水平、可用财力等情况下，自主制定和实施贫困家庭学生助学金政策。2010 年，《国家中长期教育改革和发展规划纲要（2010—2020 年）》提出“建立普通高中家庭经济困难学生国家助学金制度”。从这一年开始，我国建立和实施了“政府为主导、国家助学金为主体、学校减免学费等为补充、社会力量积极参与”的普通高中家庭经济困难学生资助政策体系，平均资助标准为每生年均 1500 元，全国平均资助面为 20%。

在高等教育阶段，由于从 1999 年开始大规模扩大高等院校招生规模，经济困难学生大量增加，为了保证这部分学生顺利完成学业，国家逐步建立起“奖、贷、助、补、减”五位一体的高校家庭经济困难学生资助政策体系。

三是建立就业援助制度。就业是民生之本。实行市场经济体制以来，我国逐步建立了以市场自主择业为导向的就业机制。21 世纪头十年，我国的就业体制更为灵活，城镇登记失业率比较低，但是部分困难群体就业难是无法回避的社会问题。

2001 年劳动保障部启动开展“再就业援助行动”，通过上门指导、贴近服务、专项扶持、接续社会保险等援助措施，帮助就业困难的下岗失业人员实现再就业。2002 年，国务院印发《关于进一步做好下岗失业人员再就业工作的通知》，首次提出要建立再就业援助制度，为就业困难对象提供专门的帮助和服务。2005 年，国务院出台《关于进一步加强就业再就业工作的通知》，进一步明确建立实施再就业援助制度。2008 年国务院《关于做好促进就业工作的通知》进一步细化了就业困难人员的援助措施和办法。根据相关政策，就业援助政策的援助对象，主要是有就业意愿和劳动能力的就业困难人员；援助措施包括实施扶持政策，通过税费减免、贷款贴息扶持就业困难人员自谋职业、自主创业；通过税收优惠政策、社会保险补贴等，鼓励企业吸纳就业困难人员；通过开发公益岗位，安置就业困难人员再就业。为增强就业困难人员就业能力，国家依托街道、社区等公共就业服务机构，向就业困难人员提供政策咨询、求职登记、职业指导、岗位推荐等服务；各级劳动行政部门还运用社会教育培训资源，实施就业培训，促进就业困难人员提高技能水平和就业能力。

此外，21 世纪的前十年，国家注重加强受灾群众生活救助。一是在灾害应急救助环节，要求在灾害发生后的 12 小时内，初步解决受灾群众的吃、穿、住、医等临时性生活困难。二是在灾后对因灾害引起的无房可住、无生活来源、无自救能力的受灾人员提供过渡性生活救助；对于旱灾造成的生活困难，政府帮助解决口粮和饮水等困难。同时政府还负责解决受灾群众冬令春荒期间的口粮、衣被、取暖等基本生活困难问题。2010 年中央政府颁布《自然灾害救助条例》，为开展包括生活救助在内的灾害救助工作提供了法规依据。

（三）完善阶段：社会救助管理运行步入规范化轨道

经过 21 世纪前十年的探索，保障困难群体基本民生的“安全网”已基本编织成型。中国政府开始将工作的重点转向以完善制度和运用法制化信息化手段助推社会救助管理运行迈向规范化和精准化的发展阶段。

1. 完善和规范城乡最低生活保障制度

2011 年，民政部等部门下发《关于进一步规范城乡居民最低生活保障标准制定和调整工作的指导意见》，对低保标准的制定和调整从方法上进行了规范；同年，国家发改委等五部委下发《关于建立社会救助和保障标准与物价上涨挂钩的通知》，要求建立保障标准与物价上涨挂钩的联动机制；2012 年，国务院下发《关于加强和改进最低生活保障工作的意见》，并召开电视电话会议进行部署，明确了加强和改进低保工作的总体要求、基本原则、主要任务和保障措施。2012 年民政部印发《最低生活保障审核审批办法（试行）》，对低保审核审批的程序进行了规范，有效保证了低保制度的公开、公平、公正实施。

2014 年民政部、财政部联合制定了《2014 年度各省（自治区、直辖市）最低生活保障工作绩效评价指标和评价标准》，在全国开展了最低生活保障工作绩效评估工作，监督低保政策落实。2015 年，民政部会同国家统计局印发《关于进一步加强农村最低生活保障申请家庭经济状况核查工作的意见》，对农村低保申请家庭经济状况核查的主要内容、核查方法、操作流程等进行了规范；会同银监会印发《关于银行业金融机构协助开展社会救助家庭存款等金融资产信息查询工作的通知》。

各项政策措施出台和落实力度的加大，使城乡低保工作的管理水平得到了显著提升。截至 2015 年 11 月底，全国共有城乡低保对象 6654. 9 万人，占全国总人口的 4. 9%，其中城市低保对象 1721. 6 万人，农村低保对象 4933. 3 万人；全国城市、农村低保月人均标准分别达到 439 元、255 元，同比增长 9. 5%、14. 7%；月人均补助水平分别达到 298 元、139 元，同比增长 12%、15. 8%。

2. 推进医疗救助体系建设

2012 年民政部等部门联合下发《关于开展重特大疾病医疗救助试点工作的意见》，探索建立重特大疾病医疗救助制度，解决大病贫困患者的医疗负担。当年共有 273 个县级单位确定为试点地区，到 2014 年年底，已有 14 个省份作出了部署，2000 多个县（市、区）开展了试点。

为引导公益慈善资源参与医疗救助，2013 年民政部印发《关于加强医疗救助与慈善事业衔接的指导意见》，鼓励支持慈善组织开展医疗援助项目，建立与慈善事业相衔接的机制。同年，财政部、民政部联合制定《城乡医疗救助基金管理办法》，明确规定将“城市医疗救助基金专账”和“农村医疗救助基金专账”进行合并，建立“城乡医疗救助基金专账”，用于办理基金的筹集、核拨、支付等业务，进一步规范了城乡医疗救助资金筹集和使用管理。

2015 年国务院办公厅转发民政部等五部委《关于进一步完善医疗救助制度全面开展重特大疾病医疗救助工作的意见》，提出在 2015 年年底之前，将城市医疗救助制度和农村医疗救助制度合并实施，要把救助对象从低保、特困供养人员扩大到低收入家庭老年人、未成年人、重病患者和因病致贫家庭重病患者，并重点部署在全国全面建立重特大疾病医疗救助制度。各地根据这一文件精神，着眼扩大救助范围、增加筹资规模、加强组织领导，普遍出台了地方性政策，使医疗救助的内容更全、覆盖群体更广、救助的力度更大。

同时，从2013年起，各级民政部门进一步完善医疗救助服务“一站式”即时结算机制，增强了医疗救助的可及性和便捷性。截至2015年第四季度，全国直接医疗救助2296.3万人次、资助参加城镇基本医疗保险1507.1万人、资助参加新型合作医疗4006.6万人。

3. 建立临时救助制度和开展救急难试点

社会救助只提供给符合条件的贫困对象，而针对处在资格边缘的贫困群体，以及遭遇突发性、紧迫性、临时性生活困难的群众，仍存在“短板”，缺乏相应的制度安排。针对这一问题，建立临时救助制度和救急难试点工作被提上日程。

2014年10月，国务院发布《关于全面建立临时救助制度的通知》，在全国范围内部署建立临时救助制度。这一制度主要针对遭遇突发事件、意外伤害、重大疾病或其他特殊原因导致基本生活陷入困境，其他社会救助制度暂时无法覆盖，或者救助之后基本生活暂时仍有严重困难的家庭或个人而给予的应急性、过渡性救助；还规定对生活无着的流浪乞讨人员提供临时食宿、疾病救治、协助返回等救助。临时救助由基层政府依申请受理，或主动发现受理，对获得审批者，发放临时救助金、提供实物和转介服务。

为了让突遇不测、因病因灾而暂时陷入生存窘境的居民（含非户籍常住人口）及时得到救助，2014年4月开始，民政部部署开展“救急难”工作试点，强调发挥临时救助和大病医疗救助在救急难中的功能和作用，建立急难对象发现和救急难快速反应机制，加强与慈善资源衔接，创新救助服务方式，最大限度地防止冲击社会道德和心理底线的事件发生。

临时救助制度的建立和“救急难”工作的试点，对于为困难群众基本生活提供兜底保障具有重要作用。截至2015年第四季度，全国共实施临时救助443.2万户次。

4. 有效开展其他专项救助

住房救助方面取得的重点突破主要表现在，到2014年9月底，国家通过廉租住房、公共租赁住房、棚户区改造安置住房等实物方式，以及发放廉租住房租赁补贴的方式，累计解决了近4000多万户城镇家庭的住房困难，其中约1900万户是城镇低收入家庭，其中包括了约450万户城镇低保家庭。住房救助政策的实施，使城乡低收入家庭的基本居住问题得到了解决。

教育救助方面比较突出的是，从2011年秋季起，国家在集中连片特殊困难地区启动了农村（不含县城）义务教育学生营养改善计划试点工作。中央财政为试点地区农村义务教育阶段学生提供营养膳食补助，标准为每生每天3元（全年按照学生在校时间200天计算），所需资金全部由中央财政承担。

5. 社会救助法制建设取得重大进展

2014年2月，国务院颁布《社会救助暂行办法》，首次以国家行政法规的形式将最低生活保障、特困人员供养、受灾人员救助、医疗救助、教育救助、住房救助、就业救助、临时救助等八项社会救助制度和社会力量参与纳入社会救助框架，构建了一个分工负责、相互衔接、协调实施，政府与社会相结合的综合性社会救助体系。“暂行办法”确立了社会救助工作的法律依据，在中国社会救助法制建设史上具有重要里程碑意义。从2014年5月1日起《社会救助暂行办法》开始实施，贯彻“暂行办法”要求，各省（自治区、直辖市）纷纷出台了社会救助条例，或者以省级政府令的形式出台了社会救助办法或规定，推动社会救助法制建设进程进一步提速。

6. 建立救助申请家庭经济状况信息化核对机制

依托信息化平台和技术，建立社会救助家庭经济状况信息核对机制，是社会救助管理实施中的重大实践创新。2014年4月，民政部印发了《关于全面推进居民家庭经济状况核对信息系统建设的指导意见》和《居民家庭经济状况核对标准》，对建立救助申请家庭经济状况核对信息系统建设进行了安排部署和规范。目前，已通过与公安、房管、车辆、税务以及金融机构的信息进行联网，初步建立了救助申请家庭经济状况信息核对平台。信息化手段的运用，有效提高了救助对象认定的准确率。同时，为确保困难群众求助有门、受助及时，在基层乡镇（街道）层面，推动建立了“一门受理、协同办理”窗口，使困难群众求助和申请相关救助项目的便捷性大为提高。

综上所述，经过长期的改革探索，中国特色社会救助体系已经基本建成，各级政府特别是中央财政不断增加对社会救助的财政投入，使各项救助制度的保障标准和救助水平逐年提高，有效满足了各方面困难群体的基本生活需求。统计显示：2007 年各级财政投入社会救助的资金总量为 460 亿元，2010 年增长到 1302 亿元，到 2013 年首次突破 2000 亿元，2015 年则达到 2126.7 亿元。“十二五”以来，社会救助资金投入年均增长率达到 11.2%。

表 3-1 社会救助人口数和国家财政支出 单位：万人、亿元

指 标	2007 年	2008 年	2009 年	2010 年	2011 年	2012 年	2013 年	2014 年	2015 年
社会救助人口	6444.7	7267.9	7734	8165.5	8251.3	8170.2	8117.4	7944.8	7128.7
社会救助财政支出	457.1	788.2	1098.1	1302	1766.3	1866.1	2172.4	2009.6	2126.7

说明：上表中社会救助人口包括城乡低保对象、五保供养对象；社会救助财政支出包括各级财政用于城乡低保、农村五保供养和医疗救助的资金支出。2014 年、2015 年数据为第四季度数据。资料来源：《中国民政统计年鉴 2015》，中华人民共和国民政部。

二、社会救助制度变迁的特点

改革开放以来，社会救助体系建设与中国社会历史变迁相适应，与改革开放的历史进程同步。我们可以从这一长达 30 多年的社会救助体系建构和探索实践中发现以下特点。

（一）理念上从“互助观”向“责任观”转变

我国在历史上是一个尚善的国度，不仅官方的赈灾恤孤活动源远流长，而且民间的互助共济传统也根深蒂固。但是长期以来，无论政府主导的救济活动，还是宗族和宗教组织开展的慈善互助行为，在理念上均具有时代局限性，主要体现在救助主体和客体之间的地位不对等，施救的一方占据道德和权力上的优势，出于对穷人和困难人群的恻隐之心，或者为维护统治地位而采取一些救助行为；而被救的一方，则往往居于被动接受者的地位。实质上，传统中国的慈善救助理念是受道义所驱动，其根本的目的在于管治穷人。

新中国的成立确立了人民当家做主的地位，在救助理念上有了很大进步，值得称道的比如从“道义观”逐步向“互助观”转变，但是“道义观”的潜在影响依然没有完全消退。在传统文化影响下，我国改革开放以来很长时期，在认识和处理与改革有关的一系列问题上，“道义”在社会伦理空间内占据着

重要位置，成为约束社会改革的一种看不见的规范。这种状况也体现在我国社会救助领域。当面对改革带来的下岗失业问题，人们首先是从道义上认为应该对这部分人施以援手，但至于是否需要专门的立法来确立政府的责任，在很长时期内是缺少普遍共识的，因而也没有把贫困社会成员享有基本生存的保障作为他们的一种法定权利来看待。

与此同时，在救助的责任归属上，“互助观”长期占主导地位。对社会贫困群体的救助，我国在20世纪80年代之前，没有专门的社会保障立法，尽管宪法从1982年起就规定“公民在年老、疾病或者丧失劳动能力的情况下，有从国家和社会获得物质帮助的权利”，但是直到其颁布实施22年之后，宪法修订案才提出建立社会保障制度。在很长一段时期内，政府在正常年份主要是鼓励和支持家庭、集体经济组织互助共济，只有在发生较大的自然灾害时，才动用国家财政资源，组织受灾群众救助，即使如此仍然注重依靠群众组织自救。这表明国家法定的救助责任还处在缺位状态。

直到20世纪90年代，伴随市场经济体制和国家法治体系的不断成熟，社会救助的政府法定责任和国民权利的观念才进一步得以明确。1999年“城市低保条例”明确规定，“凡共同生活的家庭成员人均收入低于当地城市居民最低生活保障标准的，均有从当地人民政府获得基本生活物质帮助的权利”；2014年颁布的《社会救助暂行办法》对政府的救助职责作了明确的部门分工。从20世纪90年代以来的中国社会救助实践，更加体现了国家责任观，这表明在我国确立了基于国民权利和国家责任的社会救助理念，使社会救助摆脱了工具主义的局限而成为维护社会公平正义的国之重器。

（二）功能上由从属性向独立性转变

从国外实践看，社会救助制度是具有特定功能的一项社会保护制度，它的产生总是出于应对贫困或因贫困引起的某些社会问题的需要。在我国，改革开放以来，社会救助制度的发展主要是因应中国的改革事业而逐渐展开的，现行的一些社会救助制度在很大程度上最初是作为改革的配套性措施而出现的。正是因为适应经济领域改革的需要，才提出了社会救助制度改革的现实命题。

因此，社会救助制度的改革与发展是嵌入在我国改革事业之中的。这使得改革之初的社会救助制度具有突出的工具性特点，换言之，它的出现最初服务于改革事业的需要，直接的目的在于帮助解决改革所引起的社会贫困问题。可以看到，社会救助这一现代市场经济社会最为基础的一项社会保障制度一直以改革“副产品”的面目出现，它在地位上从属于经济体制改革，社会救助体系建设中如“功能定位、制度内容、发展路径”等基础性问题一直在“摸着石头过河”，缺少战略规划性。

这一状况在进入21世纪后逐渐发生了转机，社会救助制度的改革和探索朝向体系化的方向发展。在过去的十余年里，社会救助体系建设不再与国有企业的改革相提并论，而在宏观上更多地被看成是市场经济有效运行的基础性制度安排，在微观上强调它是中国特色社会保障体系的“基石”和基本民生的“安全网”。同时，随着各项救助制度的先后建立，社会救助体系逐步地被作为一个相对独立、具有自身运行规律的系统来建构。尤其是2014年5月1日起施行的《社会救助暂行办法》，第一次建构了一个相对科学的社会救助制度体系框架，明确了社会救助的牵头管理部门和协助部门，提出了建立救助对象管理信息平台。这表明，社会救助制度的建设已经走出了从属地位而获得了符合自身规律要求的独立性。

（三）救助项目从单一向多元转变

我国的社会救助建设经历了从早期项目单一到后期项目多样、层次化发展的过程。改革开放之初，广袤而普遍贫困的我国仅有农村五保供养、受灾群众救济和农村特困户定期定量救济等几项制度，而且救灾救荒是当时的主体内容，国家负责救济的事项十分有限。

20世纪90年代以后，社会救助项目逐渐增加。从国家层面看，首先是1999年国务院出台“城市低保条例”，将已经开展了约6年之久的地方性探索上升为国家层面制度；其次是从2007年开始在全国范围建立农村最低生活保障制度。城乡低保制度的建立使困难群体从制度上获得了维持最低生活水准的保障，加上2006年农村五保供养经费来源转由财政负担改革而建立的农村五保供养制度，社会救助体系中最基础层次的制度即生活性救助制度从此形成。

除了解决困难群体衣、食、住等最基本生活方面的困难之外，建立更高层次的救助项目开始提上日程。2002年医疗救助率先在农村开始探索，从2005年开始又着手在城市建立医疗救助制度，到2008年城乡医疗救助制度实现了制度合并；同时，教育、住房、就业等专项救助制度逐步建立和完善。

到2005年前后，中国已经初步建立了以城乡低保、农村五保、受灾群众救助为主，以教育、医疗、住房、就业等专项救助为支撑的综合性社会救助制度体系。特别是2014年颁布的《社会救助暂行办法》从法律上确立了社会救助体系框架和管理体制。在这一框架中可以清晰地看到，社会救助体系已经形成了一个以低保制度面向全体困难人群、特困供养和受灾群众生活救助面向特定困难群体、专项救助解决特定困难的多层次的综合性制度体系。

（四）从城乡二元化向城乡一体化转变

我国长期以来城乡发展呈现二元化，城市与农村在制度规则、体制环境、社会结构等多方面存在较大的差异。这种社会经济的城乡二元结构同样反映在社会救助领域，总体上，相比农村地区，城市开展的救助项目财政投入多、救助标准和管理的规范化水平较高。

社会救助城乡二元化格局的形成有着深刻的体制原因：一方面是与城乡之间存在诸多制度鸿沟有关，比如户籍制度；另一方面也与社会救助制度建设的历史条件有关。应该说，城乡社会发展的阶段性特点这一客观条件，决定了中国的社会救助体系建设不可能一开始就走城乡一体化的路子，而适应城乡各自的经济社会特点，采取差异化策略是改革初期社会救助制度建设的现实选择。然而城乡二元化发展的思维，也造成了同一类型的救助制度城乡规则不一致、权利不均等以及同等条件下不同救助对象保障标准差距大等诸多问题，尤其在城镇化发展迅速、城乡差距较小的地区，社会救助的城乡分割使持有农村户籍而工作生活在城镇的居民被挡在救助制度门外，造成救助漏洞，影响救助效果。

随着城镇化和统筹城乡发展步伐的加快，从“十一五”时期开始，社会救助制度建设开始强调城乡统筹，而不是过去所强调的城乡有别的发展思路。在这一理念的指引下，社会救助的建构和实施出现了朝城乡一体化方向推进的趋势。首先，统一城乡制度规则成为立法和完善政策的导向。比如，在最低生活保障方面，《社会救助暂行办法》不再区分城乡，而对城乡居民规定了相同的制度安排和申请审批流程，实现了困难群众申请低保的权利公平。其次，推动医疗救助实现了城乡合并，统一了管理流程，合并了城乡分设的医疗救助基金账户；整合农村五保供养和城镇“三无”人员救助，建立了特困人员供养制度。同时，从政策上进一步明确，要鼓励和支持有条件的地区在逐步缩小城乡救助标准和补助水平的基础上，逐步实现城乡标准和补助水平的一致。目前，全国已有不少市县启动了形式多样的城乡一体化社会救助改革试点，可以说以城乡统一的制度安排来保障困难群体的基本民生，将成为未来社会救助发展的重要议题。

（五）参与主体正在向多元化转变

在当代中国社会救助制度建设的过程中，政府代表国家成为履行社会救助职责的主要责任主体。但是，随着我国基本民生保障的形势与任务不断发生变化，单纯依靠政府一己之力，不仅面临资源不足的局限，而且难以做到精准施救，同时社会救助项目所涉及的环节和流程日益复杂，对专业分工也提出了新的要求。这种形势下迫切需要引导社会参与，引入专业化人才，建立政府主导与社会参与相衔接的救助服务模式。

除了重建国家的社会救助责任，社会力量的参与在近年来也越来越受到重视。一是在社会救助领域引入专业社会工作，促进发展服务型救助项目，提高社会救助人性化管理的水平。比如，民政部在总结各地政府购买社会工作服务经验的基础上，于2015年5月下发了《关于加快推进社会救助领域社会工作发展的意见》，明确了社会救助领域社会工作发展的任务与路径，引导社会救助领域社会工作的发展。二是加强医疗救助与慈善事业衔接，动员慈善组织参与解决困难群众无力看病、因病致贫等问题，发挥慈善资源对医疗救助和基本医疗保险制度的补充作用。三是探索采取政府购买服务的方式加强社会救助行政管理性服务。为解决社会救助工作在基层经办力量薄弱、与救助专业化要求不匹配等问题，不少省份出台了政策文件，积极探索推行政府购买社会救助服务，增强基层经办力量。采取的方式主要有：购买社会救助工作岗位，通过公开招聘工作人员，经培训后分配到救助服务大厅、低收入家庭信息核对中心、乡镇（街道）救助工作站（所）以及基层社区等机构，由其承担相关救助经办服务工作；向社会组织购买管理服务项目，由中标的社会组织、社区机构承担救助对象核查、救助服务提供等事宜。专业社工、慈善组织等社会力量的加入，使社会救助工作的实施主体变得更加多元，其重要意义是将政府主导与社会参与相结合，扩大了社会救助资源，增强了救助工作的专业化和人性化，缓解了基层社会救助经办压力，从而有利于提高社会救助工作的效率和成效。

(六) 救助管理从粗放向精细化转变

在我国，社会救助制度建设之初的很长一段时期内，救助项目的对象认定、核查、救助程序等管理环节一直相对粗放。随着社会救助制度不断发展丰富，如何提升管理和服务的精准性成为加强社会救助管理的关键。近年来，从民政部到地方各级政府及民政部门在社会救助对象审核审批、居民家庭经济状况核查、村（居）民委员会协助、社会救助监督与绩效评估等方面出台了一系列政策措施，淘汰了手工台账式的救助对象管理办法，建立了上下联网的信息系统；改进了家庭经济状况核查方式，建立了跨部门的家庭经济状况核对信息平台；采用了救助金委托金融机构社会化发放的方式，堵塞了违规冒领漏洞；同时，在申请环节建立了“一门受理、协同办理”机制，在医疗救助报销环节采取了“即时结算”机制，在经办服务上探索购买服务机制，在工作体制上建立了民政牵头、多部门协调的机制，此外还建立了救助对象主动发现、救助服务转介服务制度。

相比制度建设的初期，通过近年来规范化管理的不断加强，社会救助体系框架内的各项救助制度在对象申请、标准制定和调整以及救助程序、与相关社会保障制度之间的衔接配套等方面的精细化水平大为提升，规范管理的全面加强推动整个社会救助体系实现了从随意性救助向规范化救助的重大转变。

三、当前社会救助运行的基本分析

从总体上看，当代中国的社会救助制度的运行所产生的实际效益仍然处在边际递增阶段，但是整个体系和某些单项制度在实际运行中呈现出一些新的特点。

(一) 社会救助发展中还存在薄弱环节

1. 政策覆盖上存在“盲区”

社会救助制度项目的设计主要是以群体和特定困难为靶向，目前涵盖面已经相当宽泛，享有社会救助的人口总量与我国总体贫困状况大体相适应，救助规模相对比较合理。但是，由于救助制度是一种定向选择的社会保护制度，只有符合收入（财产）标准和户籍条件的社会成员才可能成为实际救助对象，如果准入标准弹性不当或滞后于城乡一体化，就必然产生救助“盲区”，使某些困难群体不能被现有的救助制度所覆盖。虽然这个问题不具有普遍性，但是仍然存在：一是在以户籍和家庭经济状况为主的救助准入制度下，某些突发的“急难型”困难群体和发生灾难性支出的贫困家庭还不能完全进入现行的救助保障范围。二是处在低保线边缘的贫困群体，虽然实际困难程度与救助对象不相上下，但由于救助制度缺乏必要的弹性，使这部分贫困群体被排斥在救助制度之外；还由于以“低保”为获批其他救助的资格，导致部分非低保困难群体难以获得其他专项救助制度的支撑。此外，由于各地对申请对象认定的标准宽严不一，相同的救助制度在不同地区所覆盖的对象范围不同的问题也比较突出。

2. 救助标准偏低

衡量救助标准是否恰当，可以通过计算实际救助水平与救助对象的基本生存支出之间的差异来测量。根据民政部政策研究中心在全国 29 个省份的抽样调查，2014 年城乡困难家庭[①]的基本生活消费支出以及医疗、教育方面的支出较大。其中，基本生活消费（食品、水电燃料、采暖、衣着）支出，城乡分别为 12162 元/年、7493 元/年；家庭平均医疗支出，城乡分别为 13257 元/年、13007 元/年；平均教育支出，城乡分别为 3024 元/年、2213 元/年。统计数据显示：2014 年我国城乡低保的实际补助水平为 3432 元/年（城市）、1548 元/年（农村），与上述调查数据相比，低保补助水平占困难家庭基本生活消费支出的比例分别为 28%、21%；城乡医疗救助（住院、门诊和资助参保参合）年人次均仅为 1886 元，与调查得到的医疗支出相比相差悬殊，同时教育救助的水平与实际教育支出相比也属于偏低水平。

如果将基本生活类救助制度的保障标准与城乡居民人均可支配收入进行比较可以发现，2014 年城乡低保标准占居民人均可支配收入的比重分别为 17%、26%。近年来保障标准虽然不断提高，但总体救助水平没有达到国际上公认的社会平均收入（或收入中位数）的 50%，因而对于增加贫困群体的社会资本，进而增强其社会参与方面的作用还十分有限。

① 该调查所指的困难家庭包括低保家庭和低保边缘家庭，其中，城市困难家庭 7338 户，农村困难家庭 4232 户。

3. 救助对象的识别认定还不够精准

社会救助制度的选择性主要体现在依据一定的标准识别和认定救助对象，并根据其维持基本生存的需求缺口，由政府提供相应形式和水平的救助。根据这样的制度设计，我国建立了基于申请对象户籍和家庭经济状况为主要依据的救助对象识别认定机制，从制度上实现了救助保障项目和救助水平与不同的贫困程度和贫困问题相匹配，成为中国社会救助实现制度转型的重要标志，也使社会救助的公平性得到了保证。但是，由于我国的社会救助建立的时间较短，救助对象识别管理的信息化技术运用相对滞后，加之现阶段居民家庭收支信息尚不具备精准统计和核查的条件，社会信用体系也不够完善，这种情况对精准实施社会救助对象的识别和认定造成了很大障碍。

救助对象识别面临的突出问题，主要表现在：一是飞速发展的城镇化带来了城乡人口的快速流动，人户分离、户籍地与居住地分离等现象变得越来越普遍，这为依据户籍判定救助对象资格的制度设计带来了巨大挑战。二是居民家庭收入来源更加多样化，尤其是农村居民家庭的工资性收入占比显著提高，但务工农民的工资性收入信息没有完全进入金融和税务部门的信息系统，大量非正规就业者的收入稳定性较低。传统上依靠基层救助工作人员感观认知式的家庭经济状况核查方式已经不能适应居民家庭收入的变化。三是农村青壮年人口大规模外流，不少农村沦为“空壳村”，而由于人口的高流动性，城市社区共同体不断遭到削弱，这给基层民主评议认定救助对象的机制带来很大冲击。

在人口的流动性明显加速、城镇化不断加快的情况下，救助对象的识别认定已经成为社会救助实务中的一个难题。近年来，各地在救助家庭收入状况、财产状况查询、核对方面进行了大量的探索，但是实践表明，救助对象的识别认定还存在不少问题有待进一步解决。

4. 救助经办力量薄弱，管理服务水平有待提升

社会救助是一项民生工程，需要救助管理部门依法公开受理、审批和管理，并提供便捷优质的服务。进入“十一五”以来，社会救助人口总量不断增加，同时社会救助管理的规范化也在不断加强，但总体上看，管理和服务还有些滞后，特别是在救助人口显著增加、财政投入持续加大、救助制度的精细化程度不断提高的形势下，提高社会救助经办管理水平的重要性迅速凸显。

目前，社会救助管理经办力量还比较薄弱。一是管理经办人员总量与救助任务量不相匹配。虽然在县级以下层面已经采用部门整合的思路，提供社会救助管理服务，但从受理到审核审批，再到对象的管理和救助资金的发放，必须建立稳定的专职工作人员队伍。从实际看，虽然救助人口大幅攀升、救助项目显著增加，而救助职能部门和相应管理服务人员却没有同步增加，救助对象家庭经济状况调查、受理、审核等基础性工作普遍由乡镇（街道）或基层自治组织承担，难以保证规范性。二是基层工作人员稳定性差。由于工资待遇偏低，基层一线救助工作人员很难长期稳定在岗。同时基层工作人员的专业化水平还偏低，不能适应社会救助工作精细化管理的要求。

社会救助管理中存在信息化水平普遍不高的问题。社会救助信息化建设虽然有了显著进步，但仍然跟不上实践的要求。在经济状况核查方面，跨部门的信息核对平台还不完善；救助对象信息在民政部门与其他相关职能部门之间的共享还有待加强。此外，现阶段的救助管理重点还停留在申请、审批等行政管理环节，而通过社会工作或救助项目向救助对象提供服务型救助并不多。

（二）相对贫困和支出型贫困凸显，社会救助体系建设需要升级

随着收入差距的不断拉大，因收入低于社会平均水平带来的相对贫困问题，在现阶段的中国开始逐步凸显，处在中低收入水平上的家庭或社会成员往往会因为医疗、教育支出过大或意外事故导致收入不抵支出，引发“支出型贫困”。解决支出型贫困问题，关键是要从源头上预防贫困，切断风险源，而在灾难性支出发生后也要有相应的事后救助机制予以干预。

目前，中国的社会救助主要着眼于解决公民当下的生存危机，属于事后干预型的社会保护制度，在预防和化解风险向危机转化方面的功能还相对较弱，因此社会救助制度进一步发展的方向应该放在如何增强风险预防功能上来。如果从城市低保对象的人口结构来分析，中国社会救助制度升级的一个重要方面无疑要从改变救助内容与方式入手，为困难群体提供风险防御机制。表 3-2 显示，目前，城市低保对象中有劳动能力人口和老年人口合计占全部在保对象的比重达到 36%，其中老年人口占比逐年增加，有劳动能力人口虽然有所减少，但个别年份比重仍高达 34%。从城市低保对象的总量变化趋势看，未来城市低保对象的构成将呈现老年贫困人口和有劳动能力人口占大头

的特点，且老年人口呈增长趋势。与此同时，近年来残疾人占比呈缓慢上升趋势，2015 年已达到 8.9%，考虑到残疾人经济创造能力相对较低，未来残疾人在救助人口中的比重还将增长。对农村救济对象的考察亦可以发现，农村救助对象中的老年人和残疾人占据了很大比例。

贫困形势和救助人口结构上的变化，必然意味着救助需求的变化。我国目前社会救助偏重于货币和实物性救助，在相对贫困凸显的背景下将会产生很大的局限性，而且风险预防功能不强；救助人口结构的变化，对服务形态的社会救助也提出了新的需求。因此，社会救助体系建设应当以预防为主，以增加服务为主要内容，推动社会救助体系升级。

表 3-2　城市低保人口结构　　单位：万人、%

年份	城市低保人口	残疾人		老年人		有劳动能力人口				
						登记失业人口		在职人员		占比
		数量	占比	数量	占比	数量	占比	数量	占比	
2007	2272.1	161	7.1	298.4	13.1	627.2	27.6	93.9	4.1	31.7
2008	2334.8	169.1	7.2	316.7	13.6	564.3	24.2	82.2	3.5	27.7
2009	2345.6	181	7.7	333.5	14.2	510.2	21.8	79	3.4	25.1
2010	2310.5	180.7	7.8	338.6	14.7	492.8	21.3	68.2	3.0	24.3
2011	2276.8	184.1	8.1	346.9	15.2	472.5	20.8	61.5	2.7	23.5
2012	2143.5	174.5	8.1	339.3	15.8	400.4	18.7	49.6	2.3	21.0
2013	2064.2	169.2	8.2	330.3	16.0	365.5	17.7	45.1	2.0	19.9
2014	1880.2	157.9	8.4	313.6	16.8	312.7	16.6	37.7	2.0	18.6
2015	1708.0	152.6	8.9	293.0	17.2	265.2	15.5	315.7	18.5	34.0

数据均来自《中国民政统计年鉴》，其中，2015 年为第四季度数据。

（三）社会救助财政资金效益总体较高，但结构不均衡、边际效益有所降低

近年来，我国政府用于社会救助的财政投入持续增加，从“十一五”初

期的1776亿元增加到2015年的2126.7亿元，同时资金的规范化管理不断加强，保证了社会救助的总体效果，但同时资金的分配结构，以及对救助人口和救助标准的边际贡献有所下降。

第一，由于各项社会救助制度建立的时间不同，形成了目前不同救助项目之间的财政支出结构不够均衡的格局。其一，财政社会救助支出中超过七成资金投向了城乡低保，而覆盖90%救助人口的医疗救助制度财政支出占比却不到10%①；其二，农村低保资金占比40%，而覆盖救助人口超过65%；城市低保占用资金达到34%，救助人口却只占23%。这一状况带来的问题是，覆盖人口多、救助资金占比低的救助项目存在着救助力度不足的可能。事实上，农村与城市的低保补差的差距，远远超出了城乡基本生活水平的差距。

表3-3　财政社会救助投入与救助人口结构

指标		2011年	2012年	2013年	2014年	2015年
救助总人口（万人）		8251.3	8170.2	8117.4	7944.8	7128.7
财政总投入（亿元）		1766.3	1866.1	2172.4	2009.6	2126.7
城市低保	投入（亿元、%）	659.9	674.3	756.7	694.6	685.0
		37.4	36.1	34.8	34.6	32.2
	救助人口（万人、%）	2276.8	2143.5	2064.2	1880.2	1708.0
		27.59	26.24	25.43	23.67	24.0
农村低保	投入（亿元、%）	606.9	690.4	841.9	844	911.6
		34.4	37.0	38.8	42.0	42.9
	救助人口（万人、%）	5305.7	5344.5	5388	5209	4903.2
		64.3	65.4	66.4	65.6	68.8

① 即使考虑到医疗救助有重复救助的情况，医疗救助资金所占的比重也严重偏低。

续表

指标		2011 年	2012 年	2013 年	2014 年	2015 年
五保供养	投入（亿元、%）	122. 5	144. 7	174. 3	188. 3	207. 7
		6. 94	7. 75	8. 02	9. 37	9. 8
	救助人口（万人、%）	551	545. 6	537. 3	529. 5	517. 5
		6. 68	6. 68	6. 62	6. 66	7. 3
医疗救助	投入（亿元、%）	154. 3	165. 8	177. 8	188. 6	202. 8
		8. 74	8. 88	8. 18	9. 38	9. 5
	救助人口（万人次、%）	8090. 3	7658. 8	7426. 5	7466. 5	7810
		98. 05	93. 74	91. 49	93. 98	1. 1

说明：上表中救助总人口包括城乡低保对象、农村五保供养人口，由于享受医疗救助的人口主要是上两类对象，为避免重复，本表中没有计算在内，这样，会使实际救助人口有所低估。

第二，低保财政支出所产生的救助人口增长效应开始递减。如表 3-4 所示，“十一五”时期，财政投入对城市低保规模贡献系数呈正向，从 2010 年开始变为负值，而这一时期，年均财政社会救助投入增长率为 8%，表明财政投入的增长并没有带来城市低保人口规模的扩大，反而年均减少 4. 6%。从总救助人口的变化看，2007—2014 年，社会救助财政支出对救助人口增长的贡献系数多数年份为正值，从 2012 年开始，虽然财政投入年均增长率显著大于年均救助人口增长率，但是财政投入的贡献系数已开始呈下降趋势，个别年份（2012 年、2013 年）甚至出现负值。这种变化表明，在进入“十二五”以来的多数年份，尽管财政投入增量不断增加，但救助人口不增反降，表明财政投入对救助人口的扩大效应有所减弱。

表 3-4　财政支出对城市低保人口增长的贡献系数

指　标	2007 年	2008 年	2009 年	2010 年	2011 年	2012 年	2013 年	2014 年
城市低保人数（p，万人）	2272. 1	2334. 8	2345. 6	2310. 5	2276. 8	2143. 5	2064. 2	1863. 2
⊿p/p	0. 01	0. 03	0. 005	−0. 01	−0. 01	−0. 06	−0. 04	−0. 10
城市低保财政支出（f，亿元）	277. 4	393. 4	482. 1	564. 6	659. 9	674. 3	756. 7	694. 6
⊿f/f	0. 24	0. 42	0. 23	0. 17	0. 17	0. 02	0. 12	−0. 08
贡献系数（⊿p/p）/（⊿f/f）	0. 06	0. 07	0. 02	−0. 09	−0. 09	−2. 68	−0. 30	1. 19
社会救助总人口（P，万人）	6444. 7	7267. 9	7734	8165. 5	8251. 3	8170. 2	8117. 4	7944. 8
⊿P/P	0. 63	0. 13	0. 06	0. 06	0. 01	−0. 01	−0. 01	−0. 02
财政社会救助总支出（F，亿元）	457. 1	788. 2	1098. 1	1302	1766. 3	1866. 1	2172. 4	2009. 6
⊿F/F	0. 86	0. 72	0. 39	0. 19	0. 36	0. 06	0. 16	−0. 07
贡献系数（⊿P/P）/（⊿F/F）	0. 73	0. 18	0. 16	0. 30	0. 03	−0. 17	−0. 04	0. 28

说明：2006 年财政支出包括：城市低保+医疗救助；2007 年财政支出包括：城市低保+农村低保+医疗救助。社会救助总人口包括：城乡低保、农村五保、孤儿、流浪乞讨人员救助及其他临时救助人口。数据来源：《中国民政统计年鉴 2013/2014》。

第三，低保标准对财政投入的敏感度不断提高，进入“十二五”后，多数年份保障标准增长率高于财政投入增长率。尽管救助标准的制定和调整取决于多种因素，但是一般而言，财政投入的增加会为提高救助标准提供财力保证，因此，财政投入每增加一个单位会对救助标准产生一定程度的影响，这一影响可用低保标准财政投入弹性系数表示。表 3-5 显示：2007—2011 年，城市低保标准财政投入弹性系数 EU<1；2010 年以前，农村低保标准财政投入弹性系数 EC<1。表明低保标准增长率与财政投入增长率不同步，且前者落后于后者。进入“十二五”时期，EU（EC）在多数年份大于 1，表明低保标准财政投入弹性系数有了明显提高，但同时也可以看到，“十一五”时期，保障标准增长率落后于财政投入的增长率，进入“十二五”时期这种状况有所好转。

表 3-5 城乡低保标准财政投入弹性系数

指标	2006 年	2007 年	2008 年	2009 年	2010 年	2011 年	2012 年	2013 年	2014 年
城市低保财政支出（F）	224.2	277.4	393.4	482.1	564.6	659.9	674.3	756.7	694.6
⊿F/F		0.24	0.42	0.23	0.17	0.17	0.02	0.12	-0.08
城市低保标准 U	169.6	182.4	205.3	227.8	251.2	287.6	330.1	373.3	410.5
⊿U/U		0.08	0.13	0.11	0.10	0.14	0.15	0.13	0.10
弹性系数 EU=（⊿U/U）/（⊿F/F）		0.32	0.30	0.49	0.60	0.86	6.77	1.07	-1.21
农村低保财政支出（F）	126.60	189.80	326.80	487.90	579.60	606.90	690.40	841.90	844.00
⊿F/F		0.499	0.722	0.493	0.188	0.047	0.138	0.219	0.002
农村低保标准 C	850.8	840	987.6	1209.6	1404	1718.4	2067.8	2433.9	2776.6
⊿C/C		-0.01	0.18	0.22	0.16	0.22	0.20	0.18	0.14
弹性系数 EC=（⊿C/C）/（⊿F/F）		-0.03	0.24	0.46	0.86	4.75	1.48	0.81	56.45

数据均来自《中国民政统计年鉴 2007—2015 年》。

根据上述分析，低保标准对财政投入敏感度的不断提高，表明财政投入能够显著带来救助水平的提高，而考虑到财政投入对救助人口规模扩大的贡献出现下降的事实，这似乎形成了悖论：政府花的钱越来越多，期望同步实现救助人数增加与救助力度增强两个结果，但只达成了一个目标，即“十二五”以来财政投入的增加带来了保障标准的提高，而对于保障面的扩大则不够理想。

（四）社会救助政策的执行与低保相“捆绑”，制约了救助制度的弹性，造成救助项目叠加和福利依赖问题

《社会救助暂行办法》明确规定了八项救助制度，除低保制度外，其他的救助政策也对申请对象的资格条件等认定办法作出了规定。但是，在具体执行时，往往以是否享受低保作为“门槛”，比如医疗救助、住房救助等，这样在一定程度上导致低保对象可以享受到相关救助项目，而其他贫困家庭或个人无法获得应有救助或其他优惠政策，从而产生救助叠加，由于低保含金量的增加，又必然使得那些获得低保及附着其上的其他救助政策的人不愿意退

出低保，从而削弱了就业（劳动）动机，造成了福利依赖。

上述问题的连锁反应所导致的低保福利依赖问题，不在于低保标准水平过高，而是各项社会救助制度缺乏相对独立的对象认定标准。由于各项救助制度指向各不相同，同一救助对象完全可能同时获得多项救助福利，若缺少专门的家计调查和需求评估机制，很难避免出现救助叠加和福利依赖问题。在更深层次上，福利依赖问题还与我国目前推行的货币性救助这一方式本身的不足不无关系。货币性救助投入的资金越多，社会公众对公平性的关注度越高，对申请对象经济状况的审查就会越严格，从而使那些有劳动能力的救助对象不愿意承担因就业而失去救助福利的风险，尤其在就业收入偏低的情况下，货币性救助会进一步强化福利依赖。因此，在一些国家和地区为了减少福利依赖，采用有条件的现金转移支付制度，以及食品券等多样化的救助方式，这样的制度设计有助于减少福利依赖问题发生。

四、社会救助改革发展的路径

（一）总体目标与方向

1. 坚持救助前移，增强社会救助的风险预防功能

要进一步巩固社会救助在保障绝对贫困人口基本生存方面的功能，在此基础上，将制度建设的重点转向如何应对社会成员生存危机上来，构建更加积极的社会救助（关信平，2014）。具体而言，应当明确两个原则：一是事后救助“托底”功能还须进一步增强。由事后的危机干预转向危机发生前的风险预防，是社会救助制度发展的必经阶段，目前“事后”救助的功能还不尽完善，仍然需要通过全面建立临时救助制度、发展救助服务，逐步建立以“支出”和“收入”相结合的救助对象认定办法，补足救助制度体系中的“短板”，扫除救助覆盖人口和需求上的“盲区”。二是拓展救助对象的范围，优先将低保边缘家庭，以及单亲家庭、“工作贫困”家庭、支出型贫困家庭等群体纳入救助范围；建立救助对象分级分类管理制度，将未成年人、有劳动能力人员、在职（或灵活就业）人员单独建档，加强动态化管理；同时，还应当与就业市场、扶贫及其他社会保障工作建立信息共享机制，加强对重点

群体生活风险或危机事项的监测预警和瞄准，提高救助的前瞻预判能力和应急干预能力。

2. 探索社会救助服务，健全社会救助制度体系

社会救助服务是从服务方面解决贫困家庭的基本生存问题。国际劳工组织将针对大多数脆弱群体的需求和问题所进行的干预定义为社会服务，实际上所指的主要是社会救助服务。全面开展贫困家庭的救助服务，一方面可以满足贫困家庭的差异化需求；另一方面，通过救助服务与现金支持的结合提高贫困家庭救助的效果（林闽钢，2013）。目前的社会救助政策重经济救助，服务救助和机会救助还比较薄弱，还有较大的发展空间，应该加快发展（彭华民，2015）。

从当前贫困群体的实际需求看，我国社会救助服务应当优先发展生活性救助服务、庇护性服务、就业扶持服务，以及专业辅助服务等。考虑到贫困家庭需求的层次性，社会救助服务在发展目标的设定上，应当本着先解决生活性救助后再解决发展性救助、先解决“急需”和“刚需”的原则，按照近期目标、中期目标和长远目标的思路分阶段加以推进。近期的目标是选择需求群体大，且需求刚性较强并易于评估的生活性救助服务和旨在提供康复、护理服务的社会救助服务项目，通过局部试点，探索路子、积累经验。中期目标是通过设定量化考核目标，实施更多的救助服务项目，并根据贫困家庭的多层次、多样化的需求，制定贫困家庭救助服务需求目录，规定政府对社会组织资助的标准或购买服务的标准，以此引导相关社会组织营办或向政府申请承办某项救助服务项目，同时建立相对稳定的供给流程，使更多的救助服务项目向贫困群体覆盖。长远发展目标，重点是将需求面广、易于评估、质量可控的救助服务项目通过写入相关社会救助单项法规或政策，明确社会救助服务的受益群体、对象认定和审核的程序、服务供给的方式等要素，推动建立多主体参与、机制完善、水平适度、形式多样的社会救助服务体系。

3. 加快引入政府购买服务，推动管理服务方式创新

政府购买公共服务，是将公共财政支出范围内的公共服务“外包”给社会主体，以契约形式来完成服务的提供。目前，虽然部分地区出台的政府集中采购目录中含有购买救助服务的内容，但主要是购买行政管理性服务，而不是服务形态的社会救助项目。现阶段，可以探索两大类服务的购买：其一是购买管理服务，即在社会救助基层部门通过设置岗位、招聘社会工作者或

购买社会工作机构服务等方式，充实基层社会救助管理工作人员；其二是探索建立政府“购买项目”机制，即政府允许社会组织提出针对一定区域或某些贫困群体的救助服务项目，并向政府提出经费资助申请，经救助管理部门论证和评估后予以立项实施，满足贫困家庭的多样化、个性化需求。

4. 完善救助对象认定和需求评估体系，增强救助精准性

一是健全和完善与各项救助制度相对应的救助对象认定标准，解决以低保资格为依据认定对象的问题。对于解决医疗、住房、教育等基本生存条件的救助制度，不仅要看家庭的经济状况，更要考虑把这些方面的刚性支出或社会平均支出水平纳入救助对象认定指标体系，增强救助对象识别的精准性。二是在收入核查与需求评估互有侧重、优势互补的同时，总体上需更多地考虑强化“救助对象需求评估”。经济状况调查可以反映贫困家庭应对风险的能力，但经济状况不一定能反映贫困家庭基本需求自我满足的缺口，精准瞄准救助对象理应兼顾收支两端，而在收入和财产的核查已相对成熟的条件下，应当把救助需求的评估作为完善救助对象识别机制的重要一环。三是完善跨部门的救助对象家庭经济状况信息核对机制，开发专用的平台系统，使分散在不同职能部门、金融机构等有关低收入家庭的信息实现实时联网，打破信息孤岛，提高申请对象认定工作的信息化水平。

5. 理顺社会救助事权与财政支出关系，建立以需求为导向的财政投入机制

党的十八届三中全会提出了全面深化财税体制改革的任务，其中明确提出要“合理划分各级政府间事权与支出责任”①，社会救助也涉及在不同层级政府之间划分事权与支出责任的问题。应当抓住财政体制改革机遇，把社会救助财政体制上的一些重要议题摆上改革议程。

首先，要明确界定中央与地方的社会救助事权与支出责任。一直以来，社会救助确立的是地方属地管理的体制安排，这种体制本质上应当是地方承担主责，由地方财政投入为主，中央财政适当补助。但实际上，中央财政承担了绝大多数救助制度的财政投入责任。地方财政投入以省级财政投入为主，而有权制定救助标准的设区的市一级政府，财政投入反而较小。这样事实上形成了财政责任上移到中央和省一级、管理责任下沉到县一级的体制安排，造成投资的一级不能直接管理，而具有管理职责的一级又缺乏财政投入能力。

① 新华社：一场关系国家治理现代化的深刻变革——财政部部长楼继伟详解深化财税体制改革总体方案，中央政府门户网站，2014年7月3日。

从改善出资与管理匹配性的角度看，应该进一步明确事权和支出的责任，提高社会救助管理统筹层级。2014 年颁布的《社会救助暂行办法》对社会救助管理体制问题有所涉及，但主要就横向社会救助的管理体制作出了相关规定，对不同层级的事责规定不详，更缺少对财政支出责任的明确划分，应当进一步明确社会救助事务属于地方事责、属地管理、多层级财政负担的体制，使不同层级政府所承担的社会救助事责与支出的责任相统一。

在明确基本的管理体制基础上，提高救助标准制定权限的层级，将救助标准制定权从市一级全面上收至省一级，突出省一级政府的财政支出主体责任。要整合中央财政对低保、医疗救助的转移支付资金，建立统一的中央财政社会救助支出专项转移支付科目，在整体救助制度体系内允许资金调配使用。中央财政要发挥对地方财政投入的汲水效应，通过中央财政的适当转移支付来引导或激励地方财政扩大投入；要在补助中西部、革命老区、少数民族地区救助资金不足的同时，加快转移支付方法的改革，通过探索推行地方比例配套、以奖代补、补助低保标准调高部分等方法，进一步增强地方财政支出的主体责任。

要优化财政支出结构，重点增加对医疗救助、教育救助、住房救助以及临时性救助的财政投入，使财政资金优先用于解决影响面大、需求紧迫的重点民生问题。适应贫困家庭对改善生活的期待，进一步完善与最低工资、物价、居民生活消费支出等指标相挂钩的社会救助财政投入机制，增强财政社会救助投入的稳定性和可持续性。

（二）最低生活保障制度的完善重点

1. 完善低保标准制定和调整机制

保障标准是决定低保对象规模和保障水平的决定性因素。要取消低保标准与财政收入单一指标挂钩、参照最低工资水平确定系数等简单的做法，而应该在对中低收入家庭消费支出进行全面科学的记账式统计分析的基础上，综合市场菜篮子法、消费支出法等国际上通用的方法，制定出一个省级层面的基准救助标准，指导县级层面以基准救助标准为基点，针对本地区基本生活支出水平进行浮动调整，使低保标准既能在省域范围内保持合理差距，又能够随着消费水平和物价波动实时动态调整。同时，救助标准必须与能够反映城乡居民基本消费支出和物价水平波动的指标相挂钩，使保障标准能够起到保障真实需求的作用。因此，应当对居民生活消费支出进行监测，依据生活消费支出变化及时调整保障标准，完善救助标准动态调整机制。

2. 建立科学的家庭经济状况量化核对机制，提高申请家庭经济状况核实准确率

对申请者实施精确化的家庭经济状况核查，首要前提是建立科学、简便的量化测算指标体系，对需要核查的收入的类型、内容、豁免标准、统计方法以及核查的方式作出统一明确的规定，对需要核查的财产设定合理的起查线和排除项，建立合理的财产准入条件；要考虑评估申请家庭的刚性或灾难性支出状况，建立综合考量收入和支出两种因素的家庭经济状况量化测算方法。其次，完善跨部门的家庭经济状况信息核对机制。建立数据交换信息平台，使分散在不同政府职能部门、金融机构的有关低收入家庭的信息实现实时联网，打破“信息孤岛”。当前，亟须赋予救助职能部门根据授权从相关部门或机构获取低收入家庭经济状况信息的权力，同时，在法律上需要进一步明确两类主体的义务，一是低保申请家庭和已享受低保的家庭须履行家庭收入申报和向救助管理部门定期报告家庭收入变化情况的义务；企事业单位为申请对象开具的收入证明须承担真实性责任。二是相关职能部门需承担为低保行政部门依法开展经济核查工作提供必要协助的义务，尤其是要建立“协同办理”制度，使相关职能部门责任明确，形成既有义务又有约束的协同配合机制。

3. 根据经济状况确定补助水平，推动落实“以标准定补差”

以“低保标准扣除申报者家庭人均可支配收入”的办法确定救助者的实际补助水平，可最大限度地体现救助的公平性。低保制度在建立和实施的初期，提倡分类分档施救，对申请对象中的老年人、残疾人等特殊困难对象给予重点救助，虽然有助于增强救助公平性，但也在一定程度上偏离了低保制度“以标准定补差”的核心制度设计。作为一个过渡期的办法，分类分档救助的出现，根本原因是家庭经济状况核查尚不精准，单靠核查家庭收入和财产状况不足以反映申请者基本需求自我满足的缺口。从低保制度规范发展角度，今后应当逐步地淡化基于年龄和身体状况来确定补助水平的规范，回归到低保制度初始设计。实际上，只要经济状况核查指标和算法是科学的，即使不对老年人、残疾人等社会成员进行特殊考虑，这部分群体家庭的经济状况也必然能在核查结果中得到反映。要有效贯彻“以标准定补差”的原则，

基本的前提是需要依据客观因素确定适当水平的低保标准，以及提高经济状况核查的精确性。同时，更需要在制度执行中坚持推行低保的设计原理，逐步地取消基于申请家庭成员的年龄、健康等因素而采取的分档或分类救助的做法。做到这一点，必须妥善应对可能出现的两种情况：一是要考虑使低保制度覆盖到那些虽然核算收入略高于救助标准，但实际生活水准显著偏低的贫困家庭，防止救助覆盖不足。二是如果根据救助标准减去核算收入计算得出的补助金难以满足某些低保家庭基本生活的需要，就可能出现救助不足的问题。针对量化补差可能出现的第一个问题，要通过制定科学的救助标准，或者推行有弹性的救助标准来解决，比如将低保标准上浮一个比例，使核算收入高于这个比例的贫困家庭进入低保制度。第二个问题的解决，必须由其他相关专项救助制度或临时救助制度予以有效弥补。实际上，医疗、教育、住房等方面难以达到基本需求的贫困家庭，自然应当诉诸相关专项救助，而不应该依赖低保制度。在低保制度进入稳定运行阶段，贯彻以标准定补差的原则是低保制度提升制度效能的核心，只有通过贯彻这一原则，才能剥离附着在低保制度之上的其他功能，使低保管理水平迈向更高台阶。

4. 消除低保“绿卡效应”，增强专项救助的针对性

尽管有研究显示：我国城市低保对象有较强的就业与改善生活意愿，据此不认为存在“福利依赖”问题，但是，城市低保在一定程度上确实向城市困难群体提供了一份“免费午餐”，这大大降低了很多有劳动能力的低保对象的就业动机，造成了一定程度的福利依赖倾向。这一问题的产生，跟目前捆绑在低保之上的附加性福利政策有很大关系。换句话说，获得了低保便获得了其他救助制度或优惠政策的资格，即低保“绿卡效应”。这是导致低保依赖的症结所在。解决这个问题，一是需要从加强低保对象分类管理入手。可按照年龄、身体状况和失业长短等因素，建立更加细化的低保对象分类管理制度，对于有劳动能力或短期失业者采取相对较高频次的家计调查，或对有劳动能力的低保对象采取有时限的低保待遇，从制度上促进有劳动能力者主动就业。二是重视和加强专项救助制度，尤其是要完善医疗、教育和临时救助的审核审批办法，加强对相关专项救助准入的独立性审查，逐步消除仅凭低保证审批相关专项救助的做法，建立起基于需求评估的专项救助准入标准，减少不针对特定困难的一般性救助或优惠政策，消除低保“绿卡效应”。

（三）特困人员供养制度的完善重点

1. 推动农村“五保”和城镇“三无”人员供养实现制度合并

考虑到农村五保供养制度相对成熟，而城镇“三无”人员供养法规缺失的现实，可以从制定法规和完善政策两种思路，加快推动特困人员供养制度走向城乡统一。从立法的角度看，需要依据《社会救助暂行办法》，推动地方性社会救助立法，明确建立城乡统筹的特困人员供养制度；已经制定《农村五保供养工作条例》地方性法规的省市，需要结合对条例的修订，研究出台特困人员供养工作条例；未出台农村五保供养地方性法规的省市，应当在进一步完善本地区正在执行的特困人员供养政策基础上，将特困人员供养地方性立法提上议程。鉴于立法所需时间较长，可以在民政部层面出台部门规章或规范性文件，进一步细化城市特困人员供养工作各项规定，尽快弥补政策空白；同时要着眼于城乡统筹，指导省级和较大地市的民政部门修订或出台城市“三无”人员供养政策，先从政策上推动特困人员供养制度实现城乡合并，为出台不同层面的特困人员供养法规奠定基础。

2. 立足于保基本、强服务，研究特困人员供养标准的制定问题

与单一保障基本生活为目标的救助制度不同，特困人员供养的内容涵盖基本生活、基本照料、疾病治疗和丧葬等事宜，供养标准理应由上述保障标准累加计算。这是制定供养标准首先需要明确的重要原则，在此原则下，还应当确定恰当的水平。《农村五保供养工作条例》规定“五保供养标准不得低于当地村民的平均生活水平”，若比照农村居民的平均消费支出水平，实际上农村五保供养标准普遍没有达到规定水平。《社会救助暂行办法》将特困人员供养作为一项救助制度，标志着五保供养制度的定位发生了重要转变，即由一项福利制度转变为一项救助制度，而作为一项社会救助制度，其制度的功能在于“保基本”，换言之，特困人员供养制度的定位在于保障“三无”人员的最基本的生存权益，而不是以改善生存质量为制度目标。除了“保基本”之外，考虑到城乡特困人员的构成以老年人、残疾人为主，供养标准的制定必须充分考虑照料护理等“基本服务”方面的需求。

根据特困人员需求和该项救助制度的特质，特困人员供养标准应当包括食物标准和非食物标准两部分。食物标准类似于最低生活保障标准，其制定的方法可以按照基本生活费用支出法、恩格尔系数法、消费支出比例法等方

法制定，同时要根据物价水平的变化保持动态调整。供养标准中的非食品标准，可采用国际通行的马丁法测算。实物标准和非实物标准加总可以得到特困人员供养标准。依据统一的方法测算得出的供养标准，应当与当地居民平均消费支出水平保持合理的差距，可以借鉴 OECD 国家的做法，将居民平均消费支出的 60%作为供养标准指导线，各地制定的供养标准允许高于指导线，但不能低于指导线，确保供养标准保持在合理水平。

特困人员供养标准的制定权限，宜以省级或设区的市级政府制定为好，而不宜设在县一级。由设区的市级或上一级政府制定供养标准，不仅能合理消除城乡供养标准的差距，而且也能强化自身和下一级政府的财政支出责任，使经费的落实更有保障。

3. 建立特困人员供养对象认定和服务的标准

相比其他社会救助制度，特困人员供养制度对于申请对象的审核相对比较严格。对救助对象的认定，不仅要审核申请人提起申请时的经济状况，还要看生活来源的状况，以及法定的赡、抚（扶）养义务人履行义务的能力。与此同时，只有法规规定的三种条件同时具备才符合供养条件。必须制定科学的认定标准，增强申请审核工作的准确性。认定的标准不宜复杂，重点要围绕“有无劳动能力、法定义务人有无赡、抚（扶）养能力、是否具有经济来源”三个维度构建三位一体的认定标准体系。

关于劳动能力的认定，我国尚无关于居民劳动能力鉴定的专门法规，只有《工伤职工劳动能力鉴定管理办法》（人力资源和社会保障部、国家卫生计生委令〔2014〕第 21 号）和《劳动能力鉴定：职工工伤与职业病致残等级》（GB/T16180-2006）等部门规章和规范性文件可以为特困人员供养制度的落实提供可资借鉴的经验。认定劳动能力，首先要认定年龄，凡年满 60 周岁或低于 16 周岁的公民，可以认定为无劳动能力；其次，要评估残疾或病患的严重程度，一般应将残疾程度较高和患重大疾病的人员视为无劳动能力。残疾人的认定要严格按照残疾等级评定标准予以认定，凡达到重度残疾的人员应当认定为无劳动能力。对于患病人员的劳动能力的评估，应当参考劳动部门对劳动能力鉴定的方法和标准，对罹患重大疾病患者可认定为无劳动能力。

对于法定义务人有无赡、抚（扶）养能力的评估，首先，需要界定是否与申请人存在法定义务关系，可以依据《中华人民共和国民法通则》《中华人民共和国婚姻法》《中华人民共和国老年人权益保障法》等法律对申请人的近亲属进行义务关系的认定；如果能确定义务人，之后需要对法定义务人进行赡、抚（扶）养能力的评估，为此，需要对义务人进行劳动能力的鉴定，还需要对其进行经济状况核查评估，对于已获得低保救助的义务人家庭或者因为家庭成员患重特大疾病、遭遇突发意外等原因而陷入支出型贫困的义务人家庭，可以视为无赡、抚（扶）养能力。此外，法定义务人失踪、服刑等，也应当视为无赡、抚（扶）养能力。

对于是否具有生活来源的判定，除了要对申请者进行劳动能力鉴定、对其赡、抚（扶）养义务人进行认定及其能力进行评估之外，还需要核查其是否具有其他经济来源，包括是否有经营性收入、股票收入、租金收入等。经调查核实，无生活来源者方可认定为特困供养对象。同时还需要考虑申请人的自然属性，凡申请特困人员供养必须年满 60 周岁或年龄低于 16 周岁，或者身体处在肢体、精神等残疾状态。

4. 抓好制度执行中相关政策的配套和制度间的衔接

特困人员供养政策的落实需要注意做好与低保制度、基本养老、基本医疗保障等制度的衔接。与低保制度相衔接，不是通过低保制度来保障特困人员的基本生活，而是通过做好对低保群体的动态监测和管理，根据经济状况或年龄等因素的变化，及时将其转移至特困人员供养制度下；同时，特困供养人员中年满 16 岁的未成年人，也需要根据年龄和创造收入能力的变化，及时将其转到低保制度下。特困人员供养制度与城镇居民社会养老保险制度（新型农村养老保险制度）的衔接，主要是对符合缴费年龄段的特困人员由政府代缴个人缴费部分；与基本医疗保障相衔接，主要是通过政府全额资助的方式，保证供养对象参加城乡居民基本医疗保险；有条件的地方可为特困人员投保补充医疗保险、重大疾病保险等商业保险或补充保险；特困人员在定点医疗机构发生的政策范围内的门诊费用、住院费用中，首先按照基本医疗保险、城乡居民大病保险及各类补充性医疗保险、商业保险的报销程序予以办理费用报销，经报销后的个人自负费用，由医疗救助在政策范围再次报销。要鼓励医疗机构与供养服务机构签订医疗合作协议，建立医疗契约服务关系，促进医疗服务更好地惠及特困供养人员。

明确资金安排是推动特困人员供养制度与其他相关社会保障制度相衔接的基本前提。如果考虑供养标准的测算已经涵盖了医疗、教育等方面的支出，特困人员参加基本医疗个人缴费部分应当从供养资金中列支，这样就需要将按照供养标准纳入预算的供养资金进行不同的分割，一部分用于资助参加基本医疗等由主管部门统筹使用，另一部分用于向集中供养机构拨款或向散居供养对象发放。从理论上讲，由于供养标准是一个全口径概念，根据标准制定的资金预算涵盖了多项支出的需要，理应对资金的使用作多个方面的分配，但是，这无疑增加了这项制度的执行难度。因此，特困供养人员参加其他社会保障制度，或者在住房、住院医疗、办理丧葬等方面的开支应当通过相关政策予以解决。同时，资金的预算安排应当由承担特困人员供养资金统筹职责的一级政府来具体负责。目前，多数地方由县级负责资金的统筹，中央和省级财政的补助资金落实到县级，再加上县本级财政预算安排的资金后具体分配落实。从有利于资金在城乡之间合理配置角度看，特困人员供养资金的统筹层次应当进一步提高到地市一级。

5. 整合供养资源

长期以来，我国推行城乡分割的“三无”人员供养管理体制，使农村和城市分别形成了各自的资源和供养服务模式。特困人员供养制度走向城乡统筹的重要内容是集中供养服务机构、床位和资金等资源在城乡之间统筹使用，打破城镇与农村两种体系、两套机制并存的局面。一是整合乡镇敬老院的机构资源，不拘泥于每个乡镇必须建一所敬老院的固定模式，可以在科学预测供养对象的人口数量和需求结构的基础上，采取县城中心敬老院辐射周边街道、乡镇的模式；农村供养对象也可以入住城镇社会福利机构，取消基于户籍为依据的供养对象入住供养机构的接收机制。二是应当建立供养机构床位使用率通报制度。县级民政部门根据供养服务机构定期提供的床位利用信息，及时调配入住机构，并根据床位利用的长期趋势合理调控供养机构的规划布局；对于社会养老机构发育相对完善的地区，允许运用政府购买服务的方式，由民政部门主管的光荣院、公办养老机构或社会福利机构以及民办社会福利机构代为履行供养服务的供给职责。

6. 改革供养服务方式

对于机构供养，从未来看，需要转变公办供养机构的营办方式，建立社会化的营办机制。社会化的服务供给方式一般由政府承担投资、制定政策、标准和实施监管等方面的职责，而将服务机构的微观经营以合同方式交由社会组织承担，或者通过政府向各类社会组织购买服务的方式实现供养服务的供给。对于分散供养对象的照料服务，也可以采取政府购买服务的方式，委托其他社会福利机构或村（居）民委员会、供养人员的亲属邻里定期提供上门服务。采取委托方式提供供养服务，需要特别注意建立完善的服务质量控制和监督评估机制。从长远看，随着社会的发展进步，考虑到未来符合“三无”条件的特困人员总量呈减少趋势，加之各类型社会养老服务机构的不断发展壮大，继续维持目前由政府出资建设专门机构，并注册为事业单位直接营办的服务模式，注定会退出历史舞台。因而，应当着眼长远，一方面探索推行由养老机构（或儿童福利机构）代为提供供养服务的模式，另一方面，要积极推动供养机构面向社会加快职能转型，为当前数量可观的存量供养服务机构注入发展活力。

（四）医疗救助制度的完善重点

医疗救助制度的完善，应当在宏观上把握好与医疗卫生体制改革的关系，主动将医疗救助放到“三医”联动改革的总体布局中来谋划与推动；在内涵上，需要研究如何增强医疗救助的可及性，扩大政策惠及面、提升支付和管理服务水平。

1. 重视完善制度细节

目前，医疗救助实现了城乡整合，大病医疗救助制度正在全面推进。医疗救助的体系框架已经基本成型，而制度细节的完善还是一项长期的系统性工程。一是研究提高医疗救助的统筹层次，使之与城乡基本医疗保险相协调。二是研究将低收入人群纳入医疗救助的认定办法，进一步扩大医疗救助的覆盖范围，提高低收入家庭患者对医疗救助制度的获得率。三是探索建立多层次的医疗救助体系，针对救助对象的类别、家庭困难程度、患病负担等情况，合理评估医疗救助需求，并提供不同层次的医疗救助服务。四是完善中央和省级补助资金的拨付机制，增强资金拨付时效性；同时强化对医疗救助资金支出的科学预测，防范医疗救助基金出现沉淀或超支风险。

2. 加强大病医疗救助顶层制度设计

第一，需要界定大病医疗救助与常规住院救助的边界，定位好大病医疗救助的瞄准对象和制度功能，使大病医疗救助充分发挥缓解灾难性医疗负担的作用。由于大病医疗保险制度控制保费与赔付补偿比，这决定了大病保险不可能取消病种限制，作为对大病保险的兜底机制，大病救助比较适宜按照病种来界定大病范围，而对于不在大病目录内的医疗灾难性支出，可通过提高常规住院救助补偿比例的方式予以解决。

第二，以扩大可及性、增强精准性为导向，制定科学的大病医疗救助申请对象认定标准，扩大低收入家庭、因病致贫家庭患者对大病救助的可及性。若按照病种界定大病，可以从两条路径实施大病申请审批管理：其一，根据低收入家庭经济状况标准，对提起申请的低收入家庭给予认定审批，获得审批的低收入家庭成员可在治疗病种目录内的大病时，对合规医疗费用获得补偿；其二，患者持定点医疗机构出具的大病确诊证明，或者通过定点医疗机构与医疗救助经办机构联网的信息平台，向民政部门提起申请，符合低收入家庭经济状况标准，或符合因病致贫标准的申请人可获得合规医疗费用报销。

第三，考虑到大病出省就医的概率相对较低，而省内跨市就医概率相对较高，可先在省域内起步，采取公布大病定点医疗机构名录的办法，鼓励统筹地区与定点医疗机构签订大病医疗服务协议，并建立医疗费用跨地区即时结算机制，为大病患者异地就医提供便利。应根据疾病谱和医疗费用变化情况，结合地方实际及时调整大病医疗救助用药和诊疗目录，制定大病救助定额或限额量化标准，进一步提高大病救助的报销水平，增强政策“含金量”。

3. 加强与医疗保险、慈善事业的衔接

医疗救助弥补的是医疗保险的不足，应当在政策的设计、统筹层次、信息互联共享、即时结算等环节，全面加强与医疗保险制度的衔接协同。一是需要探索医疗保险政策对医疗救助对象在起付标准、报销比例上给予适当倾斜，扩大医疗救助对象对基本医疗保险制度的使用率。二是建立基于社保卡的医疗救助对象信息跨部门互联共享机制。人社部门已经明确提出以社保卡跨地区信息联网为突破口，推动解决异地就医费用报销难问题，医疗救助对象信息数据的部门间交换、费用结算，尤其是跨地区医疗费用“一站式”结算等工作，完全可以通过拓展社保卡的功能来实现。要继续通过搭建救助供需信息平台、完善政府购买服务、扩大慈善救助转介等措施，引导慈善组织参与和开展医疗救助覆盖不到的救助项目和个案，推动医疗救助与慈善救助有效衔接。

4. 研究提高医疗救助的统筹层次

医疗救助统筹管理层次的设定，决定着医疗救助的筹资水平以及基金管理和跨地区医疗费用结算的效率。从 2016 年 6 月开始，城镇居民基本医疗保险与新型农村合作医疗两项制度的整合工作进入全面实施阶段，整合后的城乡居民基本医疗保险的统筹层次将全面提高到地市一级。适时提高医疗救助统筹层次，是更好地与医疗保险制度相衔接的客观要求，可以考虑将医疗救助资金的筹集、管理从县级统筹上升到地市级以上统筹，将资金筹集调配、标准制定、辖区内跨县区定点医疗费用结算等核心职责赋予地市一级，县区一级则主要负责对象受理审批，及建立临时性医疗救助政策等职责。通过与医疗保险改革合拍同步，切实解决医疗救助县级统筹存在的救助标准低、覆盖范围小、省内差距大等问题。

5. 适当调整财政社会救助支持结构，增加医疗救助投入

在经济步入新常态，财政增收乏力的形势下，适当调整社会救助资金的投入结构，扩大医疗救助投入，在很大程度上可以增强社会救助的贫困预防功能，提高其正向政策效果。今后一段时期，除完成农村扶贫对象低保兜底任务而需要相应提高保障标准之外，城乡低保的政策导向不宜将提高标准作为主要目标，而应该考虑合理调整财政用于社会救助的资金分配结构，引导各级财政将可用财力调配到城乡医疗救助，增强医疗救助的财政保障程度，从而支持医疗救助扩大覆盖范围、提高保障水平。同时，要进一步改革中央财政转移支付方式，引导地方财政加大医疗救助投入。

（五）支持引导慈善参与

1. 建立政府购买慈善救助服务制度

首先，应在现行社会救助体系中明确社会救助服务的地位。在此前提下，制定政府购买社会救助服务的指导性目录，重点明确向慈善组织购买的救助对象发现、救助需求评估、经济状况核定等方面的服务。除了购买管理性服务之外，还应探索建立救助项目公益创投机制，允许慈善组织提出针对一定区域或某些贫困群体的救助服务项目，并由慈善组织向低收入对象提供有针对性的救助服务，促进社会救助的经济援助与救助服务有效对接。要同步建立综合评估机制，对政府购买慈善组织服务的项目数量、质量和资金使用绩效等进行考核评价，确保政府购买服务的效益。

2. 引导慈善组织建立补充性救助制度

目前我国资助型慈善组织汇聚的慈善救助资源越来越多，但在资源的分配和项目资助方面尚未与正式救助制度相协调，不少困难家庭虽获得了政府提供的社会救助，但仍然无法从根本上摆脱困境，而慈善救助资源又因缺乏与正式救助制度的整合而无法实现对这部分群体的救助。因此，亟须在政府

的社会救助制度之外，建立由慈善组织负责实施的补充性救助制度。应当考虑出台相关政策，将慈善组织建立补充性救助项目与慈善组织法人注册、年检，以及申请免税和参与政府购买服务等挂钩，引导慈善组织建立和实施各类救助项目。可以先规定具有官方背景的慈善机构（如各级慈善总会、红十字会等）要协同现行的各项社会救助制度，在针对特定困难家庭和人员的政府救助启动时，同步启动慈善组织的补充性救助。从长远看，要将政府支持和鼓励慈善组织建立补充性救助项目明确写入社会救助相关法规政策，重点明确慈善组织救助的原则、目标定位、管理主体的权利与职责，从制度上明确政府与慈善组织的职责分工和协同事项，避免政府救助与慈善救助出现救助空当或交叉等问题。

3. 搭建政府社会救助信息平台，完善社会救助需求信息发布机制

社会救助职能部门要建立包括救助对象人口特征、致贫原因、救助需求等信息在内的更为详细的动态档案，同时，建立各类未获审批的贫困群体信息库；社会救助职能部门在受理和审批救助对象时，应该同步做好救助需求信息的真实性审查和信息更新工作。社会救助职能部门要依据救助申请人的授权及时将其救助需求予以公开发布，使慈善组织可以获取相关救助信息。政府或社会救助职能部门还可以通过与募集经费规模大且经费相对稳定的慈善机构签订合作协议的方式，在审批相关社会救助的同时，将慈善机构的救助项目或相关救助信息提供给有救助需求的社会成员，以此帮助慈善组织实现供需对接。要允许慈善组织向社会救助管理部门获取符合其宗旨和项目需要的救助对象信息，提高救助信息的共享化程度。

4. 完善慈善组织发展和慈善项目运作的政府支持机制

要使慈善机构主动回应政府提出的衔接社会救助的良好愿景，必须对慈善组织提出的支持性需求给予积极主动的回应。否则，对出于社会责任、奉行对捐赠者负责的民间慈善组织而言，就不可能产生足够的“合作”激励。为此，应建立多样化的慈善支持性政策组合，尤其要在慈善组织的孵化和培育、慈善公益项目的创设、实施等方面给予必要支持。可以考虑的支持方式包括采取设立公益创投基金、慈善组织孵化种子基金，以及对慈善信托收益采取优惠税收政策，给予更多的符合条件的慈善组织以免税资格，并确保税收优惠政策方便申报和抵免；对于衔接政府救助成效显著的慈善组织，要在政府购买服务、经费资助、提供信息等方面给予更多倾斜。

（六）强化与农村扶贫开发政策衔接

1. 厘清扶贫对象与救助对象认定方式上的差异

扶贫人口的识别主要有两个环节：一是各省份将抽样测算得出的贫困人口数逐级分解到县、乡镇和行政村，即“分指标”；二是贫困人口数量指标下达到村后，根据总量控制的原则，通过村级评议、乡镇审核、县级审批等环节确定贫困户，并对识别出来的贫困户建档立卡。贫困户认定的标准主要是家庭收入低于扶贫线，也会综合考虑住房、教育、健康状况等因素。低保对象与扶贫对象识别的方法存在明显差异。比如，低保对象的认定不存在“分指标”的政策依据，并且已经做到了动态管理，而扶贫对象的认定由于受成本限制，动态审查调整的周期比低保要差很多。与此同时，很多省份的扶贫标准与低保标准还不尽一致。对象识别方式的不同以及标准上的差异，导致部分扶贫对象不能纳入低保制度，有的地区低保对象不能成为扶贫对象。因此，厘清扶贫和救助各自对目标对象的界定和识别的异同，是避免政策交叉不清，促进救助与扶贫相衔接的前提。

2. 提高救助对象瞄准的精准性

社会救助要发挥扶贫托底的作用，从精准认定救助对象来看，首先，要落实法定的救助申请对象家庭经济状况核查审批程序，扩大家庭经济状况信息比对技术的应用，使社会救助对象的认定不因扶贫目标而放宽标准。其次，在此前提下，要进一步细化与低保、医疗救助、住房救助等救助项目相衔接的扶贫对象评估和认定的指标。比如，针对医疗救助，可以细化家庭成员健康信息的采集项目以及医疗费用支出情况的认定。理想状态是，扶贫部门识别贫困户（潜在救助户）的标准，能直接与各类救助项目对申请对象的认定标准相一致。要建立扶贫对象信息与救助对象信息共享机制。目前，扶贫部门识别的贫困户信息还不能完全对接社会救助对象信息管理的需要，亟待建立相互兼容的信息登记、传输的平台，增强信息的共享性。

3. 提高农村低保标准和补差水平

数据显示：截至 2015 年 9 月，我国有 5 个省份、879 个县（区）的年人均低保标准低于 2300 元；处在 2300 元至 2400 元区间的县（区）占比为 6.5%；低于 2400 元的县（区）占比 36.7%，低于 2800 元（2014 年现价扶贫标准）的县（区）占比达 55.8%。只有提高这些地区低保标准的幅度，才能使低保制度达到脱贫的目标。在当前不能完全落实农村低保量化补差的情况下，还需要研究提高低保的实际补助水平。2015 年 9 月，集中连片特困地区农村低保月人均支出水平为 123.5 元，最低的县（区）不足 80 元，要实现到 2020 年人均纯收入 4000 元的目标，还需大幅度增加国家财政对农村低保的经费投入。

（七）完善临时救助制度

2014 年 10 月，国务院下发《关于全面建立临时救助制度的通知》（国发〔2014〕47 号），在全国范围部署建立临时救助制度。临时救助是对低保、特困人员供养、医疗救助等专项救助制度的补充兜底机制，主要针对现行社会救助体系存在的“短板”，瞄准解决城乡困难群体遇到的突发性、紧迫性、临时性生活困难。要使临时救助制度充分发挥“补缺漏”的作用，还需要进一步健全和完善相关政策措施。

1. 放宽资格限制，明确救助情形和标准

明确救助的目标对象和施救情形，是临时救助制度建设的重要一环。与其他社会救助制度不同的是，临时救助的对象不仅应覆盖已获救助的困难群体，还要将遇到临时困难的社会成员纳入救助范围；在审批时不仅要看其经济状况，还要明确哪些情形应当给予临时救助。一是要将城乡低保对象、特困供养人员和享受其他专项救助制度的救助对象优先纳入临时救助的范围，当他们遇到意外事件以及家庭成员突发重大疾病时，给予款物接济、费用减免和其他援助。二是突破现行救助制度规定在户籍所在地以家庭为单位申请的做法，使临时救助覆盖到贫困的个人和非户籍流动人口。三是明确临时救助的情形和救助的标准。国发〔2014〕47 号文件规定，临时救助的情形包括因遭遇火灾、交通事故、突发重大疾病或其他特殊困难，还应该明确当遇到上述情形后，相关救助制度尚未启动，或者处在申请审批阶段时，应当提供临时救助帮助渡过难关；所提供的临时救助的标准，要与困难程度、脱困的难度和困难对象自救能力相联系，真正发挥临时救助的兜底作用。

2. 完善救助对象发现机制

在临时救助的申请受理方面，不仅可以“依申请受理”，还增加了“主动发现受理”的方式。在现阶段，一些信息闭塞、缺乏一定文化程度的个人和家庭在遭遇困境后，往往不知道怎样才能通过制度途径获得救助，这就需要

建立主动发现机制。主动发现机制的建立需要从三个关键环节入手，首先依靠一定手段和人力，建立一套困难对象线索或个案的发现机制；其次是对困难的真实性和困难的程度进行核准评价；最后通过评估测量后，及时将临时困难对象个案向相关部门报告，支持快速启动临时救助措施。要依托城乡社区平台，充分发挥基层党组织、村（居）居委员会、社区自治组织、社区社会组织、贫困对象个人社会关系等力量在线索提供等方面的作用；将困难对象发现、信息举报纳入城乡社区自治事项，写入社区村规民约，利用群众的力量完善救助对象发现机制；以购买公益岗位、政府购买社工服务等方式，探索在社区层面设立救助信息员制度，从制度上建立救助对象主动发现机制。

3. 强化政策衔接，完善转介服务机制

临时救助的作用在于为遇到临时困难的贫困家庭和个人提供应急性、过渡性救助，因而临时救助不能解决的困难和问题，依然需要由其他社会救助制度来接续解决。从社会救助运行的角度看，实际上是在社会救助体系内部构建形成环环相扣、协同运行的有机系统。这一系统的形成，必须强化转介服务，加强临时救助与其他救助制度和政策措施的衔接。关键要抓好两个关口的服务：其一在救助发现和申请受理关口，根据困难对象的特定困难和需求，为其落实有针对性的救助措施，实现“救其所需”；其二对需要公益慈善组织、社会工作服务机构等通过慈善项目、发动社会募捐、提供专业服务、志愿服务等形式给予帮扶的，要及时地将其救助需求信息转介到相关机构和社会组织，为各方力量参与救助搭建桥梁纽带。

| 第四章 |

适度普惠型社会福利的探索与发展

现阶段，中国的社会福利正处在从补缺型向适度普惠型模式转变的实践过程中，把握社会福利制度转型的内在驱动因素，明确未来社会福利发展的形势与定位，探讨政策改进的对策思路，是中国特色社会福利事业发展提出的现实课题。

一、改革开放以来的社会福利改革与发展

中国现行的社会福利并不是从新中国成立之初就有的，而是在对计划经济体制下的国家福利制度不断进行改革的基础上逐步形成的。在对计划经济时代的福利制度进行改革的过程中，国家全面收缩了由政府承担的社会福利支出责任，结束了全民均享福利的体制，使社会福利演变为主要针对特殊困难群体的救助性福利，其主要特点表现在：一是覆盖群体主要以贫困人员、重点优抚对象、孤儿和残疾人为主。二是责任主体主要以国家财政和集体经济组织为主。三是福利服务的方式和运行机制主要以提供款物救济以及政府开办直管直办的福利机构，提供照料护理服务为主。社会福利的这些特点一直延续到 20 世纪 90 年代才开始有所改变。

20 世纪 90 年代，中国社会总体进入改革提速期，社会福利领域的改革也被提上议程。社会福利的改革最先是对运行方式的改革，即社会福利社会化改革。早在 80 年代中期，民政部门针对国办福利机构管办一体、效率低下等

问题，提出了“社会福利社会化”的思路，明确提出社会福利事业要由政府包办、只面向“三无”对象和五保对象的旧模式向政府、集体、个人一起办，福利机构市场化、投资主体多元化转变。进入 90 年代，社会福利社会化改革的思路更加明确，就是在政府的倡导、组织、支持和必要资助下，动员社会力量参与福利设施的建设，开展福利服务，满足老年人、残疾人和孤残儿童等社会特殊群体日益增长的福利服务需求。[①] 在此指引下，中国社会福利的转型加快了步伐，主要表现在：公办福利机构逐步转换经营机制，并注重发挥示范、带动和辐射作用；社会福利机构特别是养老机构的投资主体向社会开放，社区服务逐步成为社会福利的重要依托。总体上，这一时期的社会福利改革以社会化为目标，主要是推动了社会福利由单一主体、单一运行模式向多元主体、市场化机制转变，这是对传统的单纯依赖政府和集体经济组织，且运行方式单一化福利供给模式的重大改革。

从“十一五”时期开始，社会福利转型的改革力度加大，特别是形成了“适度普惠”的明确提法。这个概念首次提出是在 2008 年的全国民政工作会议上，民政部提出发展适度普惠型社会福利的部署，要求各地积极稳妥地推动社会福利向适度普惠方向发展。在此后的年度工作安排上，“适度普惠型社会福利”得到了反复重申，并被写入了民政事业第十二个五年发展规划。2012 年 3 月，时任国务院总理温家宝在国务院第十三次全国民政会议上又进一步明确提出“逐步拓展社会福利保障范围，推动社会福利由补缺型向适度普惠型转变”。[②] 这表明引导社会福利改革的总纲从“社会化”转到了“适度普惠”这一重大认识上来。

从目前进展看，老年人福利正在由“三无”老年人、经济困难老年人向一般老年人拓展，由注重机构养老向居家为基础、社区为依托、机构为补充、医养相结合转变。截至 2015 年年底，以实施公建民营为重点的公办养老机构改革试点、医养融合试点，以及居家和社区养老信息惠民试点等工作稳妥推进；全国 20 个省（自治区、直辖市）建立了高龄老年人津贴制度，惠及 2155 万老年人；23 个省（自治区、直辖市）建立了生活困难老年人养老服务补贴制度，惠及 654.9 万老年人；北京、天津、上海、黑龙江、陕西等省市建立了失能老年人护理补贴制度，惠及 109 万老年人。全国养老床位数达到 669.8 万张，每千

① 多吉才让主编：《中国社会福利史》，北京：中国社会出版社，2002 年。

② 参见：温家宝总理在第十三次全国民政工作座谈会上的讲话。

名老年人拥有床位数达到 30.3 张；全国养老护理员持证比例平均达到 33.7%①

儿童福利由过去注重养育服务向保障其基本生活、教育、医疗、就业、住房等多方面拓展，覆盖面从机构内孤残儿童向留守儿童、困境儿童延伸。2009 年制定了社会散居孤儿和福利机构儿童最低养育标准，细化了受艾滋病病毒影响儿童的福利保障政策；2010 年建立了孤儿最低生活保障制度，推动实现了养育内容和养育方式的多元化；2013 年开始在江苏昆山市、浙江海宁市、河南洛宁县、广东深圳市开展适度普惠型儿童福利制度建设试点，艾滋病病毒感染儿童、事实无人抚养儿童、单亲及重残家庭子女等困境儿童逐步纳入保障范围；2015 年在全国 101 个县开展百县千村基层儿童福利服务体系建设试点；从 2004 年开始陆续启动了“明天计划”“重生行动”以及脑瘫儿童康复、艾滋病致孤儿童保护等专项工作。截至 2015 年年底，全国共有孤儿 50.2 万人，其中集中供养孤儿 9.2 万人，社会散居孤儿 41 万人，儿童福利机构 478 个。②

残疾人福利事业得到广泛重视和加强。2015 年，国务院下发《关于全面建立困难残疾人生活补贴和重度残疾人护理补贴制度的意见》，决定自 2016 年 1 月 1 日起，在全国范围内全面实施“两项补贴”制度；出台《全国精神卫生工作规划（2015—2020 年）》，提出了残疾人社区康复等方面的部署；制订了《残疾预防和残疾人康复条例》《国家残疾预防行动计划（2015—2025 年）》，持续开展残疾人康复工程，不断加大残疾人扶持就业的力度，残疾人权益保障不断加强。截至 2015 年年底，1000 多万残疾人得到康复服务，950 多万困难和重度残疾人得到生活补贴或护理补贴。

总的来看，改革开放以来，中国社会福利发展驶入了快车道。社会福利领域内的改革步伐不断加快、法规政策不断健全，社会福利事业发展的体制机制不断完善，各级政府对各类福利补贴、福利服务机构和设施建设的投入不断增加，各项福利津贴和服务的标准不断提高，福利服务覆盖人群不断扩大，社会福利事业在改善民生、推动社会进步中发挥了积极作用。

---

① 民政部：《2015 年民政事业发展白皮书》。

② 民政部：《2015 年社会服务发展统计公报》。

二、中国社会福利转型的驱动因素与未来形势

（一）中国社会福利转型的驱动因素

1. 经济市场化改革催生了社会福利转型的引致性需求

中国经济发展与社会福利转型之间存在密切关系。尽管不能单纯将中国社会福利制度的转型归因于长期的经济持续高速增长，但是仍然要承认，经济的市场化改革冲击了传统社会福利的体制环境，对社会福利转型提出了要求。换言之，没有市场化改革就没有社会福利转型的可能。因为中国的市场化改革在促进生产力发展的同时，逐渐地改变了国家的经济结构和社会利益分配关系，对于作为个体的社会成员来说这些都是根本性的、体制性的变革，是生产和生活中不容选择的外在条件。这些变化使传统上以亲缘和血缘为基础的互助机制日渐失灵，生存于市场体制中的社会成员需要一种制度性的保障方可适应工业社会的生产生活方式，困难群体则更需要靠此防范基本生活风险。中国正处在工业化中后阶段，国民福祉的改善和生存安全的维护将越来越取决于公共福利条件的改善。正是由于市场经济的改革和发展带来的深刻变化，才拉动了传统社会福利的快速转型。

2. 促进经济建设与社会建设相协调，建立改革成果向中低收入群体倾斜机制，是中国社会福利转型的根本动力

30 多年的市场经济探索，中国经济超高速增长的背后却是社会建设的严重滞后，所积累的社会问题已经对中国未来的和谐、稳定、可持续发展构成了不可估量的威胁。为了确保国家长治久安，党和国家及时提出了科学发展观的重大战略思想，并着重从就业、教育、社会保障、公共服务均等化、创新社会管理等方面推进社会建设。在这样的背景下，社会福利转型获得了难得的发展条件和机遇。

从经济和社会两大维度来审视，社会福利的转型无疑是中国实施经济与社会协调发展战略的重要组成部分，是应对日益扩大的收入分配差距问题，增强居民幸福感、彰显社会正义的重大举措。伴随我国社会建设的深入推进，中国将不断强化经济与社会两大系统协调发展，通过必要干预使发展成果转

化为群众能够感受到的物质文化生活水平的改善，特别是将贫困人口、孤老残幼等特殊群体以及那些缺乏市场竞争能力的社会困难群体一并带入全面小康社会，彰显社会的公平正义。从这个意义讲，中国社会福利将在很长一段时期面临着转型的内在张力，这无疑将进一步助推社会福利制度建设迈向一个更高的发展阶段。

3. 中国社会福利转型是回应社会需求而作出的正确抉择

在我国现阶段上，不少社会成员对自身福利的满意度不高，实际上反映的是对自身生活质量改善的诉求没有得到满足。造成这种状况的原因固然是多方面的，但与社会福利发展滞后也有很大关系。在这方面，应该说中国长期以来的福利政策是以绝对贫困群体的生活保护为宗旨，所瞄准的是遇到生存困境的社会成员的基本生存问题，而对中低收入阶层和特殊群体的关照程度还不够。而恰恰正是这部分社会群体，虽然总体上受益于改革，但由于传统福利体制瓦解之后的制度性福利供给不足，在市场化带来的住房、医疗和教育等方面承担着沉重的压力；从特殊群体来看，目前需要政府给予救助和保护的特殊群体已不单是孤老残幼等绝对贫困人员，城镇化和社会转型的加快导致的经济上贫困且缺少自我发展能力的残疾人、孤儿以及贫困的老年人、单亲家庭、“失独”家庭、留守老年人、留守儿童等群体也亟待国家和社会给予相应的社会保护与政策支持，而且这部分社会成员极易陷入生存和发展困境，对改善生存福祉有着强烈的愿望。

从对未来中国经济社会发展的影响来看，中国的中低收入阶层以其庞大的规模、较高的边际消费倾向、正在升级的需求结构等这些特殊性，决定了其在未来很长时期将是中国经济步入新常态后稳定扩大内需、促进发展方式转变、应对人口红利时代终结，促进经济社会稳定发展的关键因素。因此，只有大力发展面向中低收入阶层的社会福利服务，才能培育消费预期，扩大国内需求，促进经济平稳发展。

中国政府是在中国共产党的领导下以谋求全体社会成员福祉为施政目标的政府。目前社会福利的惠及对象不断拓展、保障水平不断提高，实质上是政府回应民众福利期望而作出的正确抉择，它符合执政党的根本宗旨和中国社会发展的根本方向。

（二）中国社会福利发展面临的形势

随着国际化、城镇化、市场化以及老龄化进程的加快，中国社会的生产生活领域发生了许多新的变化，给中国社会福利转型和发展带来了机遇，同样也带来了前所未有的挑战。

1. 与经济发展阶段相适应，发展社会福利的重要性更加凸显

中国经济发展迈入新常态，总体上正处于向转变经济发展方式寻求经济增长动力的关键时期。保持经济稳定可持续发展，对以社会福利为核心和主体的社会政策将产生较高的依赖性，也可以说，客观上需要一种与经济发展新阶段相适应的社会福利模式。

第一，培育经济增长内生动力，离不开社会福利对人力资本的投资。在世界经济危机的影响下，中国经济已经从高速增长阶段过渡到中高速阶段，过去扩张性增长积累下的落后产能和无效库存亟待有效化解，面临的国际贸易环境更加复杂，传统拉动经济增长的“三驾马车”不同程度地遇到了阻力。未来中国经济增长的动力源势必来自于创新，而创新必然需要大量优质的人力资源作为支撑。但是，随着中国人口老龄化的加快和人口出生率的下降，适龄劳动人口将呈不断下降的趋势，未来“人口红利”的窗口将提前关闭，这就使得人力资本在经济发展中的作用变得更加重要。要使人力资源转化为人力资本，就必须重视对人的投资，在这一点上正是社会福利制度的优势所在。比如，积极发展家庭福利政策，可以为在职人员提供养育服务、未成年教育辅导、养老服务和其他方面的家庭支持，缓解在职人员的家庭负担，从而对社会在职人员提供工作支持；如对低技能劳动者的教育和培训，就能增强这部分劳动者在劳动力市场中的竞争力。

第二，经济结构调整力度的加大，需要社会福利政策托底。中国正在迎来经济结构性调整与变动的活跃期，这是中国经济提质增效的必由之路。经济结构的调整主要表现在“去产能、去库存、去杠杆”以及促进传统产业结构转型升级，推动产业梯度转移等方面，结构调整改革的推进势必会加剧失业压力，降低落后产业职工、灵活就业人员和低收入社会成员的收入水平，从而使他们的生存与发展面临更大的风险。今后稳妥有效推进经济结构调整，必须同步强化社会福利政策的配套，使改革受到损害的群体得到相应的保障，托住结构性调整可能带来的社会风险。

第三，扩大国内消费需求，需要加快社会福利事业发展。在中国经济下行压力增大的形势下，未来一段时期实现7%左右的经济增长目标，必须把政策的着力点放在扩大国内消费需求上来。中国居民对改善生活质量的追求，

将会在很长时期内维持一个相当可观的国内消费市场容量。现阶段处在中等和中下收入阶层的群体规模最大，他们的消费能力较强、边际消费倾向较高，其消费的增长对拉动国内需求的作用最大。在经济下行期，通过福利政策的适当介入、巩固社会安全网，一方面可以增强社会成员的收入预期，另一方面，可以消除他们消费的后顾之忧，从而拉动消费水平的提高。

2. 与加强社会建设相适应，发展社会福利的紧迫性更加突出

改革开放以来，经济优先的发展战略使我国社会建设落后于经济建设，社会事业领域积累了大量历史欠账，经济发展成果的分配还不尽合理，中低收入阶层缺乏获得感，社会不稳定因素增多。

对这些问题的解决，出路在于社会建设。党的十八大提出了社会建设的历史任务。在当代中国，社会建设被独立提出来是在抓经济建设中统筹社会发展，实现发展成果共享和普惠的客观要求。要遵循社会建设的自身规律，注重对社会机制的系统化构造。结合当前实际，首要任务是需要完善和形成一种共享保障机制与资源分配机制。共享保障机制，能够确保全体社会成员获得基本生活权益上的“兜底”保证，能够使社会公众以合法合理方式平等参与成果分享；资源分配机制，就是要在社会领域不断建立和完善能够合理配置社会资源和机会的机制，能够使处在不利境况下的社会成员获得生存与发展的必要条件。

社会福利作为解决社会问题、提升国民生活质量的基本制度安排，作为让公众分享经济发展成果的基本途径，其实质就在于促进社会共享机制和资源分配机制的构造。抓住社会福利这个社会建设的重点领域，推动社会福利制度由救助一小部分人向惠及更多的人转变，就等于抓住了社会建设的“牛鼻子”。

社会建设涉及面虽然很广，但关键在于能不能增进人民群众的福祉、能不能使社会公众有获得感。当前，我国社会福利在整体促进社会机制构造上功能尚不健全，主要是因为社会福利理念落后、福利社会化程度不高、公共财政投入不足，导致本来可以凭借社会福利解决的社会问题得不到解决，使社会建设在推进中缺少了社会福利这一有效工具。在社会建设的政策体系内，不能长期缺少社会福利，这是转型时期社会建设的必然要求。

3. 人口老龄化加剧，加快老年人福利服务发展刻不容缓

21 世纪的中国是不可逆转的老龄社会。据有关研究，从 2001—2020 年将

是人口老龄化快速发展的阶段，老龄人口年均增长速度将达到3.28%，大大超过年均0.66%的总人口增长速度，老龄化水平将达到17.17%。从2021—2050年，将是老龄化加速阶段，老龄化水平将达到30%以上，其中80岁以上老年人将占老年人口的21.78%。从2051—2100年，将是稳定的重度老龄化阶段，老龄化水平将维持在31%的水平，社会进入高度高龄化的平台期。与老龄化迅速发展形成鲜明对照的是，我国属于典型的“未富先老”“未备先老”国家，老年人的养老保险、医疗保障、照护服务、心理关爱等方面面临巨大的需求。与此同时，由于家庭结构的小型化、生活方式的现代化以及农村劳动人口大量涌入城市，所带来的“空巢”老人和“留守”老人问题越来越突出。

相比巨大的需求，目前的福利服务水平还明显不足，仅传统意义上的供养对象尚未完全满足，更不要说满足社会老人的福利需求。就服务设施来看①，目前约有4000万高龄、失能失智老年人需要不同形式的长期照料护理。目前，虽然床位数超过了千名老人30张，但床位结构不够合理，护理型床位数严重偏低，难以满足高龄老人的照护需求，广大农村地区的养老服务机构设施更是普遍落后。老龄应对与老龄化的提速之间存在巨大差距，加快发展面向老龄人口的福利服务是中国人口老龄化提出的重大挑战。

4. 人口出生率下降和儿童保护的紧迫性，对完善儿童福利提出新的要求

我国总体上已经进入社会风险高发期，贫困、收入分化、特殊群体的脆弱性、婚姻关系不稳定等社会问题对儿童的影响与危害已经越来越突出。据统计，2013年我国孤儿达54.9万人，从2009—2013年，年均增速43.9%；②除此之外，仍有大量失去家庭监护的事实无人抚养儿童、弃儿、流浪乞讨儿童，以及贫困家庭中的残疾儿童、患重（大）病儿童、艾滋病病毒感染儿童等特殊儿童群体尚未得到应有的救助保护。中国社会转型正在加快进行，一方面随着国家对社会控制的弱化，另一方面工业化、城镇化的发展，以及市场化带来的社会自主空间的扩大，我国社会出现了过去不曾遇到的失业常态化、人口流动、病态性社会问题等，这些社会问题的发生对儿童的福利和权益保护带来了新的挑战。

① 民政部课题组：《民政事业经费保障长效机制研究》，《中国民政》，2008年第4期。

② 数据来源于民政部2014年社会服务发展统计提要。

第六次全国人口普查数据显示：自 1982 年起，我国 0—14 岁儿童占总人口的比重持续下降，2012 年 0—14 岁人口占总人口的比重为 16.6%，接近发达国家 16.5%的水平（世界平均水平为 26.8%）。这说明人口出生率下降已经使中国总体上出现了儿童相对比例下降趋势。另外，中国半数以上 0—18 岁人口分布在农村地区；从分年龄段的儿童人口来看，处于 0—6 岁早期教育年龄段的儿童数达 1.04 亿，占人口总数的 7.9%，其中 0—3 岁儿童约为 6000 万，4—6 岁儿童约为 4500 万；并且早期教育年龄段的儿童有近六成分布在农村地区。未来，要预防问题人群和低素质劳动力的产生，就必须高度重视儿童福利事业的发展，抵消劳动人口减少带来的人力资源短缺的影响。更进一步看，我国独生子女政策的长期推行，导致独生子女家庭在经济、生理、心理上相对脆弱，单纯依靠这部分家庭自身对子女提供全方位的抚养和人力资本的投资已经不能适应社会需要，客观上需要由国家和社会提供教育、医疗等方面的支持。

另外，在传统的社会支持网络受到巨大冲击的今天，传统上家庭对儿童监护和养育的行为具有相对独立性，由于国家保障和干预不到位，造成儿童监护不力、遗弃、家庭暴力等问题时有发生。因此，中国的儿童保护制度迫切需要从基于亲权保护原则的制度向基于普遍公民权的制度转变[①]，迫切需要国家运用相关福利政策工具进行干预和介入。

三、中国社会福利的发展框架与总体战略

社会福利制度是经济社会发展到一定阶段的产物。在中国市场经济体制逐步完善与社会建设提上重要日程的背景下，中国社会福利发展的经济社会条件发生了显著的变化，需要对社会福利作出新的定位并确立相应的发展目标。这既是问题导向，解决中国社会福利现存问题的选择，也是以功能为取向再建中国社会福利制度的客观要求。

① 尚晓援，陶传进：《中国儿童福利制度的权利基础及其限度》，《清华大学学报（哲学社会科学版）》，2009 年第 2 期。

（一）适度普惠型社会福利的基本内涵

对适度普惠型社会福利下一个准确的定义是比较困难的。近年来，比较有代表性的视角和观点，比如王思斌教授认为适度普惠型社会福利是一种面向全民，满足公民基本生活主要方面而非高级需求的福利模式；彭华民认为，应当从以国为本的福利体制转向以公民需求为本的福利体制；代恒猛强调，适度普惠型社会福利是一种城乡统筹基础上的普惠型福利体制；李迎生以“基本公共服务均等化”为背景和依据，对中国普惠型社会福利制度的模式从广义上进行了全面、深入的探讨。从学术界的探讨可以看出，适度普惠型社会福利的概念核心争论集中在“对象该多大、水平应多高、范围有多宽”等几个关键问题上。

综合理论界的各种观点，根据社会转型时期的特点，笔者认为，中国未来一段时期的社会福利事业发展，应当在现行社会保障“三足鼎立”[①] 体系格局中，着力建立一个中等范围的社会福利制度，这种社会福利制度是政府主导的、合作主义范式的适度普惠型福利模式，它既区别于范围狭小、水平极低的传统民政福利制度，也不同于西方国家的福利国家体制，而是在综合考虑需求和条件的基础上，结合当前社会需求和社会福利制度应有功能而构建的一种福利发展模式。所谓适度普惠主要有两层含义：一是社会福利覆盖对象不是全民，而是覆盖需要政府给予公共援助的社会群体。二是社会福利水平不是超过经济发展阶段的高福利，而是能够满足基本社会需求的水平适度的福利。在我国现阶段，适度普惠型社会福利要在兼顾与经济发展的适应性基础上追求有条件的福利最大化。

如果按照沃伦斯基和莱博克斯在《工业社会与社会福利》一书中对社会福利制度的划分，我国现阶段要建立的适度普惠型社会福利应当属于“制度型”社会福利的范畴。因为它需要发挥国家和政府的积极作用，强调依靠国家和政府通过一整套完善的法规制度体系，为社会公众提供个人所必需的基本的社会福利。

---

① 党的十七大报告提出“以社会保险、社会救助、社会福利为基础，……加快完善社会保障体系”，实际上规定了社会福利在社会保障体系中的定位，政府立场上发展社会福利须在此宪政框架之内。

(二) 适度普惠型社会福利的发展目标与改革议题

以实现人的全面发展为目标，中国适度普惠型社会福利的长远发展目标是：以不断改善社会成员生活质量、弥合社会断裂、促进社会和谐为根本目标，建立政府主导、多元合作、层次化、法制化、标准化的社会福利发展格局，促进人人共享社会福祉。

以 2020 年全面建成小康社会为时间节点，中国适度普惠型社会福利的阶段性目标是：在政府的主导之下，建立社会福利多元参与主体，完善制度体系，有效满足中低收入老年人的基本养老服务需求，改善孤儿、事实无人抚养儿童、“留守、流动儿童”等困境儿童的生存发展条件，为有需要的残疾人提供有尊严的社会支持，实现老年人、儿童和残疾人共同迈入小康社会。

在具体目标上，现阶段构建适度普惠型社会福利制度，要从以下方面着力：在福利范围上，要覆盖生活困难群体、特殊问题群体、社会边缘群体；在福利程度上，在保障基本生活基础上，要满足福利对象住房、健康、精神等多样化多层次需求；在发展机制上，坚持政府主导、社会参与，在合作架构中推进社会福利的多元化发展；在政策支撑上，构建包括政府责任政策体系、社会参与支持体系和专业化、职业化的管理服务体系等社会福利政策支撑体系。

目前，中国社会福利制度向适度普惠方向发展迈出了坚实的步伐，然而面临的改革议题仍有很多。主要有以下方面：

第一，传统福利观念应进一步转变。长期以来，我们在“福利”问题上存在一些落后的观念，不仅赋予“福利”意识形态性，而且只看到西方世界的“福利危机”“福利病”，对社会福利带给这些国家和人民的有益之处视而不见，从而使对发展以政府财政为后盾的社会福利缺乏认识。同时，在“福利”的理解上也存在不同程度的偏差，仅把政府开展的很少一部分的福利行为视为福利。在这些观念的影响下，我国在社会福利领域内出现了一些不当思维和做法。最突出的是，在概念上，以“社会保障”涵盖“社会福利”，用小概念概括大概念；在制度上，缺乏在社会福利整体框架之下设计各项福利制度，社会福利相关制度缺乏有机的衔接整合；在体制上，造成了福利行政体制的分块设置，使实际社会福利工作分散在不同政府部门，有些不具备行政职能的部门也承担了部分福利行政职能，造成了多头管理、资源分散。

第二，社会福利功能应进一步拓展。社会福利是用经济手段来解决社会问题的公共政策工具，同时还可以起到经济发展“助推器”的作用。社会福利通过改变受保者的预算约束和福利状况影响个人的储蓄、消费和投资等微观经济决策，进而影响经济运行中的物质资本积累和人力资本形成，并不可避免地对经济增长产生影响。① 在当前的福利政策框架内，我国的社会福利由于覆盖对象有限、项目偏少，其功能主要在于解决社会贫困问题，而作为社会风险的“对冲器”，在向社会传递公正价值、解决市场机制带来的社会风险问题，有效促进社会资产建设等方面的功能需要进一步强化。

第三，社会福利范围应进一步扩大。目前，中国的社会福利项目还偏少，主要侧重低水平的经济支持和服务保障，而家庭支持、工作支持、特殊群体的矫正服务、心理援助、专业性照护服务等项目没有得到充分发展；社会转型中产生的一些问题人群、需要社会支持的群体，比如社会流动人口、失地农民、农村“留守”人员、“失独”家庭等群体尚未覆盖到位。

第四，社会福利标准应适当提高。与经济社会发展和人民群众的需求相比，现阶段社会福利的保障标准还停留在救助层次上，有些福利项目的标准仅具有象征意义，比如高龄津贴。中国的国情决定了现阶段不能搞超出财政承受能力的高福利，但也不能仅有福利之名而无福利之实。适度普惠型社会福利的标准应当包括经济保障标准、服务标准两大类型，经济保障标准需要与经济社会发展同步、与居民消费支出水平相挂钩；服务标准应针对不同的对象、内容和功能来设定。福利服务的标准要能有效满足不同对象、不同层次的需求，并适时动态调整。

第五，社会福利管理体制应深化改革。适应建设公共服务型政府的要求，继续推行“大部门制”改革，调整福利行政职能和业务在不同部门之间的配置，弱化非行政部门的行政职能，减少福利行政协调性机构，加快建立主要由一个部门负责的社会福利管理体制。

第六，改善福利服务供给水平。目前，社会福利服务政府投入相对不足，社会福利社会化程度较低，福利机构和设施总量少，基层福利服务工作专业化水平不高，这些问题极大地制约了社会福利服务的供给水平，需要加快改善。

---

① 蓝云曦，谭晓：《适度普惠型社会福利制度对我国社会和谐发展的促进作用》，《四川大学学报（哲学社会科学版）》，2011 年第 1 期。

（三）构建适度普惠型社会福利的努力方向

1. 确立以民生为本位的社会福利价值取向

社会福利是一种以改善人的生活质量为价值指向的制度安排，以民生为本位才是社会福利政策制定和实施的基本价值取向。应当从满足民生需求、促进社会发展的高度来认识社会福利的本质、定位社会福利的基本功能；应确立社会保护优先原则，使社会福利的价值目标向更高层次升级，不仅把社会福利政策目标从关注贫困对象和传统风险拓展到改善整个社会的民生福祉，还要通过传递社会公平正义，促进社会价值建设。

2. 定位以社会建设为目标的社会福利核心功能

社会建设的重点是改善民生。在转型社会中，需要社会福利着眼于社会建设着重发挥三大核心功能：一是“守底线”，就是要积极回应社会正常运行中产生的人口贫困、社会排斥以及高龄、失能老年人照护等社会问题，为社会公众实现有尊严的生活、恢复正常功能提供基本保护，使一些社会问题有消除的制度性机制，避免部分社会成员在社会转型中受到损害。二是“保公平”，就是要通过社会福利制度的利益调节作用，保证起点、权益、机会公平，实现差别原则，均平社会弱势群体与社会强势群体之间的福利差距。其中，最主要的就是推进基本公共服务均等化，在此基础上，在医疗卫生、教育、劳动就业、住房等方面向中低收入群体倾斜，在社会成员中间公平地分摊改革成本和分配发展成果。三是“促和谐”，就是要通过社会福利制度的实践，构建经济增长与社会发展统筹协调的机制，并向社会传递公平正义的价值理念，夯实转型社会的道德价值基础。

3. 明确以制度转型为重点的社会福利改革方向

我国社会福利实现转型需要明确方向和任务。制度转型的方向，是坚持走适度普惠型社会福利道路。转型的任务，一是在制度整合中建构体系。从社会福利的现实格局出发，探索把社会福利上升到涵盖社会救助、社会服务等有关国民生活待遇制度的宏观性范畴，重构一个多层次、广覆盖、有效率、可持续的社会福利体系。二是在内容拓展中提升功能。按照生命周期、生活层次、风险类别丰富和拓展社会福利的制度内容，扩大社会福利的覆盖面和针对性，进一步提升社会福利的制度功能。在制度转型中，需要处理好社会福利与经济增长的关系，通过福利制度的改造实现全民福祉的提升，同时要避免因为社会福利覆盖面的扩大和福利水平的提高而产生“福利依赖”问题，防止对经济增长带来负面效应。

4. 突出以福利服务为重心的社会福利发展重点

发展型民生的出现，决定了社会福利应对的手段也应该由单纯收入转移模式向动员资源提供多样化的福利服务转变。社会福利的发展，重心应当由满足特殊群体生活需要为主向满足社会成员较高层次的发展性或功能恢复性需求拓展。一是应当扩大社会福利服务体系内容，进一步把面向特殊群体，比如孤儿、事实无人抚养儿童、贫困残疾人、“失独”家庭等的寄养服务、社区照顾、家庭扶助计划，针对特殊问题的康复服务、心理矫治、法律援助、就业扶持等服务计划纳入社会福利服务体系，最大限度地提高福利对象的普惠程度。其二，面向社会开放社会福利服务，尤其要大力发展养老服务、儿童课后照顾服务。应突破仅服务于低收入贫困对象和特殊困难对象的局限，针对不同对象采取不同的服务提供方式，促进社会福利项目、服务机构向全体社会成员开放，为更多有需要的家庭提供服务支持。

5. 创新以多元合作为机制的社会福利推进策略

应根据福利产品的公共性，合理界定政府、市场、社会组织、家庭在福利体系中的职责，创新多元合作模式的社会福利供给机制。要加快完善社会福利政策体系，逐步完善有利于社会资源和社会力量动员的福利社会化政策体系、促进社会工作服务配送的非政府组织政策体系、以社区为载体的社区福利政策体系，形成社会福利多元架构发展的主体多元、领域宽泛的福利政策体系。多元合作机制责任框架内，政府的责任主要限定于行政主导、财政供款、规则制定、市场监管等宏观领域；政府之外的市场组织、非营利组织、社区组织承担微观运营和组织生产的责任。在政府主导之下，加快形成行政机制与市场机制优势互补、政府责任与家庭义务合理分担、公共财政与社会资源有效整合的福利运行机制。

四、老年人福利服务体系的改革与发展

（一）完善老年人经济保障制度

老年人一方面由于退出了劳动力市场导致收入减少，另一方面用于医疗

卫生等方面的支出增加，因此加强老年人的经济保障显得尤其重要。

1. 继续加大养老保险改革力度

目前，养老金虽然已经实现了制度全覆盖，但是由于不同人群适用不同制度，责任分担失衡，地区之间政策不统一，互助共济弱化，养老金面临严峻的收支平衡压力。加强养老保险制度的改革应该是贯穿整个“十三五”时期社会保障制度改革的重中之重。改革的重点包括：一是推进基本养老保险实现全国统筹。“十三五”规划纲要明确提出要“实现职工基础养老金全国统筹”。要效法英国、德国、瑞典和新加坡等国家做法，借助于现代信息管理技术和平台，建立统一完善的基本养老保险信息系统和精算制度，实现对基础养老金的精细化管理；在规范和统一各地基本养老保险政策的基础上，完善基础养老金由中央政府管理的制度，有效规避属地管理制度的缺陷，为基础养老金全国统筹提供组织保障。二是根据物价上涨情况和职工平均工资增长情况，兼顾养老保险基金和财政等各方面的承受能力，建立更加科学的基本养老金待遇确定及其调整机制，促进养老保险制度长期可持续发展。三是落实机关和事业单位养老保险制度改革的各项举措，切实解决制度分设造成的养老金不同群体之间的不合理待遇差距。措施比如，改革机关事业单位养老保险政策，建立基于缴费年限、工资为依据的养老保险待遇计算办法，使养老保险待遇与缴费挂钩、与企业职工养老保险制度接轨。四是继续完善基本养老保险个人账户制度。目前完善个人账户制度主要有两种思路可供选择：其一是做小做实个人账户。将个人账户规模进一步缩小到个人缴费工资的3%—5%，让个人缴费的一部分进入社会统筹基金，减轻做实个人账户及基金保值增值压力，同时提升整个制度互济性。其二是向名义账户制转型。按一定的记账利率对个人缴费及其收益进行记账，作为未来发放养老金的依据，而将个人缴费资金连同企业缴费一起通过现收现付的方式用于当期退休者的养老金支付①。

2. 落实高龄老年人津贴和困难老年人生活补贴制度

建立高龄老人补贴制度，是实现社会福利制度由补缺型向普惠型转变的重要举措。目前各地政策发展不平衡，保障水平高低不等。老年人津（补）贴政策下步的重点包括：一是没有出台政策的省份需要借鉴其他地区经验，

① 李志明：《完善基本养老保险个人账户制度亟须关键决断》，《中国经济时报》，2015 年 12 月 15 日。

尽快出台相关政策，中央政府可以统筹协调城市和农村以及不同地区之间政策出台的进展，保证全国层面全面建立这项制度。二是需要进一步细化政策措施。根据老年人的不同状况和不同的需求，合理制定个别化待遇。三是老年人津（补）贴政策要与居家养老政策、最低生活保障政策有效衔接，使有限的资金发挥最大效益。

（二）建立老年人长期护理保险制度

国家经济社会发展第十三个五年发展规划明确提出，探索建立长期护理保险制度。日本、德国等国家长期护理保险制度的建立，适应了老年人、失能半失能人员等特定人群的长护需求，对于应对人口老龄化带来的照护服务压力，化解新的社会风险发挥了不可替代的重要作用。虽然我国提出了长期护理保险制度试点的部署，但是，这项制度的建立是一项艰巨的历史任务，需要结合我国的特定国情，从起步之初就要科学谋划，并系统地做好顶层设计。

1. 切实打好理论基础

在我国现阶段搞长期护理保险制度，不是没有国际经验可资借鉴，而是缺乏跟我国具有相同国情的国际经验。我国老龄化所处的经济社会发展阶段和面临的问题与很多国家不一样，盲目照搬国外做法显然风险太高。老年人长期护理保险作为一项新生事物，要使之在我国的特殊国情下科学建立、稳健运行，必须做好战略性研究、规划和论证，尤其需要全面认识它的基本原理、模式、体制机制等一系列问题，科学地界定政府、社会、家庭的责任分担和角色定位，准确厘清与现行养老、医疗保险、医疗护理的功能定位与相互关系，统筹考虑我国现阶段的有利条件和风险因素，稳妥地设计有关筹资、基金管理、人才培养、服务提供、监管评估等一系列制度机制。总之，它涉及诸多领域、方面和环节，是一项巨大的社会系统工程。必须搞清楚基本理论问题和重大战略问题，试点先行，才能降低盲目性，增强前瞻性和有效性。

2. 探索适合中国国情的长期护理保险模式

我国已经建立了覆盖全民的基本医疗保险制度，以居家为基础、社区为依托、机构为补充、支持社会力量参与的养老服务体系加快完善，为建立长期护理保险制度奠定了良好基础。探索建立长期护理保险制度，首先要基于基本医疗保险制度建立起来的缴费和基金管理体系，运用社会保险的理念，依托基本医疗保险建立筹资体系。通过设立长期护理保险新险种，面向城乡适龄居民，采取用人单位和公民强制性缴费、政府提供补助的方式，建立筹集机制；在此基础上，将向老年人发放的养老服务补贴、养老机构建设补贴、床位补贴和运营补助等财政资金逐步转移至长期护理保险基金，实现老年福利政策向保险政策的转移，扩大长期护理保险筹资来源。其次，需要探索建立保险支付体系。建立老年人护理服务质量评估、补贴标准制度，针对护理服务的等级、时间和提供护理服务的类型和质量，由护理保险经办机构向服务提供者付费；同时需要建立运营监管机制，合理控制费用。最后，合理确定长期护理保险统筹层级。适应城乡居民基本医疗保险统筹改革趋势，同步将长期护理保险基金管理和给付的层次放在地市级，使社会保险的互济功能得到充分发挥。与此同时，要通过税收优惠政策，鼓励商业保险机构开发包括长期商业护理保险在内的多种老年护理保险产品。

3. 建立长期护理保险制度运行的支撑体系

关键是需要完善服务供给体系。一是需要通过落实优惠政策，给予护理保险报销资格等方式，支持建立一批专业水平高、能够辐射周边社区、支持居家和社区养老的长期护理专业机构，使之成为专业化的长期护理服务供给主体。主要的思路可以采取现有机构升级改造的方式实现，也可以支持建立医养结合型养老机构，充分利用医疗资源，提高养老机构的专业化护理水平。二是要建立失能照护评估体系，针对不同的照护程度，提供不同等级和层次的照护服务，从而减少照护服务费用的支出。三是建立照护从业人员技能培训、评价、薪酬待遇体系，培养满足长期护理需要的专业人才队伍。四是要建立由民政、社会保障、卫生等部门参与的跨部门的综合协调机制，明确牵头部门，统一协调和推动长期护理保险政策的制定和落实。

（三）大力发展社会养老服务

面对未来我国养老服务需求不断扩大的严峻挑战，大力发展养老服务是至关重要的一项任务。针对当前养老服务发展中面临的突出问题，未来养老服务的发展需要重点关注以下方面。

1. 公办养老机构的功能要精准定位

应该明确，在市场经济条件下，养老服务不可能采用财政付费、免费供应的体制，市场供给应该是养老服务的主流。现阶段，要进一步精准定位公立养老机构的功能：一是在“为谁服务”上，公立养老机构尤其是公建公营的养老机构应当瞄准贫困无依的老年人，承担起应该由政府兜底的贫困老年人中的失能半失能老年人的养老服务需求。二是在“服务什么”上，公立养老机构应向社会提供民办养老机构不愿或不能提供的服务，比如，社会急需而供给不足的护理型养老服务。养老服务发展到今天，在贫困老年人的托底性养老方面，公办机构定位明确，而且制度安排也相对成熟。问题主要出在向社会开放服务方面，公办养老机构多数存在错位，服务不为社会所急需，床位空置率高，资源浪费严重。公办养老机构应该充分利用低成本优势，把服务定位在风险大、技术要求高的服务项目上，从而有效地弥补市场供给不足或市场失灵。这也是体现公办养老机构公益性的重要方面。

2. 务实推进医养结合型养老服务发展

2015 年 11 月，国务院办公厅转发《关于推进医疗卫生与养老服务相结合的指导意见》（国办发〔2015〕84 号），第一次从国家层面对促进养老与医疗结合发展作出明确部署。意见提出的目标及重点任务是原则性、指引性的，要使之真正落地，应当坚持分类指导的原则进一步细化政策措施。对于体制内的养老机构与医疗机构，可以运用行政机制，通过规划安排、资金投入以及管理体制的改革等途径，有可能“强力”实现养老与医疗的“联姻”。对于一方为公立性质，或双方均为民办性质，如何实现协同、合作，应该是制定细化措施的重点，难度也最大。必须以需求为导向，从许可审批、政府补贴、金融支持、用地指标等制约社会力量提供医养结合养老服务等方面，明确相关职能部门职责，加强部门协同协调，不断推出“含金量”高的政策措施。与此同时，政府应树立成功典型、提供学习范例，以此引导社会投资，扩大医养结合型养老服务的供给。

3. 顶层设计要增强体系性

养老服务是关涉多领域的一项社会事业，决定了需要一个系统完整的服务体系。养老政策一定要系统化设计，既要从阶段性国情出发，又要跟上人口老龄化的形势，为养老事业的发展提供良好制度环境。以系统性思维增强养老服务政策设计的科学性，必须在政策出台时，就要进行系统和长远的规划和设计。进入“十二五”，养老服务发展的指针逐渐明晰，就是按照新修订的老年人权益保障法，围绕“居家养老为基础、社区养老为依托、机构养老为支撑”的总体框架，以填补政策上的空白和短板、满足社会需求为着眼点，着力于完善法规、创设政策和创新各项措施，以多层次制度建设来系统地回答政府责任如何落实、社会力量如何发动、养老机构如何监管、人才队伍如何培育等相关具体问题。从当前实际看，居家养老是我国老年人最主要的养老方式，因此政策的完善要围绕居家养老这一核心来展开。在这方面，首先，应当制定支持家庭发展的社会政策，鼓励和支持家庭成员与老年人共同生活或就近居住，为家庭成员照料老年人提供帮助和便利，发挥家庭对老年人服务支持功能；其次，盘活老年人不动产，探索以房养老模式，鼓励老年人通过住房“倒按揭”或其他财产性收入用于养老①；最后，要完善社区养老服务设施，依托社区医院、养老机构或以政府购买服务等方式，大力发展养老服务配送服务，支持发展互助养老服务，解决老年人在家养老所需要的健康管理、家政服务、生活照料等需求。要在国家改革发展的总体战略中抓好养老服务政策的顶层设计，使养老服务领域内法律、法规、规范性文件和政策措施在横向上与社会保障改革、医疗改革、人口政策、产业政策相协调，在纵向上使不同层次的法规政策相连贯，逐步打造一个脉络清晰、内容完整的养老服务法规政策体系。

4. 建立养老服务绩效评估制度

养老服务政策要增强执行力，推行绩效评估是一项必要措施。只有建立评估制度，才能在不同层级政府和职能部门之间传递压力、激发动力，也才能建立有效的问责机制。在实践中，养老服务绩效评估还仅局限于个别地区，评估指标和方法简单粗放，评估主体和客体的界限不清。下一步要从国家层面提出统一要求，将绩效评估作为养老服务发展的规定内容，与各类政策、规划的落实一并要求；要加快研究提出科学的评价指标体系，同时建立评估实施主体跨部门跨区域确定、评估客体随机抽取的办法，并探索引入第三方评估，通过破除体制内封闭性评估的传统做法，增强评估工作的公正性和透明性。需要强调，绩效评估的开展一定要改变只对上负责，而忽视社会成员获得感的倾向，加大老人满意度在评估中的权重，切实避免养老服务绩效评估流于形式。

① 郑功成主编：《中国社会保障发展报告 2016》，北京：人民出版社 2016 年版，第 186 页。

五、儿童福利的改革与发展

儿童福利制度框架的核心内容可概括为：以失去家庭监护的孤残儿童、低收入家庭儿童为主要对象，以保障基本生存权和发展权为主要目标，以津贴保障、服务保障、权益保护为主要内容，以国家主导为主、社会参与相结合的综合性福利保障体系。现阶段，要按照成型的制度继续巩固，存在边缘性空白的制度抓紧建立，适合提标扩面的制度要科学扩展的总体思路，统筹推进儿童福利的各项制度建设。

（一）儿童福利制度构成

1. 以最低生活保障、孤儿基本生活保障制度为基础，逐步扩大覆盖面，加快建立面向所有困境儿童的基本生活保障制度

一是应根据儿童的需要，建立健全面向所有困境儿童的基本生活保障制度。符合条件的困境儿童，应坚持应保尽保原则，全部纳入最低生活保障制度，按照量化补差原则发放生活补助金。二是从国家层面制定出台政策，采取直接发放津贴方式，建立针对失去家庭监护的儿童、监护能力不足家庭儿童的基本生活津贴制度。这项制度的核心是以家庭监护能力的评估和认定为基础，按照不低于一般生活水平和动态调整的原则，制定保障标准并落实保障待遇。三是加快困境儿童生活保障制度城乡统筹、集中供养孤儿与散居孤儿保障制度的统筹工作；同时，在农村加快建立针对其他困境儿童的津贴制度，使所有困境儿童都能得到生活保障。

2. 以纳入医疗保障为主要方式，编实困境儿童医疗保障网

现行的基本医疗保险和医疗救助制度，要优先将失去家庭监护的孤儿、弃儿和困难家庭儿童、受艾滋病病毒影响儿童等困境儿童纳入其中。建立儿童大病医疗救助基金，提高儿童灾难性医疗保障水平。对于需要儿童所在家庭自付缴费的部分，政府提供必要资助。将残疾儿童康复医疗纳入医疗救助制度，为儿童福利机构中的孤残儿童，包括其他困境儿童实施手术康复提供费用报销。建立基本医疗保障与慈善救助制度相衔接的机制，充分发挥慈善救助的重要补充作用。同时，需要加强现行各项医疗保障制度之间的衔接和

配套，建立一套衔接有序、程序便捷、服务高效的儿童医疗保障服务体系。

3. 进一步拓展和完善儿童教育保障体系

首先，应根据儿童的不同情况，加大现行政策的落实力度，在此基础上制定和完善相关政策措施，分类做好儿童教育保障工作。一是适龄健康孤儿，优先确保其接受普通教育，并使之享受各项减免和资助政策；将中等职业学校和高等院校在读孤儿、低保家庭学生和其他困境家庭学生纳入国家教育资助体系，优先享受学杂费减免、国家助学金、生活补助和助学贷款补贴等政策。二是适龄残疾孤儿和机构供养的轻度智力低下儿童，根据具体状况，保障其随班就读或在特殊教育机构接受教育。三是经济困难家庭的儿童、家庭监护缺失的儿童，可通过发放教育券、直接提供补助或免收保育费等方式资助其接受学前教育；在义务教育学校就读的这类儿童，免收住宿费、免费提供爱心营养餐；在高中阶段学校就读的，免除学费和代管费。

其次，针对大量贫困儿童、残疾儿童、家庭监护缺失儿童的失学、辍学、上不起学问题，应进一步健全和完善儿童教育保障体系。一是把学龄前教育纳入基础教育序列，制订儿童学前教育发展规划并整合教育资源、增加教育投入以保障学前教育的实施。二是完善儿童教育政府资助（救助）制度。重点建立针对学龄前教育、困境儿童的教育救助、保护制度，通过发放“教育助学券”、学杂费减免、资助基本生活等方式为其接受义务教育、特殊教育和中高等教育提供支持。三是强化儿童教育监护制度。通过各种途径，加强引导和教育，增强家庭、基层自治组织和各类儿童福利机构监护人的监护职责；要建立监护职责监督和追究制度，对不依法履行监护责任的父母或机构监护人予以有效处罚。

4. 加强各类困境儿童的住房保障

国家应当为各类困境儿童满足自身身心健康发展提供基本的居住条件。一是对居住在农村的无住房的困境儿童，符合条件的，应优先纳入农村困难群众住房救助体系，同时支持乡（镇）政府和村民委员会及各类社会组织、当地居民帮助有需求的儿童修建房或租房。二是对城镇散居困境儿童，凡符合廉租住房条件的，政府免费或资助安排实物配租，符合经济适用住房申请条件的，以优惠价格或补贴等方式资助其购房。三是对有房产（或宅基地）的孤儿、其他困境儿童，政府要出面或委托村（居）民委员会帮助做好房产维护、产权保护等工作。

（二）加强儿童福利执行体系建设

1. 重构儿童福利行政体制

根据大部门制改革的要求，从职能的层面重新整合分属于民政、卫生计生、教育、发改委以及共青团、妇工委等相关部门的职责。一是将分散于各部门、组织的儿童福利职能集中规划和管理，以民政部门的职能为基础，设立部级儿童福利事务行政管理机构，优化儿童福利行政职能，整合儿童福利事业发展的行政力量。二是比照民政部与全国老龄工作委员会的架构，在民政部内部设立副部级国家儿童福利局，并将国务院妇女儿童工作委员会办公室设在国家儿童福利局，由其负责儿童福利工作的方针、政策、法律法规、规划的拟定，以及儿童福利机构的监管等职责，并负责指导地方儿童福利工作。省级及以下层面按照职能适当集中的原则，比照中央层面进行机构职能的调整和改革。在纵向上，理顺中央政府和地方政府的权责关系，合理划分儿童福利服务事权和职责。中央政府主要负责编制全国层面的儿童福利事业发展规划、制定相关法律法规和政策，并承担面向特困儿童和基本保障项目的财政支出责任；地方政府承担属地责任，负责中央政府规划和政策的落实，以及制定本辖区儿童福利规划和政策，并将所需资金纳入财政预算。

2. 以财政投入和福利彩票公益金为主渠道，壮大儿童福利事业发展的资金保障

儿童福利所需资金要明确纳入各级财政预算，中央财政重点保障经济落后地区和特困儿童福利保障对资金的需求，地方财政优先将儿童福利发展所需要的建设经费、人员经费和各项儿童补（津）贴所需资金按照量化测算标准纳入本级财政预算。根据属地管理、分级负责的原则，合理划定省、市、县（区）三级财政负担比例，省级财政主要保障事业经费的投入，地市和县区财政主要负责机构建设和服务人员经费的投入。用于儿童福利事业的公共资源除了财政资金外，还需要扩大福利彩票公益金的投入，明确公益金用于儿童福利事业的比例，增强儿童福利事业经费保障能力。

3. 完善儿童福利服务网络

未来的儿童福利主要面向家庭，必须在基层编织一张以点带面、连线成片、全面覆盖的儿童福利服务网络，使儿童福利服务供给充足、便捷可及。在横向上，加快建立满足儿童多样化、多层次需要的儿童福利机构网络，使

儿童养育、康复、特教、救助保护等不同功能的儿童福利机构覆盖到市、县（区）、乡镇（街道）；在纵向上，以市县（区）的儿童福利机构为原点，在乡镇（街道）和社区层面设立儿童日托照料中心、社区矫正机构、社区学校、社区康复工作站，在城乡社区设立儿童福利信息员，同时依托基层自治组织和专业社会工作者，建立儿童危机发现和需求信息反馈机制，使专业儿童服务和相关儿童保护干预工作及时有效落实。要以税收减免、服务补贴、购买服务等多种方式，加大对公益慈善组织等民间力量参与儿童福利服务的扶持力度，鼓励发展儿童福利行业组织，发挥其在研制标准、反映诉求、规范行为和引导社会力量参与等方面的积极作用。

4. 建立儿童福利监测评估机制

一是根据监测评估的目标，按照重点监测指标和一般监测指标两大类，拟定监测评估指标体系。重点监测指标重在对儿童福利政策、资金落实和各类儿童福利机构运行情况进行监测评估；一般监测指标，侧重于对各类儿童福利机构（福利项目）的服务半径、服务人口数量、人员配备、财务收支等情况的监测。二是采取科学的抽样方法，在公办儿童福利院、社区福利机构设立监测站点，采取监测点自报监测报表与独立第三方评估相结合的方式，定期评估监测点儿童福利服务政策落实或项目实施状况。三是建立统一的监测信息汇总系统，统一数据口径，并借助第三方的力量对监测数据进行定性和定量评价，为儿童福利发展规划编制、政策调整和资金测算提供科学依据。

5. 提高儿童福利工作者专业化水平

儿童福利涉及康复、医疗、心理卫生、社会工作、特教等多项专业领域，只有建立多层次、具有专业素质的人才队伍，才能保证儿童福利服务工作达到专业化水平。一是建立针对各类儿童福利工作人员提升专业技能和专业素质的教育机制，推行强制性在职在岗专业资格认证和培训，促进各类儿童福利从业人员提升专业技能和职业素质。二是全面推行专业人员持证上岗制度，吸纳接受专业教育和培训的专业人才进入儿童福利服务领域。三是大力推行政府向相关机构和社会组织购买服务，促进医疗卫生、康复等领域的专业化人才向儿童福利服务领域延伸。同时应进一步完善儿童福利从业人员的薪酬、社会保障和专业技术评定等方面政策，增强儿童福利工作的职业吸引力。

六、残疾人福利的改革与发展

（一）残疾人福利的基本概念

残疾人是社会中的一个特殊群体。《中华人民共和国残疾人保障法》将残疾人定义为：在心理、生理、人体结构上，某种组织、功能丧失或者不正常，全部或者部分丧失以正常方式从事某种活动能力的人。根据法律界定，常见的残疾情形包括：视力残疾、听力残疾、言语残疾、智力残疾、精神残疾、肢体残疾、多重残疾和其他残疾。由于残疾，这部分社会成员在参与社会生活时存在不少障碍，难以像健全人一样平等获得生存与发展的机会和资源，因而总有一些残疾人成为社会中的困难群体，需要国家和社会施以援手，给予帮扶与关爱。残疾人是社会大家庭中的一员。保障残疾人权益，改善残疾人的民生福祉，是一个国家和社会不可推卸的责任；残疾人事业也是衡量社会文明进步的重要标志。

为了对残疾人施以社会保护和支持，现代国家一般依据法律，通过有效的社会政策工具来保障残疾人获得基本的生存权与发展权。在众多的社会政策工具中，有一类工具对于帮助残疾人获得基本的物质生存条件和社会参与能力起到重要支持作用，那就是社会福利政策。所谓残疾人福利政策，就是政府和社会为解决残疾人群体面临的基本生存问题、提升其生存质量，促进其平等参与和全面发展而采取的各类物质保障和服务援助。

一般而言，广义的残疾人福利包括医疗康复、生活保障、就业援助、政治参与、教育文化等方面的支持和援助；狭义的残疾人福利主要集中在医疗康复、生活保障和生活性服务等方面。2010 年，国务院转发中残联等部门《关于加快推进残疾人社会保障体系和服务体系建设的指导意见》，明确提出残疾人社会福利包括社会保障和社会服务两部分。这是在我国当前国情下，残疾人福利事业发展的重点领域。在此领域内，残疾人福利的目标可以分为三个层次：第一，生活救助层次，即以对最困难的和有问题的残疾人群体提供救助和服务为目标，保证所有的残疾人都能生存和免于绝对贫困。这是为实现最低层次的社会福利状态所做的制度安排。第二，收入安全层次，社会福利服务制度不仅帮助和救助有困难和有问题的残疾人群体，也为大多数残疾人提供收入保障。第三，社会发展层次，即以促进社会平等和实现所有残疾人的发展潜能为目标。在这一层次上，残疾人社会福利服务制度的涵盖范围最广，不仅包括社会保障等收入再分配制度，还包括生活服务、社会参与和社会融入等方面。①

（二）残疾人福利政策的改革与发展

改革开放以来，为了促进残疾人事业的发展，我国先后颁布了一系列有关残疾人权益保障的法律法规。包括《中华人民共和国残疾人保障法》《关于促进残疾人事业发展的意见》《残疾人教育条例》《残疾人就业条例》《社会福利企业管理暂行办法》《关于进一步加强残疾人康复工作的意见》《关于进一步加强残疾人体育工作的意见》等，这些法规政策广泛涉及残疾人康复、教育、就业、维权等多个方面。除了法律法规之外，从 1988 年开始，我国制订实施关于残疾人事业发展的规划或纲要，根据残疾人保障的现实需求，提出阶段性发展的目标、方针、任务和相应指标，科学规划残疾人福利事业的发展。

在党和政府的重视下，我国的残疾人福利事业取得了显著进步。“十二五”时期以来，残疾人权益保障制度不断完善，基本公共服务体系初步建立，残疾人生存发展状况显著改善。588 万农村贫困残疾人脱贫，950 多万困难和重度残疾人得到生活补贴或护理补贴；残疾人就业稳中向好，收入较快增长；1000 多万残疾人得到康复服务，残疾儿童少年义务教育入学率持续提高，残疾人文化体育服务不断拓展，无障碍环境建设加快推进。人道主义思想深入人心，扶残助残的社会氛围更加浓厚②。残疾人福利事业取得的成就是巨大的，但是也要看到，相比残疾人对改善自身民生、平等参与社会生活的需求，当前残疾人福利事业的发展仍然存在诸多不足。比如，目前农村贫困残疾人数量庞大、生活还十分困难，国家对残疾人生活保障水平偏低；残疾人的就业率还不高、就业不充分；残疾人康复、教育、医疗、托养服务供给不足，城乡、地域间差距大，基层为残疾人服务的能力薄弱，专业服务人才匮乏；残疾人平等参与社会生活还面临不少困难和障碍。这些问题的存在严重影响

---

① 王齐彦等：《中国新时期社会福利发展研究》，北京：人民出版社 2011 年版。

② 《“十三五”加快残疾人小康进程规划纲要》。

了残疾人合法权益的维护，也影响了残疾人参与社会作出贡献。

“十三五”时期，补齐残疾人事业的短板，加快推进残疾人福利事业发展重点应当从以下层面入手：

1. 从瞄准个体转向家庭，积极发展残疾人家庭支持政策

相比老年人和儿童群体的社会福利，残疾人福利制度的发展相对完备，尤其是进入21世纪以来，国办发〔2010〕19号文件提出加快推进残疾人社会保障体系和服务体系建设，中残联〔2015〕34号文件提出加强残疾人社会救助工作，国发〔2015〕7号文件部署加快推进残疾人小康进程，2016年中国残疾人联合会印发《“十三五”残疾人托养服务工作计划》《残疾人精准康复服务行动实施方案》《残疾人职业技能提升计划（2016—2020年）》，国家税务总局印发《促进残疾人就业增值税优惠政策管理办法》，国家卫生计生委等部门联合下发《关于进一步做好重度残疾人医疗服务及保障工作的通知》，上述一系列政策文件的密集出台意味着残疾人福利的制度性保障更加完善。但是，现阶段残疾人福利政策的靶向主要以个人为目标，强调对残疾人个体提供基本生活救助、就业扶持或相关服务，而以家庭为单元将福利政策瞄准残疾人所在的家庭，并给予特殊优惠的政策少之又少。由于奉行个体主义的设计理念，残疾人福利项目和国家财政投入尽管不断增加，但仍然存在大量陷入贫困的残疾人家庭，一人残疾拖垮一个家庭的个案屡见不鲜。保障残疾人生存与发展，不能仅仅把目标放在残疾人本身，最关键的是要把政策的着力点放在支持残疾人的家庭上来。比如，国家可以对残疾人家庭的就业者减免个人所得税，企事业单位不能随意辞退残疾人家庭的就业者，残疾人家庭可以优先获得基本公共服务，等等。建立面向家庭的残疾人福利政策，才能有效增强受到削弱的残疾人家庭功能。

2. 以残疾人基本福利制度为核心，建构完整的残疾人福利制度体系

现阶段，构成残疾人福利制度的政策和项目已经基本涵盖了残疾人生存与发展需求的不同层次和各个方面，但多数依托现有的社会保障制度或公共服务体系，缺乏在国家层面进行顶层制度设计的基础性制度安排。与此同时，城乡、地区之间政策框架、保障标准不统一。应当根据残疾人生存和社会参与的特殊需要，以基本福利制度为核心，辅之在其他相关社会保障制度中体现残疾人特殊需要的原则，构建残疾人的福利服务体系。基本福利制度体现残疾人的特殊需要，不在现行的社会保障体系之内，是专属于残疾人的福利

保障制度。

从残疾人特殊需要看，残疾人基本福利制度主要包括三个层面：一是贫困残疾人生活补贴制度。这项制度按贫困程度向贫困残疾人发放现金补贴，用于解决残疾人收入短缺问题。应当扩大制度覆盖面，从目前主要瞄准低保家庭中的残疾人向低收入家庭、支出型贫困家庭的残疾人扩展，扩大制度惠及面；取消与低保制度相捆绑的对象瞄准机制，建立基于残疾等级和劳动力评估为主要依据的补贴对象瞄准机制，提高对象瞄准的精准性。二是残疾人康复救助制度。这项制度的目标是对有康复需求的贫困家庭残疾人提供专业康复和护理服务，帮助残疾人恢复机体功能。首先，要对0—6岁残疾儿童实施抢救性康复；其次，基于申请，对符合康复医疗要求的贫困残疾人实施康复救助。这项制度建立的关键环节包括救助对象识别、康复需求评估、康复医疗服务以及专业康复机构建设。要综合考虑申请对象的家庭经济状况、残疾等级和康复需求等因素，建立救助对象识别机制；符合条件的康复救助申请对象，由国家采取购买服务或开办康复护理机构的方式，根据康复类别和等级，提供免费或较低收费的康复救助服务；还要研究基本康复诊疗项目，并纳入城乡医疗救助和基本医疗保险报销范围。三是重度残疾人护理补贴制度。主要有两种方式：其一，国家对残疾等级为一级、二级的残疾人发放现金补贴，用于支持残疾人获得必要的护理服务。从2015年开始，重度残疾人护理补贴制度开始在全国范围建制，需要根据护理费用变化，进一步提高补贴标准。其二，对参加长期护理保险个人缴费部分，建立贫困残疾人免缴或少缴的制度，支持残疾人获得长期照护保障。残疾人基本社会福利制度的建立除了从国家层面进行制度顶层设计之外，还需要确立属地管理的体制，并建立单独的财政预算科目，将所需经费列入财政预算安排，中央财政需要以专项转移支付的方式，对经济落后地区给予适当的补助。

3. 以社区为基础、公共服务资源为依托、专业机构为骨干，加快发展残疾人福利服务体系

加强残疾人福利服务体系规划和制度建设，积极发展残疾人福利服务，是满足残疾人基本需求，促进其社会参与的必然要求。残疾人福利服务的发展，要优先解决残疾人最直接、最迫切的康复、生活照料、托养、就业等福利服务，并随着社会发展进步不断增加福利服务的内容。

第一，完善社会化服务网络。一是进一步加强康复护理、托养专业服务

机构建设，有效整合和利用公立医院、养老机构、儿童福利机构等资源，培育一批能够满足残疾人需求的专业机构。公办非营利性机构对低收入贫困残疾人提供无偿或低偿服务，发挥示范和辐射作用。二是残疾人服务机构要植入社区，依托社区照料中心、社区卫生服务中心、卫生室、特教机构等社区公共服务资源，使残疾人福利服务覆盖社区；同时支持专业残疾人服务机构向社区和家庭延伸服务，增强服务的便利性。三是完善优惠政策，鼓励慈善组织和其他社会力量举办残疾人福利服务机构，有效增加服务供给。要强化残疾人服务体系与儿童、老年人护理照料服务体系的衔接和资源共享。

第二，建立残疾人服务机构建设、服务、技术标准体系，完善行业管理制度和评价机制，提高残疾人服务的标准化和专业化水平。残疾人服务内容多样，需要根据不同类型的服务制定和采用相应的标准，以标准确立残疾人机构建设和服务的规范，提高我国残疾人福利的总体水平。

第三，完善残疾人服务管理系统。促进残疾人服务资源的充分利用，必须增强残疾人获得相应服务的便捷性。要完善贫困残疾人服务的申请受理机制，建立“一门受理、协同办理”的机制，让贫困残疾人可以获得相关服务。应依托基层公共服务机构，利用公民唯一的社会保障卡，为有需求的残疾人全面建立服务档案，打通残疾人服务机构与医疗机构、医疗保险机构之间进行服务转介、费用结算的通道，建立新型服务模式。要建立服务需求和服务质量评估机制，使残疾人服务置于严格监管之下。与此同时，还需要建立专业人才队伍，培养一批残疾人服务领域的领军人才和实用型专业人才。

4. 突出残疾人的特殊需求，强化与相关社会保障和公共服务的衔接互补

残疾人福利服务只有融入大社保的格局，强化与公共服务资源的对接，才能有效满足残疾人的特殊需求。一是面向全民的社会保障要制定和落实对残疾人支持和倾斜的政策措施。比如，残疾人缴纳个人所得税应当对其用于康复或照料服务的费用给予税前扣除；贫困残疾人参加基本医疗保险、基本养老保险可根据困难程度和残疾等级由国家代为缴纳或减免缴纳个人自负费用；由基本医疗保险、医疗救助给予报销的合规医疗费用，对贫困残疾人适当降低起付线、提高报销比例；残疾人申请住房保障、低保、医疗救助、就业援助等项目，在同等条件下降低准入审批条件。其次，在项目衔接上，为解决残疾人特殊困难而发放的现金补助，应免于计入享受其他社会保障所需

要的家庭收入核算范围；同时符合多项社会保障政策时，要合理确定各项制度启动的时序、给付或补偿的标准；要为残疾人就业者在社保缴费、关系转移、断档接续等方面提供便利条件。在管理协同上，要建立信息跨部门共享机制、一个窗口（机构）办理机制，增强残疾人福利服务协同性。

5. 以提高福利保障水平为目标，完善残疾人福利财政保障机制

我国的残疾人口数量大、需求内容多，发展福利服务需要稳定的经费保障。长期以来，残疾人福利经费投入严重不足，在一些地方的财政预算中摆不上位置，而且中央与地方财政投入责任不清晰，残疾人基本福利服务需求长期得不到有效满足，使残疾人群体陷入贫困的概率比一般群体明显高出许多。随着我国总体经济实力的增强，残疾人的生存状态要达到小康水平，必然要求在财政投入上有一个大的增长，才能补齐残疾人福利事业的欠账。

建立稳定的财政经费投入机制，首先要建立残疾人基本福利项目财政预算科目，单独核算、专账管理，各级财政用于基本福利项目的资金纳入统一的账户管理。其次，有关残疾人基础设施建设、机构补贴、社保缴费减免、医疗救助等所需资金，列入相关领域和专项制度，在立项、规划和预算安排时优先安排、重点扶持。最后，强化地方财政主体责任，建立财权与事权相匹配的经费投入分级负担体制；中央财政要基于科学的因素计算方法，优先对基本福利项目和贫困地区提供财政转移支付，平衡不同地区残疾人福利保障水平不合理差距。各级财政投入要随着国民经济发展和财政收入增长同步增加，建立需求导向的残疾人福利财政保障增长机制。要加大彩票公益金对残疾人福利事业的支持力度，引导和鼓励各类社会组织、企业、个人捐赠，多渠道筹集残疾人福利资金。

七、特殊群体福利服务的发展

在中国社会快速转型期，一些特殊群体依然面临着生存和发展困境，这当中需要给予关注和保障的群体，包括流浪乞讨儿童、贫困“失独”群体等。这些群体不仅需要各类救助和服务，也需要心理上的疏导，但是在现行的福利制度框架内相关的干预措施还极为薄弱，需要引起高度重视。

（一）流浪乞讨儿童的救助保护

2006年，民政部颁布的《流浪未成年人救助保护机构基本规范》中提出，“流浪未成年人是18周岁以下，脱离监护人有效监护，在街头依靠乞讨、捡拾等方式维持生活的未成年人”，该定义提出了流浪乞讨儿童的界定标准，即流浪儿童是脱离了监护人的有效监护、依靠街头乞讨而生活的未成年人。根据公开的数据显示：1999年全国流浪儿童达15万人次；2003年约有15万—30万人次；2015年，给予救助的流浪乞讨未成年人达4.7万人次。

在我国，流浪乞讨儿童形成的原因复杂多样，但主要的原因有以下几个：一是社会转型带来的问题使一些家庭丧失了养育子女的功能。比如，因各种原因导致家庭贫困，进而导致家庭无力抚养子女；农民工进城务工，导致子女监护责任缺失。二是一些家庭违反法律，主动或被动地放弃了子女监护责任。如一些服刑、吸毒、刑满释放等问题家庭，无法承担对子女的抚养监护。目前，针对流浪儿童的救助保护，主要还是国家为主的救助机制，辅之以社会力量救助。但是，社会力量的发动和参与还显著不足，与此同时，也缺少对监护人的教育和司法干预。

必须进一步强化对流浪乞讨儿童监护人的干预，同时要注重源头治理、早期预防，加强对“留守”未成年人的关注和服务，从源头上减少流浪乞讨儿童的产生。从当前的实际出发，关键要抓住以下三个环节：

第一，以社区为平台，建立风险监测预警机制。社区是所有社会问题发生的最初源头，掌握了社区层面的儿童风险问题，才能采取有针对性的解决方案，预防儿童监护不当问题的发生。要把儿童家庭监护的监测、登记和风险事件上报等工作作为基层乡镇（街道）和城乡自治组织的基本职责，将儿童监护风险监测列入社区网格化治理体系。中小学校要在儿童监护风险监测中承担重要主体责任，对于发现的儿童监护风险个案要及时上报；救助保护机构、警务治安单位要在社区层面建立工作站点或派驻信息员，建立预警监测信息平台，及时收集和汇总风险事件。总之，在社区层面形成风险事件有人报、求助人员及时查、需求信息能联网的源头预警机制。

第二，以预防为目标，完善综合性救助干预政策。儿童流浪乞讨问题的发生与其家庭遇到的困难有着必然联系。我国的社会救助制度体系虽然不断健全和完善，但有一个重要的缺陷不可否认，就是它注重的是事后救助，而事前预防的功能还不够理想。一些遇到困难或变故的家庭，由于得不到来自于国家和社会的及时援助，使本来可以避免的问题演变成为家庭的灾难。因此，在宏观上，中国的社会福利政策必须要从“事后”转向“事前”，这一点对于流浪乞讨儿童等特殊群体而言尤其迫切。实现这一重大转变，首要前提是建立完善而精准的家庭风险个案登记和需求评估制度。要依托上文所讲的社区平台，对所有社区内经济状况较差、产生家庭变动、儿童监护存在风险的家庭建立定期访问和动态信息登记制度，并利用大数据平台及时分析这些家庭的风险变化，对需求作出正确的诊断。其次，要整合不同部门、不同领域的保护支持项目，为面临困难的家庭提供菜单式救助和服务。再次，对于依申请才能获得的救助福利，要强调以其家庭的儿童教育和监护状况的改善为前置条件，促进接受救助的家庭履行监护责任。最后，必须分类施策，对于不同原因、不同困难的流浪乞讨儿童及其家庭，重在采取有针对性的干预措施。

第三，以资源链接为手段，建立联动工作机制。流浪乞讨儿童救助保护涉及行为矫治、心理疏导、文化教育、技能培训、返乡安置等多个方面，涉及流出地、家庭、学校、社会、流入地等多个部门，需要政府和社会各方面的力量和资源协同参与。一是以流浪救助保护机构为主体，横向上联通民政、教育、城管、公安、妇联、司法等相关职能部门，扩大信息共享，建立责任落实机制，在政府层面实现政策协同。二是通过学校、社区、村（居）民委员会等基层组织，建立困境家庭和困境儿童信息报送和定期寻访、关怀支持机制。三是引导各种慈善机构、志愿组织、爱心人士等社会力量共同参与，完善社会参与网络，帮助流浪乞讨儿童走出困境。对于政府部门的职责而言，最为重要的是在明确不同部门责任的前提下，建立严格的责任追究制度，形成儿童危机事件基层预警、干预管理归口负责、动态服务跟踪到人的工作机制，确保事有人管、责有人负。

（二）“失独”群体的关爱与支持

“失独”家庭是指独生子女意外死亡，而父母不能生育的家庭。这些家庭又可以分为三类：第一类是失去独生子女的父母双方还都具备生育能力，在失去一个独生子女后又生育了一个；第二类是独生子女过世时已有婚姻并育有小孩；第三类是失去独生子女的父母已经丧失了生育能力，且子女过世时没有留下后代。

“失独”家庭是我国实施计划生育政策以来因家庭遇到变故而产生的特殊群体。之所以说它特殊，主要是因为失去独生子女的家庭往往成为家庭伦理缺失的家庭，不仅容易陷入经济贫困，而且面临着无人照料、养老困难、无人陪护等生活难题，更为严重的是面临情感缺失、前途黯淡等精神层面的问题。据第六次人口普查数据和卫生部发布的《2010 年中国卫生统计年鉴》显示：我国失独家庭已超过 100 万个，并正以每年 7.6 万个左右的速度递增，这意味着中国大概有 1000 万户家庭成为“失独”家庭。

2013 年年底，国家卫生计生委、民政部等部门联合印发了《关于进一步做好计划生育特殊困难家庭扶助工作的通知》，从经济扶助、养老保障、医疗保障、社会关怀等方面作出了全面的制度安排，将“失独”家庭特别扶助金标准分别提高到城镇每人每月 270 元（伤残）、340 元（死亡），农村每人每月 150 元（伤残）、170 元（死亡）。2015 年 12 月，《中共中央国务院关于实施全面两孩政策改革完善计划生育服务管理的决定》明确提出，要关怀计划生育特殊困难家庭，妥善解决他们的生活照料、养老保障、大病治疗和精神慰藉等问题。当前对“失独”家庭的问题，总体上还缺乏成体系的政策和制度安排，在现有的老年人福利政策框架内，对“失独”家庭的关照也还明显不足。

关爱和支持“失独”家庭，已经成为社会福利事业发展的一项重要任务。“失独”家庭社会福利制度的建立，必须从顶层设计入手，先搭建基本的政策框架，之后逐步完善与健全。

第一，加强经济保障。伴随着我国“未备先老、未富先老”的老龄化社会的提前到来，部分“失独”家庭经济困难问题将日益突出。必须立足于现有的各项社会保障制度，凡是符合条件的“失独”家庭，要在普惠待遇基础上，再根据年龄、贫困程度相应地提高其享有的社会保险、社会救助和高龄（失能）老年人补贴等制度的保障水平。要改革“失独”家庭特别扶助金制度，将其调整用于保障“失独”家庭未来支出最大的大病医疗、养老照料等方面，更好地解决后顾之忧。

第二，建立关爱服务体系。应高度重视失独者的心理健康，建立“失独”家庭心理干预制度。一是在社区引入社会工作者，或者通过社区服务机构，以政府购买服务的方式，为“失独”家庭老年人提供心理慰藉、心理疏导等专业服务。二是依托社区基层医疗卫生机构，建立失独老年人健康档案，加强医疗服务。三是大力发展社区居家养老服务，为“失独”家庭老年人提供必要的照料护理服务。同时，要支持“失独”家庭参加各类群众性社会组织，使之在真情互动中找到精神慰藉。

第三，补齐照料缺失的短板。年老之后在医疗、养老方面缺乏照料是“失独”家庭面临的最大问题，而且目前在现行的医疗和养老服务体系内还缺乏有效的制度安排。补齐照料缺失的短板，政府要做的是发挥资金和政策的引导功能。一是以提供补贴的方式，引导社区老年人日间照料中心和居家养老服务组织为“失独”“残独”家庭老人开展上门服务，同时也可以通过补贴的方式，鼓励和支持养老机构收住“失独”“残独”家庭老年人。二是优先保障“失独”“残独”家庭老年人入住公办养老机构。三是支持“失独”家庭参加长期护理保险制度，增强失独老人的养老护理保障。在大力发展专业性服务的同时，也要积极引导公益互助性服务的开展，比如通过对基层社区工作者进行培训，对“失独”家庭进行科学的心理干预；开展心理辅导、义务巡诊等多样化服务等。

第四，开发利用社区资源。在社区层面提供服务，可以增强“失独”家庭的归属感，而且能借助社区的支持网络完成“失独”家庭关爱服务体系的构建。帮助“失独”家庭避免精神问题，积极融入社会，就要引导和支持各类社区自治组织、社会志愿组织广泛参与到社区服务中来，通过非制度化的形式，将社会的关爱传递到“失独”人群的心灵深处，让他们重新感受到社会的温暖，保持身心健康。

第五章

民政与基层社会治理创新

改革开放30多年来，以基层群众自治组织为载体的基层民主实践获得了长足发展，并在组织和引导群众参与社会治理方面发挥了重要作用。但由于历史和现实的诸多原因，我国基层社会治理良性机制的构建仍面临不少瓶颈问题制约。探讨当前基层社会治理面临的形势和问题，充分发挥民政相关工作在完善基层社会治理机制中的积极作用，是当前的重要课题。

一、社会治理的概念与生成逻辑

（一）基本概念

治理一词中的“治”有统治、管理、处理等含义，有研究表明，“治理”一词在西方最早可追溯到14世纪末，当时英格兰国王亨利四世就用“治理”来表明上帝授予国王对国家的统治之权。16—18世纪法国的启蒙学者用“治理”来表达政府与市民社会结合的要素。[①] 然而，社会治理作为一股思潮则产生于20世纪六七十年代在西方兴起的新公共管理运动。但长期以来究竟何为“社会治理”却一直没有达成统一的认识。1995年全球治理委员会对“治理”的概念提出一种界定，认为治理是各种公共的或私人的个人和机构管理其共

① 乔耀章：《论社会治理原理与原则》，《闽江学刊》，2013年第6期。

同事务的诸多方式的总和。① 从这一界定可以看出，治理是不同主体对其共同事务进行管理的方式。我国学者俞可平对社会治理作了比较权威的界定，他认为“治理”主要有四个特征：治理不是一套规则，而是一个过程；治理过程的基础不是控制而是协调；治理不仅涉及公共部门也包括私人部门；治理不是正式的制度而是持续的互动。根据对上述释义的理解，可见“治理”主要存在于公共事务和政治活动中，与“统治”相比，“治理”更多地强调主体的多元化，注重治理的主体与客体之间的互动。从这一点上看，“治理”的实质是对公共事务决策权所作的制度安排，由此可以引申出社会治理的概念，即，社会治理是对社会领域中公共事务决策权的一种制度安排。

作为一种理念，社会治理有着它自身的内在逻辑和价值追求，抑或说，人们创造出“社会治理”这个概念必然有其特定的目标指向。对于这个概念背后反映的实质问题，可以从以下几个方面剖析：

第一，它是“社会本位”的体现。“社会本位”是相对于“政府本位”而言的，“政府本位”是把政府放在国家与社会关系的核心，从有利于政府管理和政府管制最大化角度出发，把社会视为客体来实施对它的管理与控制。而“社会本位”与之相反，政府将社会放在国家与社会关系的核心，一切以尊重社会的独立性、自主性和自治性为前提，树立政府为社会服务、政府对社会进行适度干预的理念。

第二，它是“有限政府”的体现。现代社会是一个公域与私域相互交叉的复杂社会，任何国家和地区的政府都不可能做到全知全能，即使再完善的政府管理体系，也难以掌握全面的信息，无法做到充分满足社会的特殊需求和个性化需求，更何况政府体制并不总是完善和有效的。这时，社会的自组织机制就成为“政府失灵”的一种有效补充方式，它用自己的一套机制来处理政府解决不了或解决不好的事务。因此，政府必须划定自己的职责边界，把那些政府无法管理或管理不好的空间，让渡给社会进行自我管理，或者与各类社会力量进行共同治理，使自己成为有限政府，形成政府与社会的良性互动格局。

第三，它强调建设“权利型社会”。社会治理强调建立有限责任政府，不是主张无政府主义，而是要建立权利型社会，就是要保障公民享有各种政治、

① 转引自俞可平：《全球治理引论》，《马克思主义与现实》，2002 年第 1 期，第 22 页。

经济、社会和文化的权利，培养公民的参与意识和参与能力，促进公共参与的发展，真正体现和维护公民参与公共事务的权利，促进社会自我管理、自我服务和独立发展。

第四，它是“合作共治”的表达。社会治理说到底是一种多种主体共治的理念。因为社会是由不同阶层、不同群体所构成的，不同阶层和群体的利益诉求复杂多样，要实现利益的合理协调和配置、社会和谐稳定，就必须让多种主体共同参与社会治理，共同协商、协同合作来参与共同事务的管理并分享发展的成果。

从以上意义上讲，社会治理是政府与社会的共同治理，是尊重社会自主性的治理，也是基于社会权利的治理。

（二）产生逻辑：国家与社会关系的视角

关于社会治理的产生逻辑，一直以来存在多种理论假设。笔者试图从国家与社会的关系角度作一分析。

在讨论国家与社会的关系问题上有一种假设，即国家和社会是两个可以划清界限并存在互动关系的两大场域。马克思主义的国家理论认为，国家伴随阶级而产生，是由对立阶级中居于统治地位者所掌控的阶级统治的工具；国家的产生源于满足履行社会公共管理职能的需要。社会是相对于自然的一种实存现象，是人们在生产、消费、生活过程中结成的有机的时空共同体。社会先于国家而产生，国家又存在于社会之中。如果将国家看成一种权力和资源的分配机制，那么，国家与社会两者之间存在着“你退我进”的关系。在人类历史上，强国家-弱社会和弱国家-强社会的国家-社会关系均存在过，但是随着社会的分化和社会日益走向多质态性，国家与社会之间的边界不断从二元分立，日趋发展为交叉互补的关系。尤其到了20世纪，在“国家”与“社会”之间的持续碰撞中逐渐形成了一个中间场域，即所谓的公共领域，公共领域的特点主要表现在：一是这个领域的公共事务反映人类的共同需要，从而在整体上和长远上，有利于社会的良性运行和社会成员的共同利益。二是在公共场域中，国家权力的“统治”和全面渗透有可能出现代理失灵或权力寻租问题，因而社会自治权的崛起呼吁对国家行政权的限制。三是这个领域的公共事务单纯放手交给社会，既有可能陷入“奥尔森困境”，也有可能在公共事务治理中伴随扩展秩序的形成将造成社会公平的损失，甚至会带来社会自治权与国家统治权之间的对抗。在公共场域中，社会治理理论的提出就在于解决如何协调“社会制约权力”和“国家适度干预社会”这一问题，促进两者良性互动。在治理视角下，政府与社会的合作，将有利于对政府的“理性”行为施加约束，使之适应公益性的责任要求，在政府与社会之间架起一座利益均衡与良性互动的桥梁，从而有利于公共利益的维护和改进。

二、中国基层社会治理面临的形势

（一）用社会治理取代社会管理的社会基础

在当代中国，为什么必须用社会治理的理念来改造传统的社会管理模式，从根本上看是因为我国的社会基础发生了显著的改变，只有适应这种改变，才能保持国家的和谐与稳定，社会活力才能竞相迸发。

1. 市场经济催生出多元利益主体，政府作为社会管理唯一主体的局面难以为继

新中国成立之初，在高度集权的政治体制和计划经济体制的基础上，我国建立了以“国家—单位—个人”为支点的一元化的社会管理体制，在这种体制之下形成了全国统一的社会生活秩序，而且所有的人都被组织在一定的单位中，建立起高度集中的、政府包揽一切的社会管理格局。主要表现为：政府是全能型的政府，社会本身基本上没有相对独立的发展空间；“单位”既是工作组织，也是解决各种社会事务和落实社会管控任务的基层组织，既是社会的基本组织单元，也是社会管理的基础；通过街道-居委会体系管理社会无工作人员、闲散人员、民政救济和社会优抚对象；以单位制度、户籍制度、职业身份制度和档案制度为基础，严格限制社会成员在城乡之间、单位之间和不同职业身份之间的流动。[①]

随着市场化改革的推进，我国的经济成分、组织形式、分配方式、利益关系日益呈现多样化发展趋势，原有的社会管理格局和利益分配关系逐渐被

① 窦玉沛：《从社会管理到社会治理——理论和实践的重大创新》，《行政管理改革》，2014 年第 4 期。

打破，各种社会主体不断涌现，利益分化呈加速发展态势。在这一过程中，新的社会阶层和不同的社会群体成为不同的利益主体，并开始拥有不同的利益诉求。同时，原有的利益分配和协调机制已经很难满足不同利益诉求的需要。面对多样化的不同利益诉求，政府作为社会管理唯一主体的格局难以为继，必须构建与不同社会主体协商合作的机制，才能实现社会利益的大致均衡。

2. 社会生活日益多样化、社会自主空间不断扩大，政府无力也不可能对社会采取全面管理

中国的现代化和市场化的过程，也是臣民社会向现代社会转变的过程。随着经济社会的发展，社会阶层从统治与被统治两大阶层向多种阶层分化，不同阶层的社会生活日益多样化，与此同时，高压管控的社会管理模式因为容易导致矛盾冲突而逐步走向缓和，从而使社会的自主空间在不断扩大，如此一来，一个相对独立的公民自由交往和自主结社的社会生活领域悄然出现。面对复杂多样的社会生活，习惯于包揽一切的政府，其管理能力受到严峻挑战，只有顺应社会多元化的现实，在充分协商寻找共同利益的基础上，才能实现合作共治、共同治理。

3. 传统社会管理模式效率低下，倒逼政府必须进行社会管理模式变革

我国的传统社会管理模式主要是“管控型”体制，它有两大弊病：一是政府直接管理经济和社会，成为包办一切社会事务的全能选手，社会自我组织、自我管理、自我调节的机制缺乏生成的条件；另一方面，所有社会成员都被管理在众多相对封闭的单位之中，既缺乏对于社会事务的自治自觉，又阻碍正常的社会流动，使整个社会缺乏活力和创造力。[①] 现在看来，这种管控型的社会管理只适用于计划经济体制，而在急剧变迁的社会中，由于矛盾和冲突较为复杂，社会成员的阶层流动、空间流动的程度和频度大为提高，传统社会管理模式不仅不能有效解决这些矛盾，反而可能会因为理念、机制和方式方法的不当而诱发新的社会矛盾和冲突。同时，政府包揽一切，用有限的理性和物质资源投入到无限的社会公共事务管理中去，必然存在顾此失彼、厚此薄彼的问题，亦即“缺位”“错位”和“越位”的问题，导致管理效率低下。面对大量新的社会事务产生、社会矛盾纷繁复杂、社会利益格局日益

① 窦玉沛：《从社会管理到社会治理——理论和实践的重大创新》，《行政管理改革》，2014 年第 4 期。

分化、社会问题日益增多的社会形势，只有改革传统的管理模式，代之以新的理念和机制，才能实现社会活力与社会和谐稳定的统一。

（二）当前基层社会治理转型存在的问题

进入21世纪以来，我国基层社会治理的状况有了很大进步，而且其发展孕育着巨大的潜在动力。但是，在从传统社会管理模式向多元共治为主要特点的社会治理模式转变的过程中，还存在不少问题和障碍。主要表现是：

1. 基层社会治理创新中存在理念偏差

对基层政府而言，社会治理是一种新的管理社会的理念，它强调的一些理念，包括："少管"、放管结合、寓管理于服务、合作与对话等。在现实中，这些理念的贯彻需要一段很长的时间，因为传统的社会管理是政府中心主义和政府本位的，政府凌驾于其他社会主体上，与公民及其他社会组织之间是一种管理方与被管理方之间的关系，而要让政府放下身段跟它的被管理对象平等地协商对话与合作，无疑是一场痛彻骨髓的革命。现实中，一些地方政府在简政放权改革深入推进的形势下，仍然习惯于沿用传统高度集权时代的命令、指示、指标、管制等手段，对公众自主治理诉求不予理会，对公众自我管理的能力不太相信，只注重地方政府的需要，而不重视公众与社会的需求；只注重政府单一主体的管理，而不重视社会组织或居民自组织的参与；只注重以物或事为本，而不重视以人为本；只注重效率不重视公平，导致政府与公众之间产生了明显的隔阂，互信机制无法建立，使政府权威受到影响。

2. 基层政府的权力边界尚未完全廓清

2015年3月，中办、国办印发《关于推行地方各级政府工作部门权力清单制度的指导意见》，要求推动政府简政放权，加快形成边界清晰、分工合理、权责一致、运转高效、依法保障的政府职能体系和科学有效的权力监督、制约、协调机制。各地贯彻落实中央精神，加快推行权力清单制度，取得了显著进展，使得国家权力从基层事务中逐步收缩，基层政府与社会自治组织之间的权责边界逐步清晰，这意味着社会获得了更为广阔的自主空间，有助于基层社会治理创新。但是，政府放权的过程中，还存在该放的没有放，已经下放的没有放到位，以及下放给基层政府权力但基层政府无力承接等问题，同时对基层政府的考核机制没有同步改进，导致城乡自治组织长期存在的行政化问题仍未从根本上得到改变。如何界定政府的权力边界，如何界定基层政府与基层社会之间的权责关系，使行政权与自治权实现良性互动仍是基层社会治理面临的不可回避的问题。

3. 基层政府职能转变不到位，政府与社区关系尚未完全理顺，基层社会治理的体制环境有待改善

近年来，为适应社会管理由“单位制”向“社区制”转变的需要，转变基层政府职能的改革在一些省份提上了日程。基层政府职能转变的改革主要集中在整合部门公共服务平台，行政服务推行“一个窗口”“一站式”服务模式，厘清基层政府与自治组织的权力（利）边界，为社区减负，构建“政社互动”关系等方面。基层政府职能转变的改革虽然有了进步，但仍然滞后于基层社会治理体制改革的需要。基层社会治理要走向“善治”，基本前提是社区要具有相对独立性，而社区依然依附于政府，社区党组织、社区居委会仍然是政府在基层的“腿”，社区被“行政化”，造成形式上的社区自治赋权被事实上的行政吸纳所替代。不仅如此，政府行政权对社区自治权的侵蚀，使社区缺少一种能够培育社区共同意识和共同利益的良性机制，基层社区治理运行受到影响。

4. 村（居）民自治有待深化

村（居）民自治是我国的一项基本政治制度，它的确立保障了基层群众可以参与公共事务管理的权利，开启了我国基层社会走向民主政治的重要通道。但是，受城乡发展不均衡、人口流动加快等诸多因素的影响，现有的村（居）民自治机制在结构设置、管理运行、服务功能等方面还存在很大的局限性，在村级经济发达的地区，民主实践面临选举被操纵、村（居）事务管理不规范等问题；在经济相对落后地区，因青壮年外出务工而普遍面临选举参与不足、基层民主流于形式、难以发挥作用等问题，尤其一些外出人口较多的农村“空壳村”的基层民主实践陷入困境。一些城市中的“城中村”和进城流动人口被排斥在基层民主政治活动之外。村（居）民自治面临的这些新情况新问题，严重地影响了基层社会治理有效开展。

三、基层社会治理机制构建的总体构想与路径

（一）总体构想

在中国特定的语境下，所谓基层社会治理机制，是指在当前日益增长的公共服务诉求与维持社会稳定的双重压力下，基于社会稳定的需要，由政府与社会合作来管理基层公共事务的一种组织协调机制。

基层社会治理机制的良性运行主要表现为：政府制定和发布权力清单，并在基层实施有限的行政管理，提供基本公共服务；具有广泛参与性的基层民主实践使公共事务纳入协商民主决策程序；基层各类社会力量在规范、协调和参与服务供给的过程中发挥基于自身功能的积极作用。从社会协同的角度看，基层社会治理机制的建构，应当包括四项相互关联的内容：

第一，居民公共需求整合机制。基层社会治理的逻辑起点是对社区居民公共诉求的回应。只有整合个体意义上的公民的公共诉求，才能将社会公众从治理的客体转变为治理的主体，也才能有效满足大多数人的公共需求。公共诉求的整合在于使个体的、分散的基层群众诉求，通过向正式制度和组织的输入，从而转化为由不同治理主体解决的公共议题。诉求整合机制的构成要素包括：一是依法保障基层群众理性合法表达诉求的权利，建立需求汇集系统，使任何公民都有公共需求、合法权益的表达权，尤其是利益相关方和常住流动人口的诉求能纳入公共决策程序。二是建立评估系统。基层自治组织将汇集、筛选后的诉求信息进行需求分析，确定需求的类型和急迫程度，并组织和引导群众参与基层公共事务的协商决策。三是基层政府机构和党组织在整合社区利益方面发挥导向与引导作用，社区自治组织和各类社会组织真正成为反映群众诉求、规范自身行为的有效载体。

第二，公共事务民主协商机制。公共事务关涉社区居民共同利益，对于公民在公共生活中的问题和公共需求，应先找到各方利益的共同点，以形成群众共同的意见。兼顾各方的公共利益的形成，需要社区公民通过自由而平等的对话、讨论、谈判、审议等方式参与公共决策的制定，即所谓民主协商机制。民主协商机制由民主听证制度、协商对话制度、民主议事制度、村

（居）务公开制度等一系列制度构成，这些不同制度通过自治组织的支持和相关制度的配套实施，形成规范有序的协商决策程序，以此成为基层社会治理的目标和准则。

第三，多元治理主体协作机制。协同治理的理想模式是，政府以追求社会稳定为直接目标，运用其他主体所不具备的资源，在社区层面实施基本行政管理和提供基本公共服务，行政管理事务由相应行政管理机构承担，并通过职能整合的综合性行政机构在提供服务中实施管理；基层自治组织通过反馈信息、反映民意诉求等方式，协助行政管理部门在基层落实，但不承担具体行政政策的执行责任，而是组织群众以民主的方式协商解决基层公共事务；村社范围的公共服务，对属于政府职责的基本公共服务，则推行政府购买服务，对于非基本公共服务，政府重在搭建公共服务平台，引导社会参与，以社会化方式满足社区居民需求。不同治理主体基于不同的价值、目标和行动在参与、处理基层公共事务的动态互动过程中达成彼此协作。基层政府机构与自治组织之间主要是功能互补性协作，政府机构与社会组织（包括市场组织）之间主要是管理性协作，自治组织与社会组织之间主要是契约性协作。不同治理主体的协作共治机制就在不同治理主体寻求角色和功能实现的过程中，通过权力互动和资源交换的方式动态形成。

第四，公共服务多元供给机制。在对基层政府应担负的职责和公共服务性质进行科学界定的基础上，针对公共服务的不同性质建立相应的供给模式。政府行政事务与社区居委会的职责相分离，行政管理和基本公共服务事项由基层政府及其职能部门负责；凡城区、街道（乡镇）职责范围内的基层公共服务事项，不得向基层自治组织或社区组织转嫁；自治组织和社区组织承接政府转移的职能和公共服务事项，推行政府购买服务或实行“权随责走、费随事转”原则，由公共财政确保业务经费和工作经费。社区公共服务推行“一站式”服务，并注重专业化、标准化、品牌化、连锁化经营，社区居民、驻社区单位共同参与社区服务评估，监督社区服务供给的质量和效率。

（二）建构路径

在当前的条件下，建立起相对完善的基层社会治理机制，既涉及基层行政管理体制改革，还将需要培育大批能够参与到社会治理中来的合格主体。必须抓住关键环节，稳步推进。

1. 深化行政管理体制改革，建立职责明晰的基层行政管理体制

加快基层政府行政管理体制改革，明确基层政府的职责边界，优化行政流程，提高服务效率，是基层社会治理机制建设的基本前提。

第一，科学界定基层政府的基本职能。应当对不合理的政府职能设置进行优化调整，使县级以下基层政府切实承担面向公众提供经济性公共物品和社会性公共服务的职能，尤其需要弱化县级政府和街道（乡镇）目前所承担的宏观调控和经济发展的职能，推动基层政府职能转变。同时将基层政府不应承担和可以不承担的事务推向市场和社会。

第二，增强乡镇（街道）行政管理权。从便于加强社会管理的角度出发，适当将县（区）政府掌管的行政审批权下放到乡镇政府和街道办事处，使乡镇（街道）从原来只注重“抓事务、抓收费、抓应付上级检查”等上级摊派下来的任务，向解决基层老百姓的实际问题、加强社会管理和公共服务职能转变。下放到乡镇（街道）的事权应精当适度，同时既要解决一些地方机构臃肿、人员超编的问题，又要解决有些地方工作力量不足、职能不到位的问题。

第三，理顺基层政府（派出机构）与城乡自治组织之间的职责关系。按照精简“条条”、理顺“块块”的原则，减少或取消与县级政府职能部门对应的乡镇（街道）部门，推行大部门制，整合街道办、社区工作站和上级职能部门在基层的行政性延伸部门，避免机构重复、多头管理，提高行政资源整合化程度；妥善解决街道办职能与社区职能高度重叠的问题。

第四，创新社会管理和公共服务方式。通过合理区分行政管理、公益性事业和经营性事业，实行不同的管理方式。行政与公益性的事务，要强化政府职能，经营性的，要逐步推向市场。有些公共服务可以通过委托代理、向市场购买服务等方式，让社会力量参与到公共服务的供给。

2. 加大基层自治组织和社会组织培育、规范的力度，塑造多元社会治理主体

第一，增强基层自治组织自治权限和自治能力。加强基层自治组织自治能力建设，首要的是通过立法及政治改革进一步改变行政权力侵蚀自治权力的问题。应限定政府的行政权，建立行政权不能干预自治权的监督机制；增强村（居）民委员会组织法贯彻执行的强制力，防止用行政手段干预基层群众自治范围内的事情和随意用行政命令的方式下达指标和指令性任务。要增强自治行为的法律约束，规范自治权和自治边界，真正尊重和保障居民的自

治权。特别是应当授予社区对公共事务和公共资源进行民主协商解决的权力，在达成一致意见和保证公平的基础上，鼓励基层自治组织动员社区资源，逐步提高依靠自身获得资源的能力；同时政府应当采取“费随事转”的方式转移部分资源给基层自治组织，使之在承担政府转移职能中获得自我管理、自我服务、自我发展的相应资源。要明确村级党组织与村委会的关系，保证村委会的选举和日常运作真正体现村民的意愿。

第二，培育独立而具有公信力的社会组织。必须从根本上推进“去行政化”变革，使社会组织真正成为独立于政府行政部门的社会实体。应当在分类管理的前提下，全面推行社会组织取消业务主管部门，采取直接登记、过程监管、分级负责的管理体制；推进社会组织与行政部门脱钩，禁止行政在职人员在社会组织内任职，消除社会组织的官办色彩，厘清社会组织与政府权力边界。对于不具备登记条件的基层社会组织，应当采取备案制，并与正式登记社会组织享有同等权利。制定和实施具有引导性和竞争性的社会组织扶持政策，推行政府向社会组织购买公益服务项目；完善社会组织评估标准和政策体系，加强政府、社会公众对社会组织的监督，建立社会组织发展竞争机制，激发社会组织活力。

3. 培育参与、包容的社区精神

当前应当消除公共政策、公共服务对进城流动人口的歧视性规定，特别是教育、就业、社保等政策的歧视性规定，逐步建立面向所有居民的完善的社区服务体系，增强广大居民对社区的认同感和归属感；应当高度重视和解决居民的居住流动性给落实群众基层民主权利带来的不利影响，逐步将流动人口，特别是常住人口纳入基层民主选举范围，使他们享有与户籍人口同等的民主权利。要对基层民主政治活动中群众参与性不足的问题给予足够重视。无论是出于基层群众的理性选择，还是屈服于政府强大权威，群众对基层自治缺乏参与性，均不利于基层社会治理机制的形成。对政府来讲，要做的就是在权责明晰的前提下适当放权和还权于社会，正确引导村（居）民依法开展民主选举、民主管理、民主监督等活动；城乡自治组织应当探索如何利用基层社会管理的机会，通过选举过程和参与公共事务治理，使推进基层社会治理的过程成为培育公民参与意识、增强社区精神的过程。

4. 建立多重复合的基层治理网络

在公共管理的多中心趋势和公私合作趋势不可逆转的条件下，应当研究如何以基层民主政治实践为契机，以基层社区为平台，以基层群众自身公共需要和利益为导向，建立村（居）委会与政府、市场和其他组织的合作关系，使居委会成为分权和平面化的社区治理网络的协调中心和社区事务的信息中心①。围绕社区公共需求和公共服务，首先要明确相关治理主体的职责与利益点，在此基础上，不同治理主体共同组成治理结构，探讨解决问题的管理手段与方法。基于分工的不同，基层自治组织应当更多地承担起征求群众意见、汇集公共需求信息以及形成公共决策的职责；市场和其他社会组织更多地应当扮演公共服务供给者的角色。应当探索不同治理主体的利益共同点，使不同主体在"目标"和"利益"的一致性上达到最大化，以此增强合作互动的密度，促进合作目标的达成。

四、村（居）民自治的完善与发展

村（居）民自治是中国特色社会主义政治制度的重要构成，是人民依法直接行使民主权利的重要方式。党的十八大明确提出要完善基层民主制度，健全基层党组织领导的充满活力的基层群众自治机制。这为进一步巩固和完善村（居）民自治这一事关亿万群众民主权利制度指明了方向。适应新的变化和人民群众日益增长的政治参与要求，确保人民群众享有更多更切实的民主权利，无疑是中国特色民主政治建设的一项基础性工程，也是一篇大文章。当前和今后一段时期需要从以下几方面着力：

（一）进一步理顺基层政府（派出机构）与社区自治组织之间的关系

界定行政权与自治权之间的边界，还权于社会，仍然是当前坚持和完善村（居）民自治制度不可回避的重要任务。以往改革之所以遇到阻力，主要是因为没有解决好行政管理如何在不挤压村（居）民自治空间的条件下，有效实现其目标的问题。为此，需要认真研究解决乡镇（街道）职能与社区职能高度重叠的问题，明确基层政府的权力清单，划清自治组织的权利边界，

① 敬乂嘉、刘荣春：《居委会直选与城市基层治理——对2006年上海市居委会直接选举的分析》《复旦学报（社会科学版）》，2007年第1期。

为基层自治组织让渡出依法自治的必要空间。要不断完善基层党组织的组织制度和领导方式，建立健全以基层党组织为核心的充满活力的村（居）民自治机制，进一步理顺基层党组织与村（居）民委员会的关系，发挥党组织对群众自治的领导作用，使村（居）委会组织的基层民主实践活动体现党的意志、符合群众的意愿。提倡村（居）党组织和村（居）委会主要成员通过法定程序实现交叉任职，增强党组织的政治领导作用。要整合不同部门设在村（居）的办事服务机构，使之在村（居）党组织和村（居）委会的协调支持下有效承接政府行政性事务及交办的事项。要推动建立村（居）、社区自治组织与驻区单位的共驻共建关系，健全共建协商机制，实现社区公共资源共有共享。

（二）加强村（居）委会自治能力的培育

村（居）委会是中国城乡居民依法自治的基本组织载体，是联系基层政府的桥梁，也是社区治理活动的组织者和决策者。村（居）委会的自治能力决定着在多大范围和程度上可以实现社区公共事务的自主决策和管理。在传统社会管理体制中，村（居）委会是作为行政机关的派出机构而存在的，其作为自治组织的权利虽然有法律上的保障，但事实上却无法得到充分实现。社区自治组织自身独立性不够，多元主体参与的社区治理格局因而无法实现。呼吁村（居）委会去行政化越来越得到认同。但是，也需要冷静地思考村（居）委会能否具备广受期待的组织居民参与社区治理的能力。至少从当前来看，由于行政化模式的惯性作用，加上难以在资源上与行政部门彻底摆脱依附关系，一旦让村（居）委会彻底与行政机构和行政资源脱钩，要使之扮演社区治理的角色，短时期内注定会面临很大的困难；同时，随着城镇化的加快、人口流动性的增强、人们生活习惯和思想观念的多元化，以及城市居民之间疏离感的扩大，传统上或基于宗族伦理，或基于业缘关系，或依靠行政管制的社区整合机制在现代社会已几近失灵，决定了在高度异质化、复杂化的现代社会，要实现社区的整合已经变得越来越难，这样无形中加剧了村（居）委会在组织开展基层民主实践中的难度。因此，要在强调还权于社会、赋权于自治组织的同时，需要更加重视村（居）委会自治能力的培育，引导他们溯本还原，提升在社区治理中的群众认可度和权威性。

（三）构建一套从社区公共需求或公共利益的识别、整合到公共决策达成的机制

传统社区管理的动力来自于行政权威，而在基层民主实践活动中，村（居）委会、社区社会组织参与村居公共事务治理的内在动力，显然蕴含在社区公共需求之中。只有这样一套机制的形成，社区需求才能够被发掘、整合，从而在追求需求满足的过程中使不同主体参与到公共事务的治理中来。从当前实际看，村（居）范围内的公共需求越来越多样化，反映和整合社区内不同居民的公共诉求，并使之进入社区协商和公共决策程序，已成为决定基层民主实践成败的关键环节。应当从机制上寻求解决路径，一是要建立居民公共需求整合机制，使个体的、分散的基层群众诉求，通过向正式制度和组织的输入，从而使之在社区公共平台上转化为协商解决的公共议题。要支持村（居）委会、社区社会组织在这方面发挥积极作用，通过将汇聚、筛选后的诉求信息进行需求分析，确定社区居民需求的类型和程度，并组织和引导群众参与对社区公共事务的协商决策。二是要完善公共事务民主协商机制，通过居民自治法律法规和相关制度的配套实施，指导基层形成规范有序的协商决策程序，并使之成为社区治理的基本准则，促进社区公共决策走向常态化。三是要建立村（居）、社区互助服务机制。一方面探索建立需求导向的公共资源分配机制，使政府的公共资源能够真正下沉到村（居）社区层面，用于满足居民的需求；另一方面，应进一步通过政府购买服务等方式，支持村（居）委会、社区社会组织发掘居民需求，同时为社区互助性组织的设立创造更加宽松的条件，以此培育社区互助性服务的供给主体。

五、加强基层社会治理平台建设

（一）社区的内涵及其在基层社会治理中的作用

1. 社区的基本内涵

基层社会治理的良性运行必须以社区这一平台作为基础。社区是一个与全体居民密切相关的场所，它是以一定的纽带将特定地域范围内的居民联结

在一起，并具有共同价值认同的社会生活共同体。在我国，社区分为城市社区和农村社区，两者在基本概念上大体是相同的，而在构成社区的内在要素结构上存在不少差异。一般而言，我国的城市社区主要是由城市居民委员会管辖的地域；农村社区是村民委员会管辖的地域。当然也有特例，比如，在一些大城市中一个居委会管辖若干个社区，因此居委会与社区并不一一对应。不管社区的地理边界如何划定，社区对于现代社会的居民和奉行有限职能的政府而言，可以说是一个必不可少的场所。

社区具有特定的含义。从空间概念看，社区是人们日常生活的场所，社区内的公共设施条件、卫生、自然环境、人际关系等状况直接决定着人们的生活质量和水平。从互动关系角度看，社区不是人与人之间简单聚集在一起的物理空间，它需要的是社区全体成员拥有共同的社区意识，正如一些社区所宣传的“社区是我家，建设靠大家”所蕴含的理念一样，如果缺少共同意识，社区也就缺少了灵魂，社区内居民之间、组织之间就很难实现有机聚合，如同“一盘散沙”。

需要看到，一般城市社区内人员流动性强、要素构成离散度高。与城市社区这一特点不同，农村社区作为一种自然性、自发性群聚形成的社区，它的构成结构相对单一，封闭程度较高，纽带关系除了共同的社区认同之外，亲缘、血缘和族缘关系也在其中发挥着重要的作用。

2. 社区在基层社会治理中的重要作用

在现代社会中，社会治理的重心必须落到城乡社区，社区服务和管理的能力得到加强，社会治理的基础就会更加坚实和稳固。

第一，适应社会管理体制变革的需要，必须加强社区建设。为什么说变革社会管理的体制就必须重视和加强社区建设，这是因为原有管理体制主要是依托就业单位来实施对人的全面管理，而随着企业改革的推进，新的组织形式、新的就业方式和生活方式不断地涌现，大量的社会成员从“单位人”变成了“社会人”“社区人”，政府不能再通过就业单位来实施对社会成员的引导、规范和服务。如何向社会成员提供公共服务，如何消除社会的不和谐因素，促进社会的整合，特别是支持群众通过自组织机制来实现社会的整合，应该说，最直接、最有效的方式就是把着力点放在社区这个层面，一方面将公共服务延伸到社区，另一方面以社区为抓手来支持和引导生活在社区中的人参与自我的管理与服务。

第二，化解社会矛盾、促进社会和谐，必须加强社区建设。目前，我国改革发展正处在矛盾凸显期，各类社会问题和社会矛盾多发频发。作为区域性居民生活共同体，社区集中反映了社会改革发展中的许多矛盾，只有不断地建设好城乡社区，发挥群众对化解社会矛盾的主体作用，才能更好地维护社会的和谐与稳定。比如，随着工业化、城镇化进程的加快，一些城市的城区不断向外扩展，不少城郊结合部的土地被征用，在征地补偿、拆迁安置、老旧社区的整修、公共设施建设等方面，群众与政府之间、群众与群众之间、群众与驻区各类组织之间存在着不少矛盾；一些群体的利益要求难以充分满足，不同群体之间的利益矛盾日益复杂、贫富差距现象越来越成为热点，极易诱发社会矛盾；一些地方的社会治安不良，一部分社会成员道德滑坡、行为失范，引发一些社会问题。不管问题和矛盾的根源在哪里，但都在社区这个层面发生和集聚。因此，只有加强和创新社区治理，把这些矛盾和问题及时予以化解，协调好各方面的利益关系，社区才能和谐，而所有的社区实现和谐，整个社会的和谐与稳定才可能有坚实的基础。

第三，加强新时期党和政府执政的基础，必须加强社区建设。党和政府高度重视社区建设，尤其是近年来由民政部门负责的社区建设被写入了党的重要文件，充分表明了社区在党和政府治国理政中的重要基础性地位。在社会快速转型时期，要构建一个和谐有序的社会，必然要求转变政府对社会的管理模式，一方面必须从管控转向治理，另一方面要通过规范群众自治的机制，使矛盾和问题在基层得到有效化解。社区是群众会聚和生活的地方，是党和政府与人民群众密切联系的桥梁。只有依托社区这个基础平台，把党和政府的方针政策落到实处，才能使政府管理的触角伸向基层；才能够充分尊重群众在法律范围内的表达自由，建立社情民意汇集分析机制，畅通上情下达、下情上报的工作渠道，合理解决居民利益诉求，倾听群众呼声，最终实现社会的和谐稳定。

（二）社区建设的方向与路径

党的十六大首次提出了新型社区建设的目标；党的十七大又进一步明确提出“把城乡社区建设成为管理有序、服务完善、文明祥和的社会生活共同体”；党的十八大提出要增强城乡社区服务功能，发展基层民主。根据党中央关于社区建设的一系列重要决策和部署，社区建设的未来方向必须以增强社区的服务功能为根本目标，以健全和完善社区自治体制机制为动力，突出城乡差异和城乡统筹，把所有城乡社区建设成为管理有序、服务完善、文明祥和的社会生活共同体。

第一，以村（居）民自治为基础，健全新型社区治理体制。加快城乡结合部、“城中村”、工矿企业所在地、新建住宅区、流动人口聚居地的社区党组织和自治组织的组建工作，健全以基层党组织为核心的社区组织体系，深入开展以民主选举、民主决策、民主管理、民主监督为重要内容的实践活动，健全城乡基层党组织领导的充满活力的基层群众自治机制，推进基层群众自治制度化、规范化、程序化。广泛开展院落、楼座、门栋自治及睦邻活动，强化村（居）民委员会和村（居）民代表会议对政府公共服务的监督和评议，增强民主的实效性。推进街道管理体制创新，建立健全社区利益协调、诉求表达、矛盾调处、权益保障和社区突发事件应急等方面的体制机制，加强和改进社区特殊社会成员的管理、服务和教育，实现城乡社区的“无缝隙”管理。

第二，以民生需求为导向，完善新型社区服务体系。充分发挥行政机制、市场机制、志愿机制的作用，进一步完善覆盖城乡社区居民的社区服务体系，满足社区居民多样化、多层次、多方面的服务需求。依托社区服务中心和社区服务站，积极推进政府公共服务覆盖到社区，促进实现城乡基本公共服务均等化。规范、整合社区公共服务设施的功能作用，推行“开放式办公、一站式服务”，合理设置服务窗口，优化工作流程，规范服务标准，鼓励开展公共事务委托代理、APP 平台服务等便民措施。进驻社区或由社区负责的公共服务事项应当推行准入制度，进一步规范基层政府及其职能部门的职责，明确村（居）委会承办政府公共服务事项的范围，为社区减去不合理的负担。推进社区商业服务规模化、集约化，鼓励新兴服务业态进社区，支持发展社区公益性组织、社区社会组织，提倡社区公益志愿服务以及驻社区单位和社区居民开展互助服务。积极推进政府购买服务、社会化运作等方式，对社区公益性服务和社会力量兴办的微利服务给予政策和资金扶持。

第三，以增强社区凝聚力为宗旨，大力发展城乡社区文化。广泛开展社会主义核心价值体系的宣传普及工作，开展社会公德、职业道德、家庭美德、个人品德教育，推进廉政文化教育进社区，推动形成良好的社会风尚与和谐的社区关系。加强社区文化基础设施建设，在社区建设方便居民读书、阅报、上网、娱乐、健身等活动场所。普及科学知识，弘扬科学精神，开展各具特色的群众性文化活动，破除迷信，移风易俗，养成健康文明的生活方式。积极发展社区教育，倡导终身学习理念，为促进社区居民的全面发展创造必要条件。从看得见、摸得着的问题入手，对社区人居环境进行整治，实施乡村清洁工程，建设资源节约型、环境友好型社区。

第四，以巩固组织保证为目标，不断加强社区党建工作。适应市场经济发展和城乡社会结构变化的实际，进一步扩大社区党组织和党的工作覆盖面。加快建立城乡新区、开发区、城中村、城乡结合部社区党组织，帮助新经济组织和社会组织建立健全党组织，明确各种新型党组织与社区党组织的关系，建立"横向到边、纵向到底"的组织领导体系。对尚不具备成立党组织条件的地方，通过设立党员联络服务站、选派党建工作指导员等多种形式，积极开展党建工作，消除社区党建的盲点和空白点，使社区党建工作覆盖到社区的各个层面。广泛开展党员设岗定责、依岗承诺、创先争优、帮扶困难群众等活动，构筑社区党员联系和服务居民的网络。进一步发展党内基层民主，继续扩大基层党组织领导班子直接选举范围。动员和组织广大党员积极参与基层事务的民主管理和志愿服务，充分发挥先锋模范作用，做推进和谐社区建设的表率。适应城乡基层工作的特点，建立健全以党组织为核心的社区党建工作协商议事机构，围绕地区性、群众性、公益性工作，协调解决社区建设中的问题，将社区党建工作融入社区村（居）民自治和社区管理的活动中去，充分发挥社区党组织在城乡社区管理和服务中的领导核心作用。

第五，进一步深化农村社区建设。农村社区建设起步较晚，随着城乡一体化进程的加快，农村外流人口的增加，农村社区建设面临不少新问题、新情况，亟待全面加强、不断提升建设的水平。农村社区建设不能孤立进行，而应当结合新型城镇化建设、农村扶贫攻坚和美丽乡村建设等战略的实施，在坚持和完善村民自治制度的基础上，突出完善社区自治组织主导的社区治理机制，完善农村社区公共服务体系，大力改善农村社区的治安、环境、社区认同等人居环境。

一是继续完善农村社区治理机制。抓好农村基层服务型党组织建设，以农村基层党组织建设带动农村自治组织、群众组织、经济社会服务组织建设；坚持抓好村民委员会组织法的贯彻实施，完善民主决策、民主监督制度，探索开展村民议事会、村民理事会等农村社区协商形式，健全利益相关方参与决策机制，采取会议表决、代表议事、远程咨询等决策方式，维护外出务工居民在户籍所在地农村社区的合法权利。

二是大力发展农村社区服务。积极支持金融服务、商业性服务向农村社区延伸。重点加快农业技能培训和外出务工服务、农村社会保障服务、养老服务、学前教育服务、医疗卫生和计生服务、农村留守儿童、留守妇女、留守老人等“三留守”人员关爱服务、农村特困供养服务等公共服务事业的发展，健全农村社区服务设施和服务体系，整合利用各类场地、设施和资源，推进农村社区综合性公共服务设施建设，加快构建县、乡、村三级联动互补的基本公共服务网络，改变农村社区服务落后的面貌。

三是加强农村社区环境整治、治安和人居环境建设。强化对农村垃圾处理、污染企业的治理力度，实施严格的农村自然环境保护。指导农村社区开展各项法治工作，加强农村社区警务、警务辅助力量和群防群治力量，完善农村社区法律援助机制，推动法治工作网络、机制和人员向农村社区延伸。完善人民调解、行政调解、司法调解联动工作体系，建立调处化解农村矛盾纠纷综合机制，有效预防和就地化解农村社区矛盾纠纷。建立健全农村社区公共安全体系，建立覆盖农村全部实有人口的农村立体化社会治安防控管理机制。鼓励制定村民自治章程和村规民约，支持农村居民自我约束和自我管理，提高农村社区治理法治化水平。

六、完善“三社”联动机制

（一）“三社联动”的内涵

“三社联动”是以公共服务需求为导向，以政府购买服务为牵引，通过社会组织引入外部资源和社会力量，通过社工提供专业化、针对性服务，把矛盾和问题化解在社区，把多样性服务供给实现在社区的一种新型社会治理模式、社会服务供给方式和全新的社会动员机制。“三社联动”是当前我国社区治理的一种新的理念和机制，它实现了社区层面上自治组织—社会组织—社会工作三者之间关系的建构和功能的整合，既注重三者优势互补，融合发展，又力图促成社区、社会组织和社工三者互联互补、协同合作，从而以“三社”

来驱动基层社会治理创新。

“三社联动”这一概念来源于社区治理实践又对实践发挥着指导作用。我国社区层面以“三社”为牵引的基层社区治理创新正在蓬勃开展。比如，江苏、浙江、广东等地围绕社区建设、社会组织和社工培育如何“互联”“互动”，进行了大量富有成效的探索。

第一，从“联”的逻辑来看，“三社”联动主要表现在，把社区建设和社区服务、社会组织培育以及引入社会工作放在社区治理的大框架下进行，注重三者优势互补、融合发展。一是在社区与社会组织联动方面，首先，社区为社会组织提供活动的场地以及参与为社区居民服务的机会。通过落实降低社区社会组织准入门槛的登记制度，扶持社区服务类、公益慈善类、文化体育类社会组织在社区发展，培育社区治理多元参与主体；推行社区公益创投项目，鼓励更多的社会组织主动去发现社区居民的需求，让社区社会组织为社区居民提供多样化服务；同时，有些地区通过发动居民组成各类自我管理与服务的自律性组织，由居民自主管理社区环境卫生、小区停车等公共事务。其次，政府履行公共服务的职能和方式不断创新，由公共资源支撑的公共服务通过政府购买服务的方式，由社会组织承接服务的供给。支持社会组织参与社区治理有助于扩大社区治理的参与主体，更重要的是，它在社区居民与基层政府、社区居民与居民委员会之间搭起桥梁，实现了汇聚社区居民的诉求，促进实现社区自我服务，也有利于使政府公共服务满足社区个性化需求。二是在社区与社工的联动方面，注重将专业社工引入社区的管理和服务活动。在社区管理服务过程中，有的地区已经形成社区开设社工岗位、“专职社工+社区工作者”“专职社工+义工”等工作模式。三是社会组织与社工联动方面，社会组织吸纳社会工作者提升社区参与水平，社会工作者既可以以社会组织为载体促进社区参与，又可以协同社会自治组织参与解决社区服务自治难题。

第二，从“动”的动力看，“三社联动”不是社区、社会组织和社会工作三种事物之间机械地静态组合，而是三者在动态中互动作用。这种动力显然来自于两个方面：基层政府社会管理和服务职能转变而产生的外在驱动力，以及社区基于对社区事务自我管理与自我服务的需求而产生的内在动力。从第一个方面看，我国基层政府职能转变的改革正在加快推进，主要表现在基层政府由“全能型”“汲取型”“控制型”向“有限型”“服务型”政府转变，从政府直接面向基层群众实施管理，转变为间接地借助基层自治组织或社会组织指导群众自我管理，从片面追求经济增长指标逐步向提供公共服务转变。基层政府职能转变的改革使社区获得了更多独立性，同时，使政府在社区层面的公共资源在决策、投向等方面向社区下沉，从而既为社区和社会组织提供了条件，也激发了它们参与其中的热情。从第二个方面看，随着社会管理体制的改革，一方面社区获得了独立性，另一方面基于公共利益和公共需求的满足，社区自身也不断地产生着自我管理与服务的潜在动力。在这两种作用力下，社区可以承接政府在社区的管理和服务职能，社会组织、社会工作以需求的汇聚者和服务递送者角色获得了参与社区服务的广阔舞台。

当然，我国地区之间、城乡之间经济社会发展的差异性很大，社会组织和社会工作者队伍发育程度不一，加上社区的类型多样、情况复杂，"三社"互动或联动的紧密程度不可避免地存在差异性，由此也决定了各地"三社联动"的实践有着不同的特点。

（二）"三社联动"实践中存在的突出问题

1. 基层政府职能转变不到位，政府与社区关系尚未完全理顺，"三社联动"体制环境有待进一步改善

在我国现行的行政管理层级中，乡镇（街道）是最接近基层的一个层级，与社区关联最密切，在基层社会管理和服务中具有基础地位。长期以来，我国的乡镇和街道在国家行政管理体系中扮演着重要角色，是中央集权型体制下国家权力自上而下延伸至关重要的组织载体。基层政府对上承担着上级政策和规划的具体落实职责，还对辖区内经济发展、社会稳定负有直接的责任。与此同时，上级政府确定的目标和考核制度又对基层政府的行为产生导向和决定性作用，特别是教育、文化、卫生、民政、体育、社保等不同部门的公共服务职能均需要直接面向居民，由基层政府落实，造成我国基层政府处在一种"压力型"体制之下，同时"维稳"的政治任务又会使压力进一步加剧。在压力型体制下，基层政府为了缓解自身负担，往往会向基层社区转嫁责任，换言之，政府出于基层"维稳"的需要，加之受到传统社会管理模式的影响，迟迟不愿向社会放权，在基层就体现在要牢牢抓住居民委员会这一自治组织，并要使之听命于政府的指令和行政性安排。社区居民委员会演变成为基层政府实施社会管理的组织，即"行政吸纳社会"，社区的过度行政化

又衍生出两大问题：一是社区对行政资源产生了较强的依赖性，尤其是城市社区所需要的各项经费主要依靠承担行政性委托事务获得；二是社区居委会退出了社区公共事务管理，社区居民所需要的社会服务或被商业性服务所替代或处于供给短缺状态。

近年来，为适应社会管理由“单位制”向“社区制”转变的需要，转变基层政府职能的改革在一些省份提上了日程。基层政府职能转变的改革主要集中在整合部门公共服务平台，行政服务推行“一个窗口”“一站式”服务模式，厘清基层政府与自治组织的权力边界，为社区减负，构建“政社互动”关系等方面。社区减负放权式的改革取得了一定成效，但总体上还没有完全理顺。在改革向前推进中，作为群众自治的基本组织——社区居委会仍然是政府行使行政管理的末梢，承担着完成政府（职能部门）交办的各种事务性工作的任务，而且这种任务仍然是社区居委会的主要职责，因而无暇把社区自治放在居委会工作的首要位置。可以说，基层政府职能转变的改革虽然有了很大的进步，但仍然滞后于社区治理体制改革的需要。“三社联动”能否指导社区治理走向“善治”，基本前提是社区要具有相对独立性，而社区依然依附于政府，社区党组织、社区居委会仍然是政府在基层的“腿”，社区被“行政化”，造成形式上的社区自治赋权被事实上的行政吸纳所替代。

在这样的体制背景下，社区无法腾出精力专注于社区自治性事务的自我决策与自我管理服务；社会组织虽然具有向社区居民提供服务的内在冲动，但却无法摆脱对政府公共资源的依赖，从而无法真正创造能够符合社区公共需求的服务项目；社会工作则成为辅助社区解决政府在城市拆迁、上访等问题或维稳的工具。不仅如此，政府行政权对社区自治权的侵蚀，使社区缺少一种能够培育社区共同意识和共同利益的良性机制，从而影响“三社联动”机制常态运行。

2. 社区共同体意识缺失，居民社区参与程度低，“三社联动”动力不足

自从计划经济体制下的“单位制”瓦解后，随着“单位”的社会职能被剥离，有关社会成员的社保、卫生、教育等与就业单位脱钩，越来越多的社会服务转向市场化供给，城市居民对公共服务的获得与生活的“社区”失去了直接联系；同时，户籍制度的逐步瓦解、人员流动性的增强、就业方式的多样化，使生活在同一个社区中的居民在身份、职业、利益诉求等方面的差

异性越来越大。城市社区已经演变成一个空间意义上的聚合点。在农村地区，由于市场经济的发展、青壮年人口的大量外出，以及集体经济的衰落，传统上守望相助的村落社区也受到了强烈冲击。现实表明，中国在向市场经济体制迈进的过程中，城市“单位制”的解体、“政社合一”体制的消亡，这些体制层面的巨大社会变迁，使聚焦于中国微观社区中的社会问题变得越来越复杂，由此也使社区治理的难度不断增大。

当前社区需求的异质性、人口的流动性和社区主体的多元性极大地影响了社区共同体的形成，进而又制约社区居民对社区公共事务参与的主动性。“三社联动”的内在动力是社区居民的“参与”，而参与的核心是在共同的价值观指引下，寻求对公共需求和社区事务的解决之道。只有社区居民关心社区事务，才能汇集公共需求，形成社区公共议题；也只有在广泛的参与下，居委会才能启动民主协商程序，共同研究社区公共事务的解决方式等议题。但是，现在的状况是社区公共事务成了“公地”，有了利益社区居民免费获得，而与己无关的社区事务则缺少参与。从国际趋势看，现代化和城市化发展到一定程度后，传统的社区所承担的社会整合功能必然会有所消减，人际关系的冷漠成为现代社会的必然病症。① 在我国基层社会的结构性变迁过程中，由于传统社会管理体制向新的社会治理体制的转变还没有完成，加上我国的城市化速度过快，造成了作为共同体意义上的社区建设滞后于实体意义上的社区建设，由此带来了异常突出的社区人际关系的疏离。由于缺少彼此沟通、信任和互动的平台，在一些社区中，已经很难实现社区内资源的组织、动员和非正式网络的联结。这样的状况，不利于从社区内部生成基于共同价值的社区照顾与社区支持；同时也缺少社区社会组织生成与发展的环境。

“三社联动”之中社会组织与社区的互动，是社会组织基于社区居民的公共需要，而自发成立正式或非正式组织，动员和组织居民自我约束、自我管理和自我服务，同时承接有公共资源支持的社区服务项目。社区社会组织之所以愿意参与社区的公共服务，主要是来自于居民对于互助的需求所产生的内在动力，社区居委会对于社区公共事务的组织者角色也要依赖于社区居民的参与和社区公共诉求的回应，而在一个人际关系冷漠、缺乏参与热情和公共动机的社区，这一切都将难以实现。因此，只有努力唤醒社区参与、大力

---

① 向德平，孔海文：《南海区社会管理创新案例集锦》，武汉：华中科技大学出版社，2013 年 9 月第 1 版，第 45 页。

培育社区精神，才能真正为建设多元参与、“三社联动”的社区治理机制提供内在动力。

3. “三社联动”在城乡和区域之间的开展还不够平衡

“三社联动”是近年来我国部分地区在推进社区治理方面作出的有益探索。从全国层面上看，这一探索的开展还很不平衡，主要表现在：城市领先于农村，而城市中的核心区域社区快于城市边缘社区，经济发达地区总体上领先于经济欠发达地区。比如江苏的某些市区把“三社联动”纳入经济社会发展的整体布局，作为创新社会治理、促进社会管理模式转型升级的重要抓手，通过完善“三社联动”制度和机制，使社区建设、社会组织和社工队伍的培育发展由单打独斗转向整体联动、互促共进，实现的效果正在显现。而在多数中西部省份“三社联动”还停留在由认识向实践过渡的阶段上。从推进国家治理体系和治理能力现代化的长远看，“三社联动”这一“底层探索”符合未来基层社会自治的客观趋势，现阶段的探索会为未来社区治理“顶层设计”提供有益经验。然而，“三社联动”进展的不平衡使得这一样本效应打上了折扣。

“三社联动”出现有的地区先行、有的地区落后的问题，主要是受地区之间社会组织和社会工作发展不平衡的影响。目前，社会组织和社会工作发展较快的地区主要集中在经济发达的东部地区，这些地方的社会组织不仅数量较多，而且活动相对活跃，同时与社区相对接的社会工作队伍建设也要快于中西部地区。相比城市，农村地区社会组织和社会工作的发展还明显落后，即使在发达地区的农村，目前“三社联动”的开展也还不具备条件。

4. 对政府和财政资源依赖性强，“三社联动”内生性发展活力不足

改善社区服务是社区治理的重要目标，社区管理的改进和社区服务的有效供给必然以恰当的权力配置与资源保障为前提。从社区权力配置看，行政权与自治权应当是维持社区治理良序格局的重要保证，两种权力协同作用才能有效促进基层社会的自我管理。目前，社区自治的法制环境和体制机制虽然不断走向完善，但行政权的主导性地位还在社区诸多公共事务中占据支配性，居委会的“行政化”色彩依然过重。然而居委会离开了行政机制又难以推动工作，这又进一步增强了居委会对行政机制的依赖性。

从支持社区公共服务的资源看，目前主要有两大类：一是政府财政性资源；二是社区互助资源。随着政府对基本公共服务供给力度的加大，各级政府用于社区公共服务的资源不断增多，同时公共服务向社区下沉并通过政府

购买服务，提高了社区公共服务的可及性。但是，由于社区居委会的经费来源渠道单一，获取资源能力也较低，造成社区对政府行政资源的过度依赖，尤其是城市社区居委会离开了“费随事转”带来的经费便无法正常运作，从而导致社区听命于政府指令。其次，从社区社会组织承担的社区服务供给状况看，多数基层社会组织开展活动的资金主要来自政府资助和补贴，而通过发动社区居民，组织社区互助资源和捐赠来开展社区自我服务方面还远远没有形成规模，除了部分志趣类、联谊类社区社会组织具有自我筹集活动经费的能力外，绝大多数基层社会组织的活动资金都来源于政府的项目购买。建立社区自我管理与自我服务机制的关键在于发掘社区内部公共资源，而片面依赖行政力量和财政资源导致社区治理内生发展活力不足。

5. 社区社会组织发育滞后，在社区治理中的功能性作用有待提升

我国社区社会组织数量迅速增加，在社区治理体系中开始扮演着重要角色，但总体上，社区社会组织还处于发育的初级阶段。一是社区社会组织自身能力不足、公信力不高。社会组织参与基层社区自治事务的首要前提是要得到社区居民信任。目前一些基层社会组织自身定位模糊，在提供公共服务时往往首先考虑相关政府部门的要求，偏离了服务居民的出发点；而“草根”性质的基层社会组织通常规模较小，在成立初期缺乏明确的自身定位，服务范围和内容不清晰，导致在提供服务时偏离居民的实际需求，难以获得居民的信任。另一方面，由于缺乏监管及组织自律能力较低，部分基层社会组织缺乏诚信意识，有不当营利行为，违背了基层社会组织建立的初衷，损害了基层社会组织的整体形象，造成社会公信力的流失。① 二是社区社会组织在社区服务中的领域、作用与功能还有很大局限性。社区发展较快的社会组织主要是志趣类组织，其次是公益慈善类、维权类和服务类组织，志趣类社会组织主要活跃于社区精神文化领域，群众参与面相对较窄；公益慈善类社会组织在开展募捐和组织居民参与方面的能力普遍不足；维权类社会组织主要关注社区邻里之间或家庭成员之间矛盾纠纷的化解调处。这些方面是构成社区治理的重要内容，然而与本质上的社区治理要求相比还有很大差距，特别是尚未通过汇聚居民多样性利益诉求和公共服务需求，并代表居民利益参与社区公共事务决策，发挥对社区治理所需要的功能性作用。在这个意义上，发

① 孙荣：《社会组织如何融入基层治理创新》，《人民论坛·学术前沿》，2015 年 1 月下。

挥社会组织促进社区自我约束和自我服务还有待于进一步拓展和深化。

(三) 完善"三社联动"机制的对策建议

建立完善的"三社联动"机制，需要进一步深化改革、强化政策扶持与引导，为其创造更好的发展环境。

1. 以限定基层政府行政权、明确自治组织的自治权为方向，划清责权边界，积极支持社区居委会回归基层自治组织

目前，城乡基层自治组织面临着行政化困境和边缘化危机。必须限定基层政府的行政权，推行权力清单制度，防止用行政手段干预基层群众自治范围内的事情，禁止随意采取行政命令的方式，向社区下达考核指标和指令性任务。同时，要把基层社区治理纳入法制化轨道，明晰基层自治组织的自治权和自治边界；其次，需要正确处理基层政府与自治组织的关系，探索推行行政事项委托代理制度，使基层自治组织在承担政府转移职能中获得自我管理、自我服务、自我发展的相应资源。应当扩大社区民主协商，鼓励基层自治组织自我动员社区资源、自主决策，逐步提高依靠自身获得资源的能力。

2. 以壮大社区社会组织规模、增强发展活力为目标，大力培育社区社会组织

社会组织的出现是社会自主化发展的结果，只有开拓社会组织进入基层社会治理的通道，实现政府赋权于社会，才谈得上社会治理的多主体参与。社区公益性社会组织要对其全面放宽、放低准入门槛，采取直接登记或备案的管理制度，简化登记程序。要像鼓励、支持和规范中小企业发展一样，逐步完善社区社会组织在登记注册、年检、财务管理、信息公开、退出等方面的政策。要制定和实施具有引导性和竞争性的社区社会组织扶持政策，全面推行政府向社会组织购买公益服务项目的制度，加快社区社会组织制度体系建设；加大居民满意度在社区社会组织评估中的权重，支持社会公众对社会组织的监督，建立社会组织发展竞争、淘汰机制，增强社区社会组织活力。

3. 以增强社区团结、扩大参与、培育社区共同体意识为导向，积极鼓励和支持包括户籍人口、常住人口、流动人口在内的社区居民广泛参与社区治理

当前，要加快推进消除公共政策、公共服务对进城流动人口的歧视性或排斥性规定，特别要取消教育、就业、社保等政策中的排斥性规定，加快完

善面向常住人口的社区服务体系；应当高度重视和解决居民的居住流动性给落实群众基层民主权利带来的影响，逐步调整现有的法律和政策，从制度上规范和保证流动人口，特别是常住人口在居住地享有基层民主权利。对社区群众参与不足的问题要给予足够重视。支持社区通过基层民主选举和治理公共事务，使推进基层社会治理的过程成为培育社区居民参与意识、增强社区精神的过程。

4. 以专业社工引领义工，优化社区工作人力资源

社区工作的有效开展需要运用相关知识、理念和科学方法，因此需要拥有一大批具有一定技能的专业化队伍。要根据社区的类型、居住人口结构等因素，在城市社区配备必要的社会工作者，既充实社区工作力量，也便于发挥他们的专业优势。在社区治理活动中，要通过专业社工带动和培育社区义工、社区志愿者一同参与社区治理。尤其在城市社区，党员、退休人员、灵活就业人员等是开展社区治理的重要人力资源，应当通过建立志愿服务记录制度，支持社区社会工作者带动和引领这部分人员参与社区治理和社区服务。

| 第六章 |

社会组织管理制度改革

社会组织又被称为第三部门、非营利组织或非政府组织，它是现代国家与政府组织、企业组织并列的一类重要组织形式。在我国现阶段，社会组织在整个国家治理体系建构中是一种不可或缺的重要构成要素，它一方面遵循公益理念，向社会提供多方面服务，另一方面，也为社会成员依法进行自我组织和结社提供了重要载体。社会组织通过反映社会成员的诉求、规范社会成员的行为，从而促进社会成员合法权益的满足。在我国正在迈向全面建成小康社会、全面深化改革、全面依法治国的关键时期，不断加强社会组织建设，并充分发挥社会组织的积极作用，对于统筹推进“五位一体”的现代化建设，创造良好的社会条件具有深远意义。

一、社会组织的概念及发展变迁

（一）社会组织概念及其作用

在我国，社会组织与国外一些国家所讲的非营利组织、非政府组织、第三部门、志愿性组织有很大的相似性。根据萨拉蒙的定义，这些组织不以营利为目的、介于政府组织与市场组织之间，具有较强的非营利性、志愿性和公共性。最初我国将此类组织称之为民间组织，直到 2004 年，在中央政府工作报告中首次提出了“社会组织”这一称谓，对这类组织的概念作了更具科学性和包容性的概括，使之在提法上更加准确和规范。

所谓社会组织，是指“由民间力量主办的，为社会提供服务，不以营利为目的”的组织，主要包括社会团体、民办非企业单位（社会服务机构）和基金会等三类具体的组织类型。这三类社会组织虽然在发起的条件、性质和功能方面存在较大差异，但具有以下相同的特点：独立于政府部门和市场组织之外，向社会公众或会员提供公益性服务，同时不以营利为组织目的，所得的收益只能用于公益目的而不能在股东或会员之间分配。社会组织的资金来源主要是私人捐赠、公开募捐、会员筹资或政府拨款等，由于从事非营利性活动，社会组织普遍享受政府给予的税收优惠政策。

社会组织具有完善市场机制、保障改善民生、繁荣发展文化、促进公众参与等诸多功能。在现阶段，我国大力发展社会组织，主要是寄希望其发挥以下几方面的积极作用：

第一，促进市场经济体制完善，支持市场在资源配置中发挥决定性作用。社会主义市场经济体制是市场对资源配置起决定性作用的机制。这种机制的形成需要一系列必不可少的条件，比如各类市场主体平等竞争的市场环境、企业能诚信自律、行业有规范而普遍遵守的标准，以及企业自觉履行社会责任等。这些要素的形成一方面需要政府加强政策规范、引导和市场监管，处理好政府与市场的关系；另一方面，也需要各类市场主体在国家法律框架下规范自律。

社会组织在这些方面扮演着不可或缺的角色。社会组织本身是在政府和市场两者失灵的时候产生的一类组织形式，它从产生之时，就在组织协调企业之间关系、规范行业行为、维持市场秩序等方面发挥着重要作用，比如行业协会或商会在市场不能自我调节、政府不宜直接介入、单个企业力不能及的领域具有独特优势和积极作用。在我国企业“走出去”战略中，行业协会、商会在对外谈判、扩大国际竞争力方面可以发挥更大作用。加强对社会组织的培育和规范管理，激发社会组织活力，将使政府与企业等市场主体之间的联系更加紧密、畅通，更好地调节市场、配置资源，推动我国经济更有效率、更加公平、更可持续发展。

第二，促进社会主义民主政治建设，巩固和扩大党的执政基础。社会组织的发展本质上是民主思想的体现，结社自由作为宪法规定的公民的一项基本权利，其不断发展完善是中国民主政治建设的应有之义。通过合法的社团活动，公民充分参与社会事务、自我管理与自我服务，实现社会的有序自治，必将有助于社会主义民主政治建设的推进。同时，社会组织还是党和政府联系不同方面群众、不同阶层的重要桥梁和纽带。国家法律明文规定的公民结社自由、社会协商等发展社会主义民主政治的具体要求，只有借助社会组织这一载体才能在实际中得到贯彻和落实。因此，培育更多的社会组织，并通过社会组织扩大公民有序政治参与，对于进一步拓宽公民参与民主政治的通道，提高民主政治水平，巩固和扩大党的执政基础具有重要意义。

第三，承接政府转移职能，促进政府职能转变。社会组织具有向社会提供公益性服务的重要功能，由于不能营利或微利，因而市场主体一般不愿参与公益性活动，而公益事业对社会的良性运行却必不可少。对于政府而言，这些公益性服务也无法完全由政府承担。因此，社会组织就成为提供公益性社会服务不可或缺的一支重要力量。比如，大量社会组织活跃在教育、医疗、养老、文化、济贫等领域，为社会提供了大量多样化、专业化服务。我国现阶段正在推进政府职能转变，其中包括减少政府承担的直接向社会提供服务的职能、减少对微观事务的干预、调动社会力量的积极性。培育一大批布局合理、治理结构优良、功能完善的社会组织，政府才能放心剥离不必要的职能，使直接面向社群或社区群众的社会服务实现更有效的供给，促进政府职能转变稳步进行。

第四，反映群众诉求，预防和化解社会矛盾，促进社会和谐稳定。当前，由不同群体、不同利益诉求所引发的社会矛盾和社会冲突呈多发频发之势，维持社会稳定大局对于全面深化改革、促进和保障民生至关重要。但是，如何促进社会稳定和谐却不是一件简单容易的事情。传统上依靠管制和强制性措施来实现社会稳定的时代已经成为历史，在社会成员的权利意识不断增强、社会主体日益多元的条件下，要想实现社会的稳定和谐关键在于引导社会走向依法治理，让社会成员在法律的框架下，理性地反映诉求，依法自我管理与自我服务。同时，政府要善于鼓励和支持社会各方面参与，实现政府行政管理与社会自我调节、居民自治良性互动。在这个意义上，离开了社会组织的参与，就不可能基于多元主体合作建立起社会治理体系。社会组织植根于社会的最基层，贴近普通群众，能够快速有效直接地了解民情、表达民意；能够通过组织化、制度化的表达方式协调不同群体的利益，推动公众行为规范有序；能够积极应对环境变化，反映相关利益诉求，组织群众参与到社会事务的管理中来。因此，社会组织是协同政府建立良性的社会治理格局的重要组织基础和组织载体。只有加强对社会组织自治功能的培育，才能使社会治理更加富有“柔性”，社会稳定的基础才会更加牢固。

（二）中国社会组织的发展变迁

统计数据①显示：截至 2015 年年底，我国共有社会组织 66.2 万个，其中：社会团体 32.9 万个，各类基金会 4784 个（其中，公募基金会 1548 个、非公募基金会 3198 个；民政部登记的基金会 202 个、涉外基金会 9 个、境外基金会代表机构 29 个），民办非企业单位 32.9 万个。改革开放初期，1988 年全国社会团体仅 4446 个，1987 年全国相对规范的基金会有 214 个，截至 2000 年，全国经民政部门登记的民办非企业单位达 22654 个。在近 30 年的发展中，可见社会组织的数量大幅攀升、发展步伐明显加快。

中国的社会组织在改革开放以来的历史时期内，其发展呈现出明显的阶段性，从 1978 年以来，社会组织的发展大致经历了“恢复期”“曲折发展期”“稳定发展期”和“增速发展期”等四个阶段。

1. 复苏兴起阶段（1978—1989 年）

从 1949 年新中国成立到 1978 年实行改革开放的 30 年里，社会组织在中国发展的空间较小，先是新中国成立初期随着国家对各类反动社团组织的取缔，基本上消除了社会组织生成的政治空间。据不完全统计，20 世纪 50 年代初期，全国性社团只有 44 个；随之从 1966 年开始的“文化大革命”，严重破坏了我国的社会主义民主与法制，各类社会组织陷入瘫痪状态，社会组织的登记管理工作也进入停滞期。

1978 年党的十一届三中全会后，社会组织由“文化大革命”时期的瘫痪和停滞，开始迅速恢复增长，特别是改革开放的方针政策为社会组织的发展创造了机会，各种学会、研究会、协会等社会组织借助直接或间接的官方支持，以多种方式广泛参与到早期改革的实践中。改革开放释放出的巨大能量加上缺乏相应的制度约束，使得这一时期社会组织在数量上几乎呈现出爆炸式的巨大增长。② 到 20 世纪 80 年代末，社会团体的数量由 1976 年的 6000 多

① 数据来源：2015 年社会服务发展统计公报。

② 王名：《走向公民社会——我国社会组织发展的历史及趋势》，《吉林大学社会科学学报》，2009 年第 5 期。

个猛增到近 20 万个，增长 33 倍。我国第一家基金会——中国儿童少年基金会就成立于 1981 年。社会组织迅速扩张的同时，也随之出现了过多过滥、良莠不齐、无章可循、多头审批等问题。

党中央、国务院对这一情况高度重视，决定进一步加强社会团体登记管理工作，1978 年 3 月恢复民政部，并将社团管理职能归口民政部门主管。同时，为了规范社团管理秩序，在对原来出台的制度措施进行清理和完善的基础上，国家层面又进一步出台一些制度措施。比如，1988 年 8 月国务院公布《基金会管理办法》，对基金会或称为基金会的组织进行清理整顿和规范；1989 年 7 月颁布《外国商会管理暂行规定》，首次允许外国在中国境内的商业机构及人员按国别成立外国商会；1989 年 10 月国务院公布《社会团体登记管理条例》，确立了登记管理机关和业务主管单位双重管理的体制。总的来说，受益于改革开放的良好环境，中国社会组织发展经历了第一个长达 10 年之久的增长期。①

2. 清理规范阶段（1990—2001 年）

在这十年间，中国的社会组织经历了一个“先抑后扬”的发展过程。1989 年颁布的《社团管理条例》确立了双重管理体制的雏形，这一段时期是双重管理体制进一步明确和规范执行的时期。为了维护社会稳定，1989 年之后，登记管理机关按照“双重管理”要求对社会团体进行清理和重新登记，取缔了一些无法找到业务主管单位的社团，使注册社团总数大幅减少。1990 年从此前的 20 万家跌落到 13 万家左右，1991 年进一步减少到 11 万家。②

从 1993 年至 2001 年中国共产党召开了两次党的全国代表大会，其中党的十四大明确了中国从计划经济向社会主义市场经济体制改革的方向，与此同时，在这两次党代会期间，中国的市场经济体制改革不断深化，市场体制走向成熟和完善，作为改革重要内容的政府与市场的关系不断向良性方向调整。这为社会组织的发展提供了有力的外部条件。在此期间，中央政治局先后两次研究社会组织工作，并发布了中办发〔1996〕22 号文件，对社会团体进行清理整顿，对合格的社团由民政部门换发证书，对不合乎规定整改不达标的社团予以注销，对同一行政区域内存在的相同相似的社团予以合并。根据中办发〔1999〕34 号文件和 1998 年颁布修订后的《社会团体登记管理条

① 谢菊，马庆钰：《中国社会组织发展历程回顾》，《云南行政学院学报》，2015 年第 5 期。

② 谢菊，马庆钰：《中国社会组织发展历程回顾》，《云南行政学院学报》，2015 年第 1 期。

例》，民政部制定了《社会团体分支机构、代表机构登记办法》《社会团体分支机构、代表机构复查登记工作方案》，组织在全国范围内进行社团分支机构、代表机构复查登记。1999 年国务院颁布《民办非企业单位登记管理暂行条例》，连同《社会团体登记管理条例》的颁布执行，社会组织双重管理的体制得到进一步加强。同时，从 1998 年开始，负责社会组织归口管理的民政部社团管理司更名为“国家民间组织管理局”，地方各级也先后设立了民间组织管理机构，加强了登记管理机构的建设。这期间取缔了“法轮功”邪教组织，积极支持官方背景的社会团体和公益性社会活动的发展。总体上，这十年是我国社会组织双重管理体制进一步巩固的十年，也是进一步整肃非法和不合格社团，提高社团整体素质的十年，登记注册社会团体的数量虽然减少，但整体的质量有了很大提升，同时，行业协会、民办非企业单位在市场经济大潮中得到迅速增长。

3. 稳步发展阶段（2002—2012 年）

21 世纪之交，中国的社会组织迎来了一个新的发展高潮。在这一阶段，不仅登记注册的社会团体、基金会和民办非企业单位数量迅速增加，而且广泛活跃在社会生活的各个领域。这一时期，社会组织的发展主要得益于以下因素：

一是从 1978 年改革开放至党的十六大召开的 20 余年中，党和国家对社会组织管理的方针政策逐步明确，对社会组织的地位和作用的认识逐步深化。从 2002 年至 2012 年的十年中，中共中央一共有 11 次全会的决定论及社会组织地位作用和发展问题，其中比较鲜明的政策拐点出现于 2006 年中共中央《关于构建社会主义和谐社会若干重大问题的决定》，在这一文件中首次对“支持社会组织参与社会管理和公共服务”进行了清晰的表述。此后历次决定的认识深度和导向性逐步增强，直至 2012 年的党的十八大将“加快形成现代社会组织体制”设定为中国改革的一项重要议题。① 正是由于执政党理念的逐渐清晰和成熟，为社会组织发展提供了稳定的预期。

二是中国的市场经济体制不断走向成熟，社会需求的持续扩大为社会组织的活跃提供了广阔舞台。在建立市场经济体制的过程中，各类市场经济组织茁壮成长，由于市场经济制度具有竞争与合作的特点，一些企业出于占据行业优势、规范行业行为等需求，对成立行会、商会等经济性社会组织产生

① 谢菊，马庆钰：《中国社会组织发展历程回顾》，《云南行政学院学报》，2015 年第 1 期。

了很大需求。人们参与社会公益活动的积极性不断提高，也对公益性社会组织的大规模兴起起到了重要推动作用。

三是国家对社会组织采取鼓励支持与监督管理并重的正确方针政策。可以说，进入 21 世纪以来，我国在加快现代化建设和构建和谐社会的大背景下，对社会组织的认识逐步理性化，社会组织成长发展的方针政策由偏重限制转向鼓励支持与监管并重上来，尤其是适应和谐社会建设、创新型国家建设以及城乡社区建设、发展慈善事业等需要，采取了一系列有利于社会组织发育和成长的措施，使社会组织发展的环境不断改善，社会组织迎来稳步发展的机遇。

4. 增速发展阶段（2012 年至今）

截至 2012 年年底，全国依法登记的社会组织 49.9 万个，其中社会团体 27.1 万个，民办非企业单位 22.5 万个，基金会 3029 个。相比“十一五”时期，2012 年以来，各类社会组织的增速明显提高，社会团体年增速超过 6%，高出 2008—2011 年增速近 2 个百分点，2014 年增速最高达到 7.27%；基金会增速相对比较平稳，2012—2015 年平均增速保持在 15.9%—17.2% 之间；2012—2015 年民办非企业单位平均增速较高，一度达到 12.7%，高出 2008—2011 年增速近 8 个百分点。①

可见，从党的十八大召开以来，中国的社会组织发展出现了一股新的高潮。这一时期，国务院出台了政府向社会力量购买服务的指导意见，明确将社会组织作为承接政府购买服务的主体。民政部开展了中央财政支持社会组织参与承担社会服务的项目，制定公布慈善组织认定和登记的制度，全面推行行业协会商会类、科技类、公益慈善类、城乡社区服务类社会组织直接登记，依法取消了对全国性社会团体分支机构、代表机构设立登记、变更登记和注销登记的行政审批，积极推动行业协会、商会与行政机构脱钩，探索建立社会组织第三方评估机制，指导社会组织加强党建、薪酬管理和人才队伍建设。2016 年 8 月中办、国办印发了《关于改革社会组织管理制度促进社会组织健康有序发展的意见》，首次提出“走出一条具有中国特色的社会组织发展之路”的总体要求，这是中国社会组织发展进程中具有标志性的一份纲领性文件，预示着社会组织管理制度改革翻开了新的篇章。

---

① 上述数据根据《中国民政统计年鉴》2016 年公布数据计算得来。

二、社会组织的管理状况

（一）国家对社会组织管制的必然性

社会组织管理体制是国家对社会组织的成立、运行及监管等方面所采取的模式、制度和措施的总称。作为社会有机系统的组成部分，社会组织是一个社会在某些方面或某些领域进行组织和运行的一种组织形式，它可以对社会的运行起到积极作用，但也可能与社会整体或长远的利益产生冲突，甚至一些社会组织所奉行的宗旨与国家的主流价值乃至统治阶级所提倡的意识形态和价值导向不相一致或背道而驰，因而，世界上没有对社会组织采取放任不管的国家，除非这些国家由于政局动荡，陷入无政府状态，或者政府软弱无力无法为社会的稳定运行提供基本的公共秩序，这时必然出现一些替代政府组织的社会自发的结社活动，通过自组织的方式弥补公共秩序供给的不足。

由于社会组织承担着一定的公共责任，尽管这种公共性有大有小，它的成立和活动一定会被国家纳入到相应的规制之下，来实现国家对它的约束和规范，使之满足来自统治阶级或社会整体的合意性。这是社会组织不同于企业组织的重要区别，企业组织的活动以追求利润最大化为目标，国家对它的管制主要是产品质量的管理和税收的管理，而且商业活动越繁荣，意味着创造的社会财富越多，从而越能得到政府的支持和保护。而社会组织与此有着很大的不同，从理论上讲，社会组织公共性的不断增强，必然与政府的公共性产生竞争关系，特别是具有政治色彩的社会组织更是如此。因此，从一般意义上看，对社会组织采取一定的管制是必然的，只有让社会组织在政府让渡出的公共领地内从事由法律作出规定的活动，公共权力的掌控者才是放心的。

除了降低对政府的竞争外，政府对社会组织的管理还出于社会管理的需要。社会的构成要素是复杂多样的，作为构成社会的基本单元，社会组织的活动具有外溢性，没有一个对其进行管理的制度，一些负外部性将难以避免地会威胁到社会的自由和公民的合法权益，只有确立管理的基本法律，明确这类组织的成立、退出和运营的基本规范，才能使社会的整体利益得以保证。与此同时，大量的社会组织以公益性为自己的目标，它的有效运行有助于一个社会的公共利益，但是其赖以活动的资源一方面来自于社会捐赠，另一方面来自于政府公共财政，只有施加有效的管理，才能保证这类组织通过规范的渠道获得必要的资源，用以实现公益目标，也只有施加管理，才能保证资源出让者的权益，防止这类社会组织侵害社会的公共利益。

对社会组织加以管理，以及管理的宽严程度，在不同的国家和不同历史时期存在重大的差别。中国历史上的宗族组织，应该说是不受国家的直接管理的，但是统治阶级通过儒家文化所宣扬的意识形态，实际上已经为宗族组织套上了一个隐形的“紧箍咒”，从而使得封建社会的宗族组织按照统治阶级所倡导的意识形态行事，不偏离正轨。进入现代社会以来，不同国家对社会组织管理的差异，不是“管”与“不管”的差别，而是主要集中在管理的范围、宽紧程度和具体的方式上。不同国家对社会组织管理制度上的差异，根本上要取决于这个国家的历史传统、政治制度和法治环境。

（二）中国社会组织管理的基本制度

现阶段，中国的社会组织包括三个具体类别：社会团体、民办非企业单位（社会服务机构）和基金会。在国家管理的上述三个具体类别的社会组织中，不包括具有官方背景或政府举办的比如共青团、妇联等社会团体，因此实际上纳入到政府规制之内的社会组织主要是由民间力量举办的既非政府又非企业的组织类型。

世界上许多国家和地区都建立了对类似于中国的社会组织及其行为加以规制或监管的制度。但是，跟世界上大多数国家和地区的制度不同的是，我国现行的社会组织管理实行的是双重管理体制，即由登记管理机关和业务主管单位分别行使监督管理的职能，而不是由某个单一的政府部门来行使管理职能。在这种体制下，各级民政系统的登记管理机关统一归口对社会组织进行登记管理、执法检查和监督管理，其相应的职能通过相关法规的规定和各级政府授权加以明确。在登记管理统一归于民政部门负责的同时，相关法规还规定，与社会组织业务范围相关的政府职能部门或政府授权的单位，要作为社会组织的业务主管单位行使许可管理的职能。这样，任何社会组织首先要在业务主管部门获得许可，之后再经登记审批，才能获得合法身份。

在双重管理体制下，适应不同社会组织的性质、特点和社会对它们的需要，我国还采取了分类管理的制度，就是在划分三大类社会组织的基础上，进一步对社会组织作更细的分类。比如根据活动范围的大小，将一些主要在社区活动的社会组织称为社区社会组织；根据公益程度的高低，把其中主要从事慈善活动的社会组织界定为慈善组织；根据行业和活动领域的不同，又分为科技类、教育文化类、公益类社会组织等。根据对社会组织精细化的分类实施差别化的管理，对政治性、维权性社会组织采取限制发展的政策，对社会公益、教育、科技、文化有直接推动作用的社会组织，采取相对宽松的措施，鼓励和支持发展。同时，作为社会组织管理体制重要构成的制度，还包括分级管理制度，就是把社会组织申请地、业务活动区域与相应的行政管理归属地相对应，全国性社会组织的管理由国务院相关职能部门负责，地区性社会组织的管理权责由省、市、县相关职能部门负责。总体上，中国的社会组织管理是一种双重管理、分类管理、分级管理和归口管理相结合的体制，它的目标在于使社会组织在规范中有序发展，并能够充分地发挥出自身的积极功能。

1. 社会团体的管理

从 1989 年国务院颁布《社会团体登记管理条例》以来，我国基本建立了归口登记、双重负责、分级管理的社会团体管理体制，建立了以登记管理机关为主导、业务主管单位以及相关职能部门相互配合的行政管理体系。归口登记，是指除参加全国政协的群众团体和经国务院批准免于登记的团体之外，所有社会团体统一由县级以上各级民政部门登记，并颁发《社会团体法人登记证书》，其他任何部门无权登记社会团体。双重负责，是指社会团体要同时接受登记管理机关和业务主管单位的管理。民政部门作为业务登记管理机关，重点负责登记、年度检查和处罚监督等职责；国务院有关部门和县级以上各级人民政府有关部门、国务院或县级以上地方各级人民政府授权的组织，是有关行业、学科或者业务范围内社会团体的业务主管单位。业务主管单位的职责包括：负责社会团体筹备申请、成立登记、变更登记、注销登记前的审查；监督、指导社会团体遵守宪法、法律、法规和国家政策，依据其章程开展活动；负责社会团体年度检查的初审；协助登记管理机关和其他有关部门查处社会团体的违法行为；会同有关机关指导社会团体的清算；负责指导和管理社会团体的思想政治工作、党的建设、财务和人事管理、接受境外捐赠资助等。分级管理，是指社会团体按照行政层级进行管理，分层设置。全国性社会团体由国务院民政部门负责登记，地方性社会团体由相应的县级以上民政部门登记，跨区域的社会团体由上一级民政部门登记。社会团体之间是平等的民事主体，没有权利大小之分，没有隶属关系，也没有领导和被领导的关系。

根据经济社会发展的需要，我国对社会团体的发展采取了分类指导的方针，对社会团体进行梳理分类，在政策法规层面明确对不同社会团体的态度，分别采取鼓励发展、限制和禁止发展的政策措施。鼓励发展科技、文化、公益类以及促进市场经济发展的社团组织，比如，各类行业协会、商会等，同时严把登记入口关，对违反宪法、与国家法律法规相悖，不利于安定团结的社团组织不予登记，严格控制成立联谊类、业务宽泛不宜界定的社会团体。为了适应政社分开的需要，国家对社会团体中的行业协会管理体制进行了改革，各地在培育扶持、明确职能、政会分开、改进监管方式等方面进行了探索。近年来进一步推进行业协会商会与行政机关脱钩，解决一些行业协会找不到业务主管单位，无法正常成立的问题，又针对某些行业协会与业务主管单位过于密切，解决政社不分、行政化过重的问题。与此同时，适应建设创新型国家、适应基层社会治理创新的需要，大力培育发展学术性团体和城乡社区社团，适当放宽登记准入条件，加大扶持的力度，帮助这些社会组织完善内部治理结构、强化会员主体地位、创新组织机构建设、增强服务社会的功能。在培育扶持的同时不放松监督管理工作，以年度的检查为抓手，及时纠正社会团体在活动中存在的违规违法问题，加强社会团体评比达标、收费等方面管理，增强社会团体规范化管理的水平。

2. 基金会的管理

根据2004年国务院颁布实施的《基金会管理条例》（以下简称《条例》），基金会是指利用自然人、法人或者其他社会组织捐赠的财产，以从事公益事业为目的，而依法成立的非营利性法人。基金会的特征与“财产”“公益”“非营利法人”紧密相关。基金会中的资金是指机构或个人捐赠的“财产”，其实质是在捐赠基础上形成的公益财产及其社会关系，这是基金会设立及其价值实现的基础；“公益性”表明基金会财产的用途，体现基金会的宗旨和使命；“非营利法人”说明不以营利为目的，它的活动具有非分配性和志愿性。因此，基金会这类社会组织的本质，是基于捐赠的公益财产以基金形态存续，并得到相应的法律认可和保护的一种非营利组织形式。

基金会最大的特点是以社会公益为目的，在独立运作的前提下，引导其他社会组织和个人自愿地把一部分财富和收入捐赠出来，由它根据国家的法律法规，用于环境保护、教科文卫、扶贫济困等社会公益事业，服务社会、服务群众，体现社会公益精神，推动经济社会发展。基金会与政府组织、企业组织不同，也有别于一般的非营利组织，基金会具有公益性、非政府性和基金信托性。特别是基金会具有基金信托性，这是区别于一般非营利组织的显著特点。因为基金会在本质上是围绕公益财产在捐赠人、受托人和受益人之间达成的公益信托关系，基金会一方面要遵循捐赠人的意愿和公益宗旨有效地使用公益财产，确保最大限度地提供公益服务，保证受益人获益并提高其满意度；另一方面，通过有效的财产运作实现它所托管的公益财产保值增值目的，基金会在捐赠人、受托人和受益人三者之间信托关系的达成上起着决定性作用，体现着对公益资金的公益信托关系。

根据不同的标准，基金会可以分为若干类型。按照资金来源的不同，基金会分为公募基金会与非公募基金会，公募基金会与非公募基金会的区别，主要在于从事公益事业所需资金是否面向社会公众开展公开募捐。按照募集资金的地域范围，公募基金会可以分为全国性和地方性公募基金会，地方性公募基金会主要依靠接受特定对象的捐赠资金及其增值从事公益事业。根据捐赠来源的不同，非公募基金会可以分为独立基金会与共同基金会，独立基金会是由一个企业或个人独立捐赠成立的基金会；共同基金会则是由多个企业或个人共同捐赠成立的基金会。

改革开放以来，我国成立的第一家基金会是 1981 年由全国妇联、全国总工会、共青团中央和中国科协等全国性社团和单位发起设立的中国儿童少年基金会。此后，1982 年宋庆龄基金会成立、1984 年残疾人福利基金会成立，我国基金会发展的序幕由此拉开。伴随改革开放的步伐，各种冠以基金会之名的组织层出不穷，涉及众多领域，遍及全国各地。1988 年 9 月，国务院出台了《基金会管理办法》，这是中国改革开放以来首部规范基金会管理的行政法规，它将基金会定位为社会团体法人；2004 年 2 月，国务院颁布的《基金会管理条例》将基金会视为非营利性法人。国家层面的立法以及随后出台的相关法规政策的实施，使得基金会的管理逐步步入法制化和规范化的轨道。

一是基本确立了基金会管理的法规政策框架。以 2004 年国务院颁布的

《基金会管理条例》为支架，以《民间非营利组织会计制度》《基金会年度检查办法》《基金会信息公布办法》《关于公益性捐赠税前扣除有关问题的通知》《关于非营利组织企业所得税免税收入问题的通知》《关于非营利组织免税资格认定管理有关问题的通知》等相关部门规章政策相配套的基金会管理制度框架，规范了基金会的登记审批、资产管理、内部治理、信息披露、减免税收等诸多环节，对于激发基金会活力，促进公益事业发展起到了决定性作用。但是，以一部行政法规作为基金会管理的上位法，难以发挥基本法的功能，同时下位的部门规章相互间缺乏呼应，存在政策协调性不足等问题。

二是坚持分类指导原则，积极推动公募基金会的发展。对公募基金会的管理，以提高管理水平和开展公益活动的能力建设为重点，推动建立科学、民主的决策机制，加大社会监督的力度。对于非公募基金会的管理，以鼓励设立为重点，在基金会的名称、登记资格、资金使用等方面创造相对宽松的条件。对于企业和个人自愿从事公益慈善事业设立基金会的，由民政部门积极承担业务主管单位的职责，研究制定专门的章程示范文本，在负责人年龄和连任等方面放宽要求，以引导更多的个人和组织积极出资设立，促进社会公益事业。

三是建立规范的管理机制。首先，加强基金会自律管理。自律是基金会存在的基础也是发展的根本保障。为了增强自律性，在组织机构方面，民政部门要求基金会建立以章程为核心的各项自律制度，明确规定了理事会是基金会的决策机构，有针对性地规范了理事会的组成和议事决策程序、监事的设置和职能以防止基金会内部发生利益冲突；在财务管理方面，一方面规定了基金会用于从事章程规定的公益事业支出的比例，另一方面加强基金会的会计和财务管理工作。其次，完善税收优惠和信息公开制度，强化基金会的扶持与监管。一方面推动完善和落实涉及基金会的税收优惠政策，另一方面，在管理中强化“按照章程从事公益活动，遵循公开、透明的原则”，要求基金会公布年度工作报告，明确登记管理机关和业务主管单位在登记、日常监督和年检方面的职责，加强基金会年度检查、税务监督和会计监督。加强对基金会专项基金的管理，要求基金会对下设专项基金要严格履行监管职责，承担主体责任，严把专项基金设立的关口，规范名称使用、加强信息公开和全程监管。同时，委托社会力量承办，按照相应的标准，开展基金会评估工作，增强基金会自律规范的意识。

3. 民办非企业单位的管理

民办非企业单位是指企业事业单位、社会团体和其他社会力量以及公民个人利用非国有资产举办的，从事非营利性社会服务活动的社会组织。根据《民办非企业单位登记管理暂行条例》的相关规定，民办非企业单位有以下三个主要特性：一是民间性。民办非企业单位属于非政府组织的范畴，是指用非国有资产举办的一类组织。二是利润不分配。民办非企业单位不得从事营利性活动，而且实现的利润不能在投资者之间进行分配，只能用于符合其章程需要的公益事业；其解体时应将其清算后的剩余财产用于相关的公益事业。三是自主性。民办非企业单位不是任何组织或单位的附属机构，它一经合法登记，就具有合法的法律地位，可以在法律许可的范围内按章程独立自主地开展活动。

对民办非企业单位的管理，主要依据是1998年10月25日国务院颁布的《民办非企业单位登记管理暂行条例》，以及《民办非企业单位登记暂行办法》《民间非营利组织会计制度》等规章和相关政策文件。在设立环节，举办民办非企业单位，首先要由业务主管单位审查同意，方可依照登记管理暂行条例的规定向登记机关提起申请登记。经业务主管单位审查同意的民办非企业单位，申请登记时应当有规范的名称、必要的组织机构，有与其业务活动相适应的从业人员、合法财产和必要的场所。按照民政部的登记管理暂行办法，民办非企业单位分为民办非企业单位（法人）、民办非企业单位（合伙）和民办非企业单位（个体）三种形式；在变更登记和注销登记方面，如果需要修改章程或变更有关登记事项的，也应当先经业务主管单位审查同意后，于30日内向登记管理机关申请变更登记；当出现登记管理暂行条例规定的解散事项时，或者自行解散，或者因分立、合并以及其他原因需要注销登记的，民办非企业单位应当向所在地的登记管理机关提起注销申请，同时在办理注销登记前，应当在业务主管单位和其他有关机关的指导下，依法完成财产的清算。登记管理机关负责监督、指导民办非企业单位遵守法律法规和国家政策，按照章程开展活动；日常管理中要向业务主管单位报送上一年度的工作报告并接受登记管理机关开展的年度检查工作。

近年来，针对民办非企单位的称谓不规范、个体和合伙制民办非企业出资者权利与义务不对等等问题，改革民办非企业单位管理制度被提上了日程。民政部2016年4月对外发布的《〈民办非企业单位登记管理暂行条例〉修订草案征求意见稿》提出的修改内容主要包括：一是将民办非企业单位的称谓改为社会服务机构，对这类社会组织进行了重新定义。二是对科技类、公益慈善类、城乡社区服务类社会服务机构实行直接登记，除此之外其他社会服务机构的设立，依然需要业务主管单位审查；需要行业许可的，应当依法向有关行业审批机关申请行业许可证或者批准文件。三是取消了个体型、合伙型社会服务机构，将社会服务机构统一为非营利性法人。四是允许县级登记的社会服务机构在住所地范围内设立分支机构。五是对社会服务机构内部组织机构、活动准则和财产管理作出新的规定。六是落实国务院关于简政放权、加强事中事后监管的要求，将日常管理的方式由年度检查调整为社会服务机构年度工作报告和信息公开制度，登记管理机关将通过随机抽查的方式加强监管。

（三）社会组织管理制度改革进展

近年来，根据经济社会发展新形势和加强社会治理的需要，我国对社会组织管理制度进行了相应的改革，确立了分类设计、统一登记、“去行政化”、培育发展与监督管理并举等一系列改革的具体思路，推动了社会组织改革取得明显进展。

第一，启动了行业协会商会与行政机关脱钩改革试点。在我国的各类社会团体中，行业协会商会正以年均10%到15%的速度快速增长，在反映会员诉求、参与相关产业行业政策的研究制定、加强行业自律、完善行业管理、协调国际贸易纠纷、维护会员合法权益等方面日益发挥着重要作用。但是，一些地方和部门以及社会舆论对行业协会商会地位作用的认识还停留在计划经济时代；特别是一些行业协会商会是随着政府机构改革和专业部门的撤销设立的，与政府之间存在着千丝万缕的联系，一些行政主管部门习惯于将协会商会作为其附属机构直接指挥，影响了行业协会商会作为独立法人主体自主地开展活动，有些行业协会甚至借助行政主管部门的影响向会员企业摊派会费，热衷于搞评比表彰，增加了企业负担，助长了不正之风。切断行业协会商会与政府部门之间的不合理关系，还原行业协会商会的本来面目，促进这类社会组织健康可持续发展成为改革的必然选择。

2015年，中办、国办印发了《行业协会商会与行政机关脱钩总体方案》，民政部、发展改革委联合印发了《关于做好全国性行业协会商会与行政机关脱钩试点工作的通知》，民政部印发了《全国性行业协会商会负责人任职管理办法（试行）》，协调推动有关部门制定党建、机构编制、外事、行业公共信息平台、国有资产、经费支持方式改革、购买服务、办公用房等方面多个配套文件。国务院成立了脱钩联合工作组，确定了2015年全国性行业协会商会脱钩试点名单，印发了《关于做好地方行业协会商会与行政机关脱钩第一批试点工作的通知》。根据分级管理的要求，民政部牵头负责全国性行业协会商会脱钩试点工作，2016年确定100个全国性行业协会商会启动了第一批改革试点，之后逐步扩大试点范围，在脱钩试点过程中，按照“谁主管、谁负责”的原则，制订改革试点方案，稳妥推动脱钩分离试点工作。在地方性行业协会商会层面，由各省（自治区、直辖市）负责组织开展脱钩试点，同样要求逐步扩大试点范围，完善试点政策，稳妥审慎推开。黑龙江、辽宁、福建、湖北等一些省份的行业协会商会脱钩改革被列入当地党委政府改革的重点项目，改革取得了显著进展。

第二，启动了部分社会组织直接登记制度改革。为了突破双重管理体制存在的制约，从2004年开始，我国在深圳率先开展了社会组织管理制度改革，降低双重管理带来的高门槛准入问题。一是设立政府直属机构“行业协会署”，打破了行业协会“二元管理”体制，推动行业协会民间化。二是以行业协会商会等经济类社团组织登记为试点，试行直接登记的制度，在此基础上，将社会组织直接登记管理的范围，从行业协会扩大到工商经济类、社会福利类、公益慈善类三类社会组织。深圳市运用特区立法权的优势，为全国社会组织管理制度改革探索了路径、作出了示范。

2013年3月，十二届全国人大一次会议通过的《国务院机构改革和职能转变方案》提出“改革社会组织管理制度”，“重点培育、优先发展行业协会商会类、科技类、公益慈善类、城乡社区服务类社会组织。根据机构改革的方案，上述四类社会组织的成立，可以不必再由业务主管单位审批，可直接向民政部门提起登记申请，大大简化了社会组织登记管理的程序。与此同时，按照国务院深化行政审批制度改革的统一部署，民政部在社会组织登记管理上取消了对全国性社会团体筹备成立和社会团体分支（代表）机构设立、变更、注销登记的审批，把基金会和异地商会登记审批权限从省级以上民政部门下放到县级民政部门。在国家层面的改革推动下，2014年全国有27个省（自治区、直辖市）以省级政府名义出台了社会组织直接登记政策文件，社会组织直接登记管理工作在全国全面推行，其中，广东、安徽、江苏、浙江、北京等省市直接登记的社会组织数量较多，行业协会商会类和公益慈善类社会组织所占比例较大。

第三，完善社会组织政策环境和强化综合监管。2015 年国务院取消了公益性捐赠税前扣除资格确认审批。中办出台了《关于加强社会组织党的建设工作的意见（试行）》。修订了社会团体章程示范文本和非公募基金会章程示范文本。民政部会同财政部联合印发了《关于规范全国性社会组织年度财务审计工作的通知》，放开了年度审计的会计事务所选聘，提出年度审计工作规范；民政部出台了基金会专项基金管理的规定；启动实施了社会组织统一社会信用代码制度改革，强化社会组织综合监管机制建设。在事中事后环节，加强对社会组织的财务信息公开、年度检查、抽查审计等监督，完善第三方评估机制；建立了民政部、外交部、教育部、工业和信息化部、公安部、安全部、文化部、人民银行、税务总局、工商总局等 10 部门组成的社会组织联合执法机制，强化社会组织综合监管。

三、社会组织发展和管理制度改革面临的新形势

党的十八届三中全会首次提出国家治理体系和治理能力现代化的历史命题，在社会组织方面明确指出，“要激发社会组织活力，加快实施政社分开，推进社会组织明确权责、依法自治、发挥作用”。党的十八届五中全会通过的国民经济和社会发展“十三五”规划纲要提出，“健全社会组织管理制度，形成政社分开、权责明确、依法自治的现代社会组织体制”。2016 年中共中央办公厅、国务院办公厅印发《关于改革社会组织管理制度促进社会组织健康有序发展的意见》，首次提出“走中国特色社会组织发展道路”，指明了社会组织发展的目标和方向。在党的重大会议和重大改革部署中，高度重视社会组织的管理及其作用发挥，充分体现了社会组织在中国特色社会主义事业中的不可或缺性，对发挥社会组织作用寄予重大期待，预示着社会组织的发展迎来重要机遇期。

（一）国家治理体系建设为社会组织发展提供了重大机遇

在中国特色社会主义建设中，推进国家治理体系和治理能力现代化是需

要政府和社会协同努力才能实现的重大历史任务。国家治理体系和治理能力现代化有着极为丰富的制度内涵和实践意义。它应当是国家治理体系的制度化、规范化、程序化，应当是在国家的法律法规框架下，政府依法治理与社会有序参与的有机统一。这种全新的国家治理观念，意味着我国长期以来对社会采取的一元化管理模式必将成为历史，而动员社会力量一起协同参与治理社会事务将是顺应社会发展的必由之路，这是党的执政理念上的巨大进步。

以“治理”的理念指引和完善国家治理体系、提升国家治理水平，对社会组织的发展和影响极为深远。本质上，社会组织是社会成员自我结社、自我管理的有效载体，在现代社会中，社会组织与政府和企业具有同等的地位，一个社会如果具有足够而有效的社会组织，在国家的法律框架下必然有利于这个社会的治理。国家治理体系和治理能力这一重大历史命题的提出，必然要求我们深化对社会组织本质属性的认识，必然会使社会组织在社会建设中的重要主体地位得到认可，必然会进一步健全和完善具有中国特色的社会组织管理制度，优化社会组织发展的制度环境，对社会组织的扶持力度也将同步得到加强。在一定意义上，推进国家治理体系和治理能力建设，是从战略全局和方向上为社会组织的发展提供了前所未有的机遇。

（二）日益增长的多样化多元化社会需求为社会组织发展提供了广阔舞台

经过改革开放 30 多年的发展，我国已经成为世界第二大经济体，2015 年国内生产总值达到 67.67 万亿元，人均 GDP 约合 8016 美元，全年全国居民人均可支配收入 21966 元，城镇居民人均可支配收入 31195 元，农村居民人均可支配收入 11422 元；全国居民人均消费支出 15712 元，城镇居民人均消费支出 21392 元，农村居民人均消费支出 9223 元。[①] 城乡居民恩格尔系数从改革开放初期的 60%逐步降到 30%—40%。虽然跟一些发达国家相比，我国的发展水平还偏低，但是我国的发展和进步在全世界范围内是最快的，尤其是社会福祉的进步程度最大。伴随着经济发展水平和人民生活水平的提高，城乡居民从过去追求温饱为主的需求逐步向更高层次的需求转变。人们的一些重要期盼已经不再是基于温饱的点点滴滴，而是提高生活质量的方方面面，人们的一些重要关注点和诉求，也主要转向了住房、环境质量、食品安全、物价

① 中国 2015 年国民经济和社会发展统计公报。

水平、社会参与和自身权益的保护上，尤其是强调社会参与和社会保护的诉求更为突出。在这样一个迈上更高水平的发展阶段上，社会的需求变得更为多样和精细，满足这种需求的供给除了政府为代表的公共部门和企业组织之外，也更加需要不以营利为目的的各类社会组织提供的社会服务，特别是与群众日常生活和社区参与相关的需求，更加依赖社会组织在其中发挥桥梁纽带、组织协调、反映诉求、自我管理等方面的积极作用。社会组织根植于公众和基层社会，熟知其所属行业和会员的利益需求，它可以为个人提供个性化服务，比如，慈善组织为贫困群众提供援助等；一些企业组织的需求，也可以通过行业协会商会等社会组织来提供。在维护公众合法权益方面，社会组织能够以组织化、制度化的表达方式向政府部门反映公众的意愿，维护其自身合法权益。因此，在迈向更高阶段的进程中，需要社会组织来发挥作用，满足社会日益增长的多样化多层次需求的舞台越来越广阔。

（三）政府简政放权和职能转变为社会组织发展创造了有利条件

党的十八大以来，“简政放权”和政府职能转变是中国全面深化改革的重要任务。简政放权、深化行政审批制度改革，是经济体制改革的核心问题，也是政府自身改革的重要抓手；政府职能转变，意味着要厘清政府与市场的关系、政府与社会的关系，把政府的职责聚焦到宏观调控、市场监管和公共服务上来，坚持有所为与有所不为的原则，用政府权力的“减法”换取企业和社会活力的“乘法”。

截至 2014 年年底，国务院已经取消下放 9 批共 798 项行政审批事项；2015 年取消和下放 311 项行政审批事项，并取消了 123 项职业资格许可和认定事项，彻底终结了非行政许可审批。这一轮的简政放权改革对于进一步激发市场主体内在活力、提高政府治理能力、提升社会创造力发挥了非常明显的促进作用，是中国在经济新常态背景下进入经济结构战略性调整阶段所采取的重大战略性举措。也要看到，政府简政放权，政府的职责范围在缩小、边界更加清晰，但是若没有一个职能转移的承接机制，减掉的行政审批和规范事项若没有一个良好的自律机制，简政放权和政府职能转变的改革终将无法有效落到实处，甚至还会造成社会秩序的混乱，最终使公共权力和社会权力之间的良性互动关系无法有效达成。为了防范和解决这些问题，政府更加重视社会组织在承接政府转移职能中的特殊优势和作用，而且释放的政策信号和改革举措已经越来越明确。比如，党的十六届四中全会通过的《中共中央关于党的执政能力建设的决定》明确提出“发挥社团、行业组织和社会中介组织提供服务、反映诉求、规范行为的作用”；十二届全国人大一次会议通过的《国务院机构改革和职能转变方案》，以及十八届三中全会通过的《中共中央关于全面深化改革若干重大问题的决定》进一步明确提出激发社会组织活力，加快实施政社分开，推进社会组织明确权责、依法自治、发挥作用；在中办国办《关于改革社会组织管理制度促进社会组织健康有序发展的意见》中，明确提出要将适合由社会组织提供的公共服务和解决的事项交由社会组织承担。这充分体现了党中央国务院在推进政府职能转变和简政放权改革的过程中，已经同步考虑政府转移职能的承接和政府公共服务的补位问题，而且随着改革的深入，在相关重要文件中作出的决策和部署会得到进一步的推动落实。在政府明确的政策导向下，政府与社会组织的关系将更加明晰，围绕政府转移职能的承接，将形成一种新型的政社合作机制，这个大趋势将催生越来越多的合格社会组织担当起政府职能的承接者和社会服务供给者的角色。

总之，我国的社会组织将迎来难得的发展机遇，这种机遇是我国改革发展的需要所带来的，是党中央国务院顺应社会组织发展的需要而顺势改革所创造的。站在社会组织的角度看，发展的机遇和空间是非常广阔的，而从政府管理的角度看，社会组织的发展依然还面临诸多挑战。

第一，与社会组织高度活跃相适应的社会条件还有待充分发育。社会组织不是一夜之间就能发展起来的，它的发展需要一定的社会环境和条件，如果社会的认同、国民对社会组织的需求达不到一定的程度，单凭政府一己之愿来促动，社会组织发展的效果最终也达不到理想状态。美国等社会组织发展程度较高的一些发达国家的经验表明，公民具有的公共意识较高，依法结社和诚信自律的形成往往也就相对容易一些；一个国家所积累的社会财富越雄厚丰富，各类基金会生成的概率就越高；社会的法治化程度、国民素质和社会自治水平越高，自发结成社会组织的内在动力就越强。同时，社会组织的活跃程度还跟一个国家的制度结构高度相关，一般而言，集权型管制体制之下，自然不会为社会组织的存在留下多少空间。

从这些制约社会组织成长发育的条件看，中国的改革开放虽然极大地解放了社会生产力，激发了社会旺盛活力，但是中国的现代化水平还比较低，城乡之间、地区之间、区域之间和不同群体之间不平衡、不平等和不协调的问题还没有根本解决，政府与社会的关系还没有理顺，社会组织的发展所需要的公民权利意识、公共精神和社会的法治环境还存在很大差距，还有相当一部分社会成员对社会组织的性质、功能和作用存在不少错误的认识。因此社会组织的发展在很大程度上要取决于这些约束和社会条件的具备情况，而这一切又都有赖于中国特色社会主义事业的建设程度，这一过程注定是一个长期而渐进的过程。社会组织的发展只能尊重客观规律，不能超越发展的阶段而盲目地求快求多，否则只会揠苗助长，适得其反。

第二，现阶段社会组织自我发展的能力还显著不足。改革开放以来，在我国经济、科技、文化、教育、环保等领域，各类依法登记的社会组织在提供就业、服务社会、规范行为等多个方面发挥着不可替代的作用，这是应当充分肯定的成就，但与数以万计的企业组织相比，社会组织的自我发展能力还有很大的差距。主要表现在：一是非营利性不足。一些教育、卫生领域的社会服务机构虽然登记为非营利性社会组织，从事的却是直接获取利润的营利性活动，有些社会组织成立的动机就是为获得非营利组织免税的资格，还有些社团组织违规发展会员、违规举办评比活动，向一些企业个人收取费用，大捞其钱。二是治理结构不健全。一些社会组织内部机构设置不健全，规章制度和决策程序不完善，决策运营等缺乏监督，有些组织虽有成文的章程及规章制度，却因缺少专职人员、财力不足等原因，其目标和宗旨难以有效实现。三是发展机制不成熟。政府在社会组织近年来的发展中发挥了重要推动作用，通过购买服务、提供孵化平台、允许参与公办社会服务机构运营等方式，使一些社会组织获得了发展的资金和项目，而一旦脱离了政府的扶持或者以竞争方式获得政府的扶持，必然会使大批社会组织遭到淘汰；另一方面，社会组织的发展普遍面临高素质专业人才短缺的问题，有些社会组织缺少稳定的专职人员，一些社会组织沿袭原有“单位制”体制下传统的管理方法，应对市场化、社会化管理实践的能力不足，在经费筹措、宣传沟通、活动组织、资源整合和内部管理等方面的不足和问题正在逐步显现出来。总体上，我国的社会组织还处在发展的初级阶段，要发挥社会所期望的功能和作用，必定还有很长一段路要走。

第三，从管理的角度看，政府对社会组织的培育和监管同样面临着不少挑战。首先，社会组织培育手段不足、限度难以把握。从社会的需要看，一些社会急需、诚信可靠的社会组织的确应当有一个大的发展，而现阶段仅靠社会自发生成的机制显然难以达到合意的目标，因此在社会组织发展的初期需要政府伸出“有形之手”加以扶持引导，但是政府能用的手段不是无限的，社会组织要步入良性运行轨道关键还要靠自身。与此同时，政府要扶持哪些社会组织、扶持力度该多大这些问题也是政府需要考量的重要方面。其次，对社会组织监管的能力不足。客观上讲，现阶段我国社会组织在发展中还夹杂着不少乱象，只有坚持依法监管，对非法社会组织及社会组织中的不良行为依法予以取缔和打击，社会组织的发展才能朝着符合人民群众利益的方向迈入健康可持续发展的轨道，但是规范社会组织管理需要一定的方式、手段、人力和健全的法规制度体系，由于近年来我国社会组织的发展过于迅速，从全面从严管控到有限制地放开和分类支持这一政策上的转变，对于管理部门而言，还没有完全建立起相对完善的管理制度，一时之间出现了监管跟不上社会组织发展的形势。同时，随着社会组织管理制度改革的不断深化，社会组织的准入门槛降低，直接登记的社会组织大批涌现，大量原来由业务主管部门承担的监督管理职责大规模地转向登记管理机关，这对登记管理机关的监管方式、监管能力提出了极大挑战。更为严峻的是，未来对社会组织的管理，不仅是准入上的登记管理，更要加强事中事后的管理，更要突出加强党的建设的管理，更要注重综合监管，这种全新的管理模式的构建注定要随着社会组织发展的实践而逐步地探索完善。

四、社会组织管理制度改革的实施路径

2016 年 2 月中办、国办印发《关于改革社会组织管理制度促进社会组织健康有序发展的意见》（以下简称两办《意见》），对进一步改革社会组织管理制度进行了顶层设计。这一《意见》提出的顶层设计是今后推进社会组织管理制度改革的指导性文件，也是社会组织发展的重要遵循。研究中国社会组织的改革与发展问题，就要在这一纲领性文件的指引下，探讨相关的制度设计和政策路径。

（一）明确社会组织发展的目标

对于社会组织发展的目标，《意见》明确提出到 2020 年“结构合理、功

能完善、竞争有序、诚信自律、充满活力的社会组织发展格局基本形成”。这一目标中，包含着对社会组织结构、功能和自我管理等方面的要求。“结构合理”，就是要实现社会组织在类型、规模、功能、城乡和区域分布等方面更加趋向合理；功能完善，就是社会组织在服务社会、服务居民、服务国家方面具有完备的功能，真正成为提供服务、反映诉求、规范行为、促进和谐的重要力量；竞争有序，是指国家保护一切合法社会组织依法竞争，所有的社会组织在相同的制度环境中平等地参与社会治理和公共服务活动，建立有序的社会组织进退机制；诚信自律和充满活力，是指社会组织的法治意识、自我约束意识、社会责任意识显著提高，自我约束、自我管理、守法运行成为常态，而且广泛活跃在社会生活的方方面面。

（二）完善社会组织发展的策略

社会组织的发展具有一定的内在规律性，它一方面需要经济社会发展到一定的阶段，另一方面也离不开适宜的制度环境。从我国的现实看，随着经济发展和社会文明程度的不断进步，社会组织发展所需要的社会条件必然会自发地走向完善和成熟，不过这个过程可能极为漫长，若要使社会组织在未来我国的国家治理体系中发挥更积极的作用，必须有意识地加以推动和促进。

第一，确立与经济社会发展相适应的预期目标，搞清楚“需要多少、需要怎样的社会组织”。我国目前的社会组织，无论数量、结构还是功能作用与国家总人口和国民经济的总量相比还处在较低的水平上，与我国发展的实际需要不相匹配。未来符合我国需要的社会组织，至少应当符合以下特征：一是与社会发展所呈现的人口流动性和老龄化加剧、社会的组织多样化、社会结构原子化和社会成员利益多元化相适应，与国家治理体系和治理能力现代化的需要相契合。二是在政府职能转变的过程中，能够承担起政府转移出的职能，参与社会的管理和服务提供，以政府“帮手”而不是“对手”的面目出现。三是坚守公益理念，能够依法组织和规范运作，实现自律管理、自我服务、自行监督，积极造福社会、造福人民，为社会协调运转起到积极作用。同时，符合我们根本利益的社会组织，一定是自觉遵守宪法和法律法规的社会组织，必须是自觉坚持党的领导的社会组织。对这些问题有了深刻的把握，才能搞清楚哪些社会组织鼓励发展、哪些社会组织限制发展、哪些社会组织禁止发展等根本性问题。要研究国外一些国家在不同发展阶段上社会组织的结构、类型和特点，掌握经济发展阶段和居民生活水平、社会的人口结构、社会总体的需求变化与社会组织规模、结构之间的关系，在此基础上，尊重社会组织发展规律，结合对社会矛盾和社会问题的判断，运用政策手段，特别是寓培育和支持的政策于监管手段之中，消除社会组织正常发展的障碍，为符合社会发展需要的更多的社会组织提供创立和发展的条件。

第二，坚持“放”“管”并重、培育和监管不可偏废的原则。两办《意见》明确提出，社会组织的发展需要坚持“放”“管”并重的原则。这一重大原则的提出，反映了政府管理部门对中国现阶段社会组织所持的根本性观点。“放”不是放任自流、放手不管，而是放低准入的“门槛”，简化登记注册的手续，支持它们充分发挥积极作用；“管”不是管死，应当是有限度的管，而且是以规范为目的的管。“放”与“管”，是推动社会组织发展的两个轮子，两轮齐驱，方行大道。与“放”“管”并重原则相联系，“意见”还提出要“一手抓积极引导发展，一手抓严格依法管理”。可以说，这是现阶段正确处理社会组织管理和发展两者关系的根本指导原则。之所以要“放”，是出于简政放权的需要，一方面取消不必要的审批，降低社会组织准入“门槛”，同时下放部分审批权限，使社会组织的管理与其活动范围相对等；另一方面，消除社会组织行政化倾向，厘清政府与社会组织之间的关系，支持社会组织依法依规自主管理运营。之所以要“管”，有两个方面的原因：一是由社会组织的公益属性决定的。社会组织的公益性来自于社会的授权，任何社会组织对公益性的违背，都会侵害整个社会的公益性，因而政府代表公共权力必须对社会组织进行监管，确保公益性不至于受到损害。二是降低准入门槛，意味着放松了社会组织入口的管理，必然会给一些良莠不齐的社会组织提供可乘之机，因而必须同步强化事中事后监管，才能维护社会组织发展的良好秩序。

在目前阶段上，只有加强监管，才能使社会组织在规范中发展壮大，也只有强化规范化管理，才能促进产生更多合格的社会组织。在现阶段，“培育”和“监管”是一个问题的两个方面，不存在谁先谁后的关系，而是处在同等地位，两者不可偏废。当前和今后一段时期，就是要在这个原则的指引下，一方面将挡在社会组织依法登记门口的障碍逐步清除，并使社会组织有效纳入到政府严格管理的体系中来，维护社会组织发展的秩序；另一方面，政府还要创造公平的竞争环境，推行符合非营利性组织特点的税收政策和管理制度，通过政府购买服务、孵化扶持等手段，积极地扶持一批社会组织，发挥它们的示范引领作用，使社会组织活力得到激发。

第三，正确处理政府与社会的关系，坚持推进政社分开。政社分开是政府与社会组织确立正确的权责关系的关键环节。社会组织本质上是非政府力量举办的组织形式，它虽然要接受政府的行政管理，但跟政府部门之间不应该存在从属或隶属关系。社会组织管理上的政社分开，包括组织形式上的分开、行为权责上的分开、决策管理上的分开等。长期以来，由于登记成立社会组织需要业务主管单位审批同意，导致一些政府部门直接插手社会组织的人事任命、财务管理和日常决策，更有相当一部分社会组织由业务主管单位直接设立，这些社会组织变相成为业务主管单位的附属机构，社会组织领域政社不分的问题比较突出，使社会组织的功能作用发生了错位。推行政社分开，首先，需要继续推进去行政化，收回业务主管单位伸向社会组织的干预之手，彻底实现与行政机关脱钩，消除公共权力对它的影响，尤其要将各种类型的官办社会组织跟行政机关彻底脱钩。其次，要明确关系，明确政府管理社会组织的权力边界，做到既不越权越位又不能失责缺位，把政府该管的事情管起来，把政府该提供的公共服务提供好。还有就是要放权，将适合由社会组织承接和承办的事项，交由社会组织来承担，同时建立评估标准和第三方评估机制，以及建立社会组织承接职能的淘汰机制。

（三）确立社会组织发展的路径

第一，修订完善“三大条例”，适当时候启动社会组织立法。社会组织管理和发展的根本途径是进入法治化轨道，在法治的框架下，登记管理机关依法实施登记和监管，各类社会组织守法经营，开展活动。只有通过法治化，才能在政府与社会组织之间建立起稳定的关系，从制度上为社会组织发展提供稳定的预期。我国社会组织的发展中，主要靠三部行政法规来规范登记、监督管理，法律位阶不高，造成一些重大关系的界定模糊不清，在一些问题上无法与相关法律兼容配套，不仅无法适应社会组织发展的需要，也难以满足登记管理机关的需要。特别是涉外社会组织的管理主要依靠部门规章来规范，不能设定行政许可，影响涉外社会组织的管理。当务之急是尽快修订出台《社会团体登记管理条例》《基金会管理条例》《民办非企业单位登记管理暂行条例》，增强法规与其他相关法律的配套性，将经济社会发展对社会组织的要求体现到相关法规中去。要根据修订的法规，进一步制定和完善社会组织管理和分类登记的具体标准和办法。同时，要及时总结社会组织登记管理中形成的稳定成熟的做法，借鉴国际经验，在经过10—20年的探索和实践基础上，研究出台“社会组织法”，使之与慈善法、税法等法律相衔接，并替代现行的三个行政法规，从法律上为社会组织的发展提供制度保障。这个过程可能需要很长的时间，要在社会组织的发展和管理中，对亟待需要调整和规范的环节进行充分的探索与完善，最终形成完善而成熟的模式，为国家层面法律的出台奠定坚实基础。

第二，制订和完善社会组织改革落实的具体方案和路线图。近年来，社会组织改革的力度之大、步伐之大是前所未有的，不仅涉及部分社会组织直接登记、取消社会组织税前资格审批以及加强社会组织党的建设等，而且这些改革方针是符合中国的政治制度和发展的阶段性特征的，也是中国社会组织发展的必然要求。应该说，社会组织管理制度改革和发展的方针已经全部由两办《意见》固定下来，《意见》是全面深化改革中社会组织创新发展的纲领性文件，保守一点讲，它确立的改革思路至少也要管5—10年。这些改革举措落到实处绝不是一件简单的事情，需要建立各项具体的制度措施，完善体制机制，创新培育监管的方式手段。当前需要根据社会组织培育发展和监督管理的总体方案，进一步完善分类管理的政策，针对不同类别的社会组织采取不同的登记管理制度和扶持手段，该直接登记的要完善直接登记的制度和流程，该由业务主管部门事前审批的，要明确和落实业务主管部门的责任，对于社会急需发展的社会组织，要进一步完善政府购买服务、税收优惠政策，使国家推进社会组织改革的利好政策能够让社会可以感知和获得，转变为促进社会组织健康发展的内在动力。同时，要研究解决社会组织管理体制不顺畅、监管力量薄弱、综合管理体系不完善等问题，使之全面适应社会组织管理制度改革的需要。

第三，树立在服务中实施管理的理念。政府与社会组织的关系，不是简单的管理与被管理关系，而是在管理中提供服务或者说寓管理于服务中。目前，只有从管制转向服务，才能确保社会组织遵守法律法规规定的义务的同时，积极参与到公共服务和公共事务管理中来。因此，政府转变理念的突破口，一是要贯彻简政放权的要求，尽量简化登记程序，哪些需要筹备时申请，哪些可以直接登记申请都要进一步明确，哪些可以最大限度地缩短审批时限，简化审批的流程，也要作出明确，从而进一步方便社会组织，提高办事效率。二是要推动职能转移和购买服务。政府要为社会组织参与公共服务搭建平台，梳理出政府转移职能目录、可以由社会组织承担的服务事项目录以及有资格承接服务的社会组织目录，制定竞争性购买机制，使社会组织能够公平地参与到承接政府公共服务中来。三是加大专项经费的资助力度。从非政府组织的扶持角度看，大多数国家和地区都采取财政资助和税收优惠的措施对社会组织进行明补或暗补。目前，中央财政安排的经费还显著偏少，各级财政都应当根据财力状况，建立相应的扶持基金，明确扶持范围、申报条件和资金用途，通过资助引导社会组织树立服务社会的意识，提升社会组织的服务功能。与此同时，还应该研究制定社会组织专职工作人员权益保障政策，保障社会组织从业人员的合法权益。督促社会组织建立和完善工作人员劳动用工制度，完善社会组织人员流动、人员招聘、户籍管理、档案管理、职称评聘、福利保障等具体政策措施。

第四，加强社会组织监管。社会组织直接登记改革的推进，对民政部门而言加重了监管责任，如何在大力发展社会组织的同时，同步加强监管，确保社会组织发展的正确方向，是摆在面前的重大挑战。要厘清“管”的范围、重点、方式和手段等基本问题，做到既符合改革的精神，又能管得起来。从纵向上看，必须完善和落实分级管理的体制，不同层级上登记成立的社会组织要在相应的层级落实监管责任。从横向上看，要建立和落实综合监管机制，使不同部门的职责落到实处。民政部门重点把好入口关，抓住名称、章程、发起人和负责人三个重点环节，突出资金管理、活动管理两大领域，运用信用管理、年检管理、抽检管理等手段，强化对社会组织的管理。要完善各部门各司其职的综合监管体制，建立以民政部门为牵头，相关部门参与，并与行政、党纪、司法衔接配合的监管工作机制。最好的监管的方式是全社会都参与到社会组织的监督中来，要出台相关的政策，扩大社会组织信息公开的力度，建立由第三方承担的社会组织评估机制和投诉举报机制，通过广泛的社会监督，倒逼社会组织依法依规开展活动。

| 第七章 |

军人优抚安置制度改革

军人优抚安置制度是我国社会保障体系的重要组成部分。目前优抚安置工作面临不少新情况、新问题，亟待深化制度改革，建立适应国防和军队建设需要、与社会主义市场经济体制相协调的新型优抚安置制度。本章重点分析优抚安置存在的突出问题，从顶层设计的角度，提出有关改革的思路建议。

一、优抚安置工作的发展演变

改革开放以来，我国传统计划经济体制逐渐打破，军人优抚安置制度随改革的推进加快建立与市场经济体制相适应的新型制度体系，迄今为止，优抚安置制度的改革仍在进行之中。大体上，新中国成立以来的优抚安置制度主要经历了三个重要阶段。

（一）创立阶段

1949 年新中国成立后的十年，是我国优抚安置制度的创立阶段。由于经历了长年的战乱，迅速医治战争给军人及其家属带来的创伤，妥善地安置复员退伍军人成为摆在新生政权面前的重要任务。在这种形势下，建立统一的优抚安置制度提上了日程。这一时期，确立了“必须全面地贯彻国家抚恤和群众优待相结合”“集体优待和国家补助相结合、政治教育与物质优待相结合、优待烈军属与保障五保户相结合”以及退伍义务兵“从哪里来，回哪里去”等原则；国家建立了优抚医院、光荣院等为优抚对象提供供养、康复服务的专门机构，对优抚对象采取发放抚恤金和生活补助费等方式解决生活困难，颁布了《中华人民共和国兵役法》，制定了《革命烈士家属革命军人家属优待暂行条例》《革命残废军人优待抚恤暂行条例》《革命军人牺牲病故褒恤暂行条例》《复员退役军人安置暂行办法》等一大批法规政策，使优抚安置工作逐步纳入制度化轨道，奠定了中国优抚安置制度发展的基础。

（二）停滞混乱阶段

1966—1976 年是“文化大革命”的十年。由于受“左”倾错误思想的干扰，新中国成立以来的各项制度和经济社会发展秩序遭到了严重破坏，包括优抚安置工作在内的各项社会事业处于中断停滞状态。这个时期，中央政府主管优抚安置业务的内务部被撤销，优抚拥军优属交由财政部管理，优抚安置部门受到严重削弱，优抚工作停滞、政策废弛，优抚对象的各项权益得不到维护，大批优抚对象甚至遭到迫害，造成了许多冤假错案。一些烈士纪念建筑设施被损坏，初步建立起来的优抚安置制度遭到了严重破坏。

（三）调整恢复阶段

1978 年第五届全国人民代表大会第一次会议通过了关于恢复民政部的决议，优抚安置局作为民政部四个职能业务司局之一，主要负责优待抚恤、退伍安置、烈士褒扬、拥军优属等业务。随着民政部门的恢复，大约用了三年左右时间，优抚保障工作逐步恢复到了以前的水平。这个时期在全国范围内进行了优抚安置工作的拨乱反正，开展了近 560 万优抚对象大普查，优抚领域中的数万起冤假错案得以平反，一些废弛的政策重新得到了贯彻落实。从 1979 年起，逐步确立了烈军属和复员军人的定期定量补助政策，后又改为定期补助金，实现了由中央财政负担；以发放优待金代替了以劳动日计算优待的标准，同时调整和提高了各项抚恤补助标准和政策。开展对越自卫还击战支前和战后的抚慰工作，拥军优属的优良传统得到了恢复和发扬。

（四）改革创新阶段

从 20 世纪 80 年代至今，优抚安置工作逐步迈上改革创新阶段。这一阶段，优抚安置工作在各级党委政府的正确领导、各有关部门的大力支持和军地上下的共同努力下，得到了长足发展，取得了显著成绩。一是政策法规体系进一步健全和完善。围绕拥军优属、优待抚恤、军休安置、退伍安置四大业务，先后颁发了《军人抚恤优待条例》《革命烈士褒扬条例》《退伍义务兵安置条例》《关于进一步做好军队离休退休干部移交政府安置管理工作的意见》《全国双拥工作会议纪要》等纲领性文件，制定出台了与之相配套的《优抚对象医疗保障办法》《关于扶持城镇退役士兵自谋职业优惠政策》等一批政策性文件。这些政策法规的出台，标志着与当时的市场经济特点相适应、与国防建设相协调、与法律法规相衔接的拥军优抚安置政策法规体系基本形成。二是优抚安置保障水平进一步提高。30 多年来，各地积极推进抚恤补助标准与人民群众生活水平同步提高的自然增长机制，中央财政多次提高残疾军人、烈军属定期抚恤金标准和在乡退伍红军老战士、军队离退休干部的生活补助标准，实现了优抚安置对象与人民群众共享经济社会发展成果。三是政策调整经历了计划性向市场性、单一性向系统化转变的发展阶段。1988 年出台了我国第一部综合性的优抚基本法规《军人抚恤优待条例》，确立了“思想教育、扶持生产、社会优待、依法保障”的优抚工作方针。2004 年国务院、中央军委公布了新修订的《军人抚恤优待条例》，完善了新时期军人抚恤优待的各项制度，进一步理顺了军人抚恤优待与国民经济和社会发展的关系。2007 年，在纪念中国人民解放军建军 80 周年前夕，经党中央国务院批准，国家有关部门针对优抚对象和部分军队退役人员存在的实际困难，统筹研究出台了提高优抚对象抚恤补助标准、给予部分参战参试退役人员生活补助、完善优抚对象医疗保障以及部分军队退役人员再就业、住房、社会保险接续等方面的政策措施。四是优抚事业单位建设进一步加强。各级政府加大对光荣院、荣军医院等优抚事业单位基础设施、设备、人员配备等建设的力度，优抚事业单位规模不断扩大、服务能力不断提高、社会效果越来越好，成为优抚安置工作的前沿阵地和基层民政工作的有效载体。30 多年来，退伍军人安置工作在不断完善政策中推进，先后制定出台了《退伍义务兵安置条例》《士官退出现役安置暂行办法》《关于扶持城镇退役士兵自谋职业优惠政策的意见》等几十个纲领性文件，与之配套的政策性文件近百个，初步形成了相对完备的退役士兵和复员干部安置制度体系。

二、优抚安置工作的特点

我国优抚安置工作在不同历史时期承担着不同的任务，但是作为一种特殊的社会保障制度和特殊的社会事业，有着鲜明的特点。

（一）政治性强

优抚安置工作直接体现执政党的意志，是党和政府对军人方针政策的直接体现。这种特殊的政治性是由优抚安置工作的特殊性质和地位作用决定的。优抚安置工作直接服务于为中国革命和建设作出牺牲贡献的功臣，对他们的优待抚恤和妥善安置是对中国革命和建设历史的尊重，是进行爱国主义、革命传统教育的生动体现，也是国家和社会对共和国有功之臣的褒扬与回报，这种宗旨和立场使这项制度带有很强的政治性。优抚安置工作事关国防和军队现代化建设。军队是执行政治任务的武装集团，建设一支强大的军队，提升国家的国防实力，离不开优抚安置工作发挥重要支持作用，做好优抚安置工作，能够有效解除现役军人的后顾之忧，稳定军心，鼓舞士气，保持部队旺盛的战斗力，能够鼓励广大适龄青年踊跃参军、报效国家，能够增强全民的国防意识和爱国主义精神，积蓄强大的后备力量，增强民族的凝聚力。优抚安置工作贯穿着党管军队的根本原则，发挥着为军队服务的作用，这种功能作用使这项制度带有很强的政治性。优抚安置工作直接关系社会的公平正义。截至 2015 年年底，国家抚恤补助各类重点优抚对象 897 万人，多数优抚安置对象有功于国家和人民，应当得到特殊的优待优惠和关怀照顾，在同等条件下应该优先获得国家的保障和公共服务待遇。保证这部分社会成员待遇，才能促进社会利益趋衡和公平正义，这种特点决定了优抚安置工作必须讲政治才能落实好各项政策，维护好他们的根本利益。正因为如此，党和政府一直要求把优抚安置工作作为政治任务来对待。

（二）关联性强

优抚安置工作包括优待、抚恤、安置等多项具体业务，每一项业务都无法封闭运行，而必须与外在体制环境相适应，又要协调上下左右方方面面的关系。比如相关法规政策的制定，涉及不同的政府职能机构和党、政、军等多个部门；优待烈军属的工作，必须在国家保障的同时，还需要与社会优待相结合，动用社会资源、拓展社会化途径，动员和组织社会力量献爱心、办实事；抚恤优待工作既涉及资金保障也涉及服务保障，既要中央财政投入还要保证地方各级财政落实投入责任；安置工作既要为某些退役人员安排工作，又要适应市场经济体制推进自主择业、创业。同时，优抚安置工作与全面深化改革的关系十分密切，改革开放以来的一系列经济社会领域中的改革，比如，农村税费改革、户籍制度改革、城镇化发展、社会保障制度改革，以及国际安全局势变化、国内劳动力市场供求关系和物价水平波动等，任何一点发生变化往往都会对优抚安置工作产生或积极或消极的影响。这样的特点决定了做好优抚安置工作难度非常大、任务极其繁重。

（三）特殊性强

优抚安置说到底属于社会保障范畴，但与其他社会保障制度又有着明显的区别。一是对象特殊。其他社会保障制度面向的是全体国民，具有覆盖的广泛性和普惠性，而优抚安置的对象既作为公民身份享有一般社会保障的资格，除此之外还有另外一种身份，绝大多数优抚对象当过兵、服过役，为保卫国家安全作出过特殊贡献。对他们的保障水平，必须高于一般的困难群体或弱势群体，充分体现国家的优待抚恤政策，体现党和政府对革命功臣的特殊关爱。二是需求多样。优抚安置工作的服务对象类型多样，其需求呈现多样性多层次性，不像一般社会保障对象那样，只需要提供基本的经济保障和公共服务，优抚安置对象需要的保障内容既包括经济性保障，而且经济性保障的标准不能低于居民平均生活水平，还要提供水平相对较高的供养服务、康复服务；对退出现役的军人，政府还需要安排就业、帮助择业和支持创业；针对作出不同贡献的优抚对象，保障待遇需要做到分类分层。这些特点决定了优抚安置工作的内容、方式、标准、程序相对比较特殊。与一般社会保障制度相比，优抚安置工作的程序和环节也相对特殊，多数保障和安置项目的落实，需要协调军队和多个政府部门，牵涉面较广、链条较长。

三、当前优抚安置工作存在的主要问题

（一）优待抚恤方面

近年来，优待抚恤工作确立了“普惠+优待”的原则，优先将优抚对象纳入社会保障和公共服务体系，在此基础上落实相关抚恤优待政策，同时注重扩大财政投入和完善工作机制，较好地保障了优抚对象合法权益。但由于优抚制度中央地方事权与支出责任不够匹配，与相关社会保障制度衔接不够等原因，优抚保障工作还存在一些亟待解决的问题。本书结合民政部政策研究中心的问卷调查数据①对相关问题进行分析。

1. 优抚保障标准偏低

改革开放以来，中央财政连续多年提高“三属”“三红”等重点优抚对象的抚恤补助标准，2016 年 10 月 1 日起执行的一级因战残疾抚恤的标准达到 66230 元/年，十级因公残疾抚恤标准达 6300 元/年，但是对照现行《军人抚恤优待条例》提出的“抚恤优待对象的生活不低于当地平均生活水平”的要求，还存在不小差距。调查数据显示：陕西省 2015 年平均每人所享受的抚恤金约为 6887 元，其中中间数为 4320 元。对于优抚政策，仍然有 26.5%的人认为一般，22.9%的人不太满意，5.1%的人非常不满意。山东省的调查结果显示：受访优抚对象享受的优抚金均值为 2681.38 元。优抚金分布方面，近 70%的受访优抚对象 2015 年享受的优待金在 2000 元以下，近 90%的受访优抚对象 2015 年享受的优待金不足 5000 元。湖北省的调查数据表明，优抚对象享受抚恤补助金额在 5000 元以下的占受访者总数的 36.4%；在 5000—10000 元之间的比例为 21.5%；在 10000—15000 元之间的抚恤补助金的比例为 20.3%；在 15000—20000 元之间的比例占比为 12.9%；20000 元以上的比例很低，不足调查样本量的 10%。访谈中，大多数优抚对象都认为抚恤补助标准过低，希望能继续提高。调查还显示：在乡复员军人和带病回乡退伍军人生活普遍困难，目前的补助标准不够基本的生活支出。对年满 60 周岁农村籍

① 2016 年 6—10 月在江西、山东、湖北、陕西、重庆等 5 省（市）24 个县（区）开展了优抚对象入户问卷调查，共完成有效问卷 4300 份。

退伍军人，每月几十元的补助对他们改善生活没有太大意义。“两参”人员、带病回乡人员，由于不够评残条件，享受不到残疾军人的抚恤补助金。由于现行优抚保障待遇主要着眼于解决优抚对象的生活困难，而不是以褒扬为导向，保障标准没能跟上住房、医疗、物价等方面的支出水平，引起了一些优抚对象的不满。同时，优抚保障标准在不同群体和城乡之间的差异较大。重庆市的调查显示：正营级以上干部退休后抚恤金每月可达上万元，有的年抚恤金甚至超过子女工资水平的150%；但在广大农村，抚恤标准相对较低，“两参”人员多因战争或核辐射导致身体健康状况普遍较差，但月生活补助金仅为400—800元。

2. 待遇落实有欠公允

优抚待遇主要是依据身份来落实，划分身份的依据主要包括是否残疾、因战因公、户籍等，根据不同的标准将优抚对象划分成不同身份。现实中，同一优抚对象可能具有双重甚至多重身份，比如，优抚对象中的“两参”人员，可能也是残疾军人。为了解决多重身份的问题，民政部、财政部《关于提高部分优抚对象抚恤补助标准的通知》（民发〔2000〕133号）中明确规定：“对具有双重或多重身份的优抚对象，其抚恤或补助金，按标准最高的一种发给。”这种规定虽然可以减少多重身份带来的待遇累加问题，但在一定程度上对优抚对象的贡献打了“折扣”，特别是影响配套性政策的可及性。比如，“两参”人员中的残疾人员，选择残疾抚恤金，就不再领取“两参”生活补助，同时作为“两参”人员享有的定期体检以及“两补一齐”政策也享受不到。目前“就高不就低”的政策设计，使得很多优抚对象的抚恤补助水平与其贡献程度发生脱节。

3. 政策的公平性不足

公平性是社会保障的重要原则，公平的内在含义包含权利与义务、条件与待遇相对等原则。现行的优抚保障实行城乡有别、有工作和无工作有别、参军时间长短有别、新中国成立前后有别、死亡和伤残有别、军官和士兵有别等一系列差别性的政策，这种标准不一的做法，尽管有其合理性的一面，但也在制度上将优抚对象分割为不同群体，既难以避免对象身份的交叉重叠问题，又造成不同对象之间、群体内外之间相互攀比，难以做到公平公正，难以达到绩效最优，而且过细的划分极易导致政策失衡，一旦某类群体政策发生调整，很容易引发矛盾和问题。

4. 医疗保障不充分

调查显示：受访优抚对象家庭总收入整体偏低，医疗支出负担沉重，反映家庭开支主要用于医疗方面的受访者所占比例较高，山东省为85.3%，湖北省为88.4%，陕西省为93%。受访地区优抚对象普遍反映住院费用报销比例较低，门诊补助较少，特别是医疗补助有限，多数伤病残优抚对象难以承担昂贵的自付医疗费用。陕西省的调查发现，一至六级伤残军人认为医药报销受目录限制太严，不能选择更适合自己病情的医疗机构；七至十级伤残军人自付费用只报销50%，比例偏低，门诊费用一年只有400—700元。“两参”人员、带病回乡退伍军人、年满60周岁农村籍退伍军人只报销自付费用的30%。

5. 复员退伍军人上访问题短期内难以根本解决

近年来，部分复员退伍军人大规模、跨地区、赴省进京上访事件连续不断，严重干扰了各级政府的正常工作，影响了社会稳定。尽管各级政府和国家有关部门研究出台了一系列政策性文件，解决优抚对象和军队退役人员的相关诉求，保障他们的合法权益。但是，复员退伍军人上访问题，是经济社会发展到一定时期社会矛盾凸显的具体体现，与优抚安置体制改革还不到位有很大关系，应对和处理复员退伍军人上访问题是一项长期的任务，需要一个艰辛的过程才能解决。

6. 优抚政策碎片化、顶层设计不足

当前，我国仍没有一部由全国人大立法的优抚保障法律，优抚工作相关规定只散见于国防法、兵役法等少数几部法律条款中，而且很多项目仅停留在部门规章和行政命令的层次上，造成政策上位法依据不足。指导军人优抚工作的法规体系基础是2004年国务院颁布的《军人优抚优待条例》，后来条例的个别条款进行了修订，但该条例规定的部分内容和量化的参照标准，在市场经济体制下执行起来有一定难度，同时，它缺乏基本法的强制性，对地方政府的约束力和指导力不强，还存在政策面不平衡，各类优抚群体抚恤优待政策“碎片化”，政策之间缺乏科学连贯性，有的缺少权威性，具体操作过程中标准尺度难以把握，历史上形成的军地、城乡二元分割的政策尚未实现融合等问题。各地针对退役军人上访群体不同诉求出台的一些地方性政策措施，有的偏重维稳，不少是权宜之计，极易引发攀比。

（二）退役士兵安置方面

随着市场经济体制的逐步建立，我国的劳动就业体制发生了深刻变化，退役士兵安置工作进入一个新的历史时期。现在看来，与市场经济体制相适应的退役士兵安置制度改革仍然处在深水区，面临许多新情况新问题。

1. 安置制度改革与市场经济体制改革的速度不相适应

我国的退役士兵安置制度形成于计划经济时期，计划经济体制下对退役士兵的安置必然是计划安置，而市场经济体制对安置制度的要求必然是市场选择。随着社会主义市场经济体制改革的推进，继续坚持指令性安置的模式已经没有出路，必须随着市场经济体制的步伐逐步地过渡到市场选择模式上来。为此，1998 年新修订的兵役法在坚持计划安置的同时，提出要走自主择业的路子。但与快速发展的市场经济相比，安置政策的改革仍相对滞后，主要体现在，现行政策对自谋职业城镇退役士兵的吸引力不够，在医疗、养老、住房等方面的配套性改革还不到位的情况下，发放一次性补助金，将退役士兵推向社会，必然引起退役士兵的后顾之忧，影响适龄青年参军入伍积极性。

2. 安置任务繁重与就业需求不足的矛盾日益严峻

我国每年需要安置的军队退役人员多达几十万之众，从就业需求看，伴随着国家改革开放的不断深入，企业的用工制度也在不断改革和发展，另外，由于政府机构改革、事业单位改革和产业结构调整，原来能够接收退役士兵的单位减少；近年来高校毕业生就业压力增大，社会剩余劳动力增多，可供退役士兵就业的岗位也在不断减少。尽管近年来从政策上拓宽了安置渠道，所有单位都有接收退役士兵的义务，但由于企事业单位的用人自主权逐渐扩大、退役士兵人才知识结构不完全适应市场化用人机制，导致实际效果并不理想。安置任务重与实际就业需求严重不足的矛盾依然十分严峻。

3. 培训就业效果不理想

为了增强退役士兵在劳动力市场中的竞争力，从 2010 年开始国家推行对退役士兵进行技能培训的政策，但是退役士兵参加培训的积极性不高，技能培训专业少、针对性不足；教育培训资金投入、培训基地建设、师资力量等方面也还不能满足退役士兵的需求。对退役士兵进行技能培训是做好安置工作的有效途径和办法，是大势所趋，与市场化的就业体制相适应、与退伍军人特点相契合的教育培训机制的创新力度还需要进一步加大。

四、优抚安置制度改革的总体构想

（一）加强优抚制度的顶层设计

把军人优抚制度改革放在国防和军队改革的大背景下，从体现优待理念、健全制度内容、提升保障层次、彰显国家责任的角度考虑，未来应当健全完善以军人荣誉制度、军人抚恤优待制度、军人服务制度为基本内容，以医疗、住房、就业扶持等专项保障为支撑，以政府为主导、社会参与相结合的新型军人优抚保障体系。

1. 完善优抚对象荣誉制度

军人荣誉制度是国家和军队根据需要设立军人荣誉项目，并明确适用范围、争创标准、标识样式等方面的法规制度。军人职业的特殊性，决定了其理应得到全社会的尊重和优待。我国已建立了从嘉奖到三、二、一等功再到英模荣誉称号的5级奖励项目，增设了国防服役、卫国戍边等5项纪念性奖励项目。目前，军队的表彰奖励项目仍然难以与地方接轨，奖励项目的标准条件较为笼统模糊，在实际操作中难以科学衡量和准确把握；同时表彰项目只对军以上单位实行指标控制，而对师以下单位未作硬性规定。改革军人荣誉制度，需要重点做好以下方面的制度设计。

第一，完善军人荣誉项目制度。完善表彰奖励的类目、细化完善表彰奖励的标准条件；建立与地方公职人员表彰奖励相对等的接轨形式，明确军队参与地方和国外表彰奖励、军队荣誉证章对外颁授等方面的具体规定。军队层面要实行表彰奖励项目指标控制和荣誉标识物配发制度，按照军（兵）种分类设计各类勋章、奖章、纪念章，使军人荣誉设置制度更加符合时代要求、更加适应使命需求。

第二，构建公正严格的军人荣誉评审制度。进一步细化完善相关政策，参照对奖励进行评审的规定，拟定对表彰评审的细则和考评的量化指标；明确对表彰奖励对象的审核和公示制度、范围和方式方法。借鉴法国等西方国家军人荣誉评审的做法，建立具有中国特色的国家层面的军人荣誉评审委员会，提高荣誉颁授的公正性和崇高性。

第三，构建充分彰显军人荣誉的褒扬制度。军人荣誉褒扬制度，是相关组织机构依据表彰奖励权限，对获得荣誉的单位和个人进行褒奖和宣扬的制度。应依据2016年1月1日施行的《国家勋章和国家荣誉称号法》，从国家层面明确军地双方对军人荣誉褒扬工作的职责和协同机制；根据不同等次的奖励表彰项目，举行与其功勋等次相匹配的颁授活动，并实行由国家领导人和不同级别的政府政要颁授的制度。探索建立新式勋表制度，充分彰显军人荣誉。加强军人荣誉事迹宣传，使公民一次服役终身有荣誉感。

第四，构建严肃正规的军人荣誉监管制度。军人荣誉监管制度是对军人荣誉的设置、评审和实施进行的系统管理和监督检查的制度。可借鉴美国的《反窃取英雄荣誉法》、俄罗斯的《俄罗斯联邦国家奖励条例》及德国的《头衔、勋章和奖章法》规定的做法，在国家层面建立严肃的军人荣誉监管制度。加强表彰奖励管理，出台表彰奖励管理和荣誉证章佩戴使用法规，建立表彰奖励信息数据库。严格整肃军人荣誉法规制度落实不严肃的问题，确保军人荣誉制度规范实施。

2. 改革优抚对象抚恤制度

在我国，优抚对象抚恤制度是国家和社会依法对以现役军人、退役军人及其家属为主体的优抚对象实行物质照顾和精神抚慰的一项特殊社会保障制度。20世纪90年代以来，随着各项社会保险、社会救助和老年人、残疾人补贴等制度的相继建立，我国基本建成了内容完整、制度健全、覆盖广泛的社会保障体系，同时保障水平不断提高。相比之下，现阶段的军人优抚制度仍停留在“解困”这一制度定位来发挥它的功能作用，不仅保障水平偏低，而且优抚对象的待遇与其贡献不相匹配，难以在新形势下发挥对国防和军队建设的支持作用。

在新的时代条件下，提高优抚保障的公平性和有效性，第一要务是从纠正理念的偏差着手，注重以“优待军人”的理念弥补单纯强调“为军人解困”理念的局限，并使之贯穿于优抚制度改革的全过程。具体而言，在制度定位上，不能将优抚制度等同于一般社会保障制度，而应当从保障特定对象、发挥特殊功能的角度将其定位成一种优越于一般公民的特殊保障制度。在对象指向上，要坚持贡献相同即待遇相同的原则普惠施策，充分体现政策的公平性。在保障内容上，不仅给予优抚对象以经济保障，更要从服务保障、权利保障的维度上进一步拓展保障项目和内容。在可及性上，优抚保障项目的实施要与基本社会保险、社会救助、孤老残幼等福利服务政策配套衔接、协同联动，优抚对象要优先优惠于一般国民获得相关社会保障。在保障水平上，要根据军功大小和贡献补偿等因素制定优抚保障标准，并建立与城乡居民收入和生活水平同步增长的机制。在管理体制上，根据国防这一全国性公共产品的特殊性，厘清不同层级政府间的责任边界，建立项目分级管理、经费分级负担的体制，合理平衡中央地方之间优抚事权与财政负担的关系。

第一，减并原理相同、功能相似的经济保障类项目。主要是取消生活困难补助金项目，合并一次性抚恤金和定期抚恤金项目，推行抚恤金和优待金两大经济保障类项目。其中，抚恤金分为死亡抚恤和定期抚恤，死亡军人的家属发给一次性死亡抚恤，“三属”（烈属、因公牺牲军人遗属、病故军人遗属）和退出现役的伤残人员发给定期抚恤；义务兵、“三红”（在乡退伍红军老战士、在乡西路军红军老战士、红军失散人员）、烈士老年子女、在乡复员军人、带病回乡退伍军人、参战参试人员、农村籍老义务兵生活补助改为优待金。根据参军服役年代、服役时长、功勋大小和伤病残程度等因素综合确定抚恤金和优待金的标准，并建立与经济社会发展相同步的增长机制。

第二，将抚恤金和优待金两大项目确立为国家基准保障项目，在全国范围内按照统一标准实施。确立国家基准保障项目符合全国性公共产品由国家统一定价、统一供给的原则，有利于明确中央政府责任边界，平衡中央地方之间优抚保障事权与财政支出责任。作为国家基准优抚保障项目，由中央政府制定全国统一的保障标准，并由中央财政全额预算保障；全国基准抚恤保障标准参照全国人均可支配收入水平等指标确定，根据国民经济和中央财政状况定期动态调整。同时，应以法定方式授权地方政府推行“补充保障”。我国地域广大，不同地区发展不平衡，需要中央鼓励地方政府通过配套增加财政投入来提高国家基准项目的保障水平，也可以支持地方政府出台地方性保障项目，并由此承担相应的财政投入主体责任。

第三，强化优抚保障与社会保障相衔接。尽快废除计划经济时代形成的与现行社会保障制度不兼容、不配套的制度设置，创造与社会保障制度相衔接的制度基础，进一步优化与相关社会保障项目衔接的流程，实现优抚制度改革与整个社会保障事业的改革相协调。探索建立重点优抚对象信息跨部门共享机制，将优抚对象参加社会保险应当享受的优惠档次、优待信息写入唯一的社会保障卡，筑牢利用社会保障平台的基础，使优待政策在社保业务办理时即时实现。

3. 加强优抚对象服务保障

国际经验表明，服务保障是一种与经济保障同等重要的优抚保障形式。比如，在美国的军人保障制度中，由军队和政府提供的服务涵盖军人教育、就业援助、法律咨询、社会保障服务以及子女保育和教育等多个方面，完善的服务体系有力地提高了美国军人的社会地位。当今中国在军人荣誉感下降、优抚对象服务需求不断增长的形势下，加快发展优抚服务可以大幅度地提升优抚保障的效果。

在我国当前发展阶段上，优抚对象急需的服务主要包括生活照料服务（如养老服务、康复服务）、支持性服务（如就业扶持服务、子女保育和教育服务）、心理关爱服务等。发展优抚保障服务要兼顾需求和当前服务供给方式的多样性两个方面，本着优先考虑基础性服务，然后发展享受型服务的原则，分阶段渐进式推进。一是坚持优抚对象优先优惠的原则，通过纳入社会福利、社会救助和残疾人服务体系的方式，大力发展老年、病残优抚对象急需的养老服务、康复服务、照料服务等。二是改进服务的供给方式。通过引入合同出租、公私合作、服务券等方式，深化传统光荣院、优抚医院经营方式改革，建立由市场主体或非营利组织营办、面向社会、富有活力的经营管理体制；依托社区、社会组织开展政府购买服务，支持发展面向优抚对象的互助性、公益性服务以及社会工作者的专业性服务。社区公益服务、志愿服务、群团组织的服务需要充分吸纳群众性优抚服务，通过借助各类双拥共建载体和平台，引导社区社会组织、群团组织、驻社区单位有序开展优抚对象关爱活动，满足优抚对象多样化个性化需求。

4. 健全完善优抚对象专项保障制度

围绕满足优抚对象的需求，将相关社会保障制度中有关优抚对象的基本生活、养老、医疗、住房等多方面内容的优抚保障规定提取出来，以优待理念为价值基础形成门类齐全、内容全面，又与相关社会保障制度有机衔接配套的优抚对象专项保障制度体系。优抚对象的专项保障纳入国家社会保障体系的整体框架，与社会保险、社会救助和特殊人群福利服务等制度相结合，利用社会保障这一平台统一管理实施。

第一，优抚对象参加相关社会保障项目在保障标准、待遇水平、缴费负担等方面享有优惠优先条件。国家合理承担优抚对象参加社会保障项目所应担负的个人缴费义务，并保障优抚对象享有优先或优惠的选择权，可以获得高于一般居民的社会保障待遇和水平。

第二，优抚保障项目与社会保障项目相衔接。养老、医疗、住房等优抚保障制度兼容现行的社会保障制度，有效衔接相关社会保障项目。同一优抚对象同时符合多项社会保障政策时，社会保障待遇不能替代优抚保障待遇，并应高于同等条件居民。在社保缴费、关系转移、断档接续等方面，优抚对象可以享有便利条件。建立重点优抚对象信息跨部门共享机制，优抚对象参加社会保险所享受的优惠档次、优待信息写入社会保障卡，优先优惠的待遇在社保业务办理时能得到即时实现。

第三，结合优抚保障的特殊需要，制定有针对性的保障政策或补充项目，以弥补相关社会保障针对性不足或尚未覆盖的空白点。

5. 建立事权与支出相匹配的优抚保障财政体制

第一，在“主责在中央、执行归地方”的框架下，上移现行由地方政府承担的一些优抚保障支出责任，把抚恤金、义务兵优待金、一次性退役金划归为中央政府事权，由中央财政全额承担支出责任，从而履行中央政府作为全国性公共服务供给主体的职责；要从经济和效率出发，明确地方对中央政府事权的执行落实责任。

第二，着眼于扩大地方决策的自主权，将养老、医疗、住房、教育、就业、优待服务等优抚保障项目划归为中央地方共同事权，采取中央制定统一法规或政策框架，地方政府制定实施性政策，由中央和地方按照一定比例共同分担财政支出责任。中央财政制定全国统一的基准补助水平，需要综合考虑不同地区的财政状况、保障人口规模等因素，为地方提供差别化财政补助支持；在地方财政安排上，根据财力与支出责任一致原则，需要进一步增加省级财政负担比重，减轻县区财政负担。

第三，将与当地民生密切相关的补充性保障项目作为地方财政责任，如为优抚对象提供的各类便民服务、政策咨询等，满足不同地区优抚对象的差异化需求。地方财政安排需要与当前正在进行的养老、医疗等社会保障制度改革相适应，特别是需要适应社会保障统筹层次普遍从县区一级上移的改革趋势，促进优抚财政资金的统筹管理与使用。

第四，进一步完善中央对地方的财政转移支付制度。对于中央和地方的共同事权项目，中央转移支付要强调地方财政投入的配套，确保地方落实共同事权的支出责任；对于地方事权项目，中央财政转移支付应当针对补充地方可用财力与保障需求之间的缺口，通过科学的因素法测算转移支付的规模与结构，缩小地区间不合理的保障差距。

（二）健全完善优抚制度体系

1. 采用简明易行的优抚对象界定标准

优抚对象是国家和社会给予特殊保障的社会成员。明确政府给予抚恤补助保障和相关专项保障待遇的对象范围，是优抚保障政策设计和精准实施的先决条件。

优抚对象的分类和界定要简明易行。优抚对象的认定宜按照参军入伍的时间和贡献大小认定。参军入伍时间长、作出贡献大的复员军人、退伍军人及烈士的子女、配偶、父母，因公牺牲军人的子女、配偶、父母应当列为重点优抚对象；现役军人及其家属，以及义务兵役制实施以来的退伍军人，应当列为一般优抚对象。1979 年是中国进入改革开放的年份，从此中国迈入和平发展阶段，可以此为关键时间节点结合贡献界定优抚对象的类别。

（1）1979 年 10 月 1 日以前参军入伍的复员、退伍军人本人，以及在此期间参军入伍的牺牲军人、烈士的未成年子女、配偶、父母一律列为重点优抚对象。

（2）1979 年 10 月 1 日以后服役，且被评为一至十级伤残的退伍军人，以及因公牺牲军人、烈士的未成年子女、配偶、父母列为重点优抚对象。

（3）1979 年 10 月 1 日以后退出现役和服现役的军人及其家属一律列为一般优抚对象。

针对不同优抚对象的优抚保障政策的目标和功能定位要体现差别。重点优抚对象的保障方式、保障内容相对较多，保障水平相对较高，而一般优抚对象，优抚保障政策只是其他一般性社会保障政策的补充，主要起辅助补充的作用。界定重点优抚对象的政策要保持稳定，政策对象要实行动态管理。

2. 建立抚恤优待标准自然增长机制

抚恤金和优待金是优抚对象经济保障制度的核心，而这两项补助的标准更是保证优抚对象生活水平同步于经济社会发展的核心。可以研究设立全国统一的优抚保障最低标准，各地参照当地居民生活消费支出上浮一定水平，保证同一类别优抚对象可以获得水平大体均等的保障待遇。基本标准可以比照高于全国人均可支配收入的标准实施，参考参军时间和伤残程度，确定保障待遇。对于已经获得社会养老保障金的，不应当计算在内。一次性死亡抚恤金制定全国统一标准，同命同价；伤残抚恤，参照《劳动能力鉴定职工工伤与职业病致残等级》（GB/T16180-2014）所确定的一至十级的伤残标准和《工伤保险条例》所规定的补助标准，按月发给定期抚恤金；烈士、因公牺牲军人遗属中的孤寡老人、未成年人等无经济能力的优抚对象应当适当提高定期抚恤标准。

建立与城乡居民可支配收入指标相挂钩的抚恤补助标准自然增长机制，确保抚恤补助标准随经济社会发展同步增长；要规定地方各级政府除全力落实中央所需配套经费外，还应适当提高地方补充性抚恤补助标准增长率，将所需资金全额纳入财政预算。要消除城乡之间不合理的义务兵优待金差距，按照城乡居民人均可支配收入等指标，建立义务兵优待金定期调整机制，按照城乡一个标准及时发放。

3. 对重点优抚对象医疗实行零支付制度

对重点优抚对象基本医疗费采取“五位一体”的保障模式，实行医疗减免、医疗保险、医疗救助“一站式”结算。医疗机构对重点优抚对象就医免收挂号费；按照优抚对象类型和待遇标准，重点优抚对象住院接受诊疗手术的，减收诊疗费；医疗保险、医疗救助对个人自付部分的合规医疗费用提高报销比例；对特殊困难对象采取慈善后续援助；对年老、残疾等重点优抚对象国家免费给予医疗巡诊服务。在国家公布的基本医疗保障病种和诊疗目录内发生的医疗费用，扣除医疗保险和医疗救助报销之后，由国家财政全额予以承担。

4. 优先优惠获得高龄津贴和长期护理制度

全国多数省（自治区、直辖市）建立了高龄津贴制度，对于年满 70 岁以上重点优抚对象，不论城乡一律发放比当地普通市民高一倍的高龄津贴；允许高龄津贴和残疾人护理补贴同时发放。年满 65 岁以上重点优抚对象参加长期护理保险，减免其自付保险费用；同时，优先安排高龄或残疾的重点优抚对象接受护理服务。

5. 完善住房保障制度

从中央到地方出台了一系列有关优抚对象住房保障的政策文件。一方面，需要将重点优抚对象住房保障列为各级政府重点民生工程，进一步建立住房保障政策的督办考核机制，切实加强政策执行和责任落实；另一方面，通过提供公租房、支持购买经济适用房，利用新农村建设、易地扶贫搬迁、扶贫开发、灾民危房改造等政策，多渠道解决重点优抚对象住房困难。

（三）深化退役士兵安置改革

坚持以改革为突破口，加快修改兵役法，及早出台《退役士兵安置改革方案》，尽快制定《退役士兵安置条例》，推动退役士兵安置改革实现“四个转变”。

1. 缩小指令性安置，实现由普遍安置向重点安置转变

将现行由政府安排工作的对象（城镇籍士兵、服现役满 10 年士官等），缩减为退出现役的服役满 12 年以上的士官、获个人二等功或战时三等功以上奖励的士兵、因战致残的五级至八级残疾士兵、烈士子女，这部分对象可选择由政府安排工作，也可以选择自主就业，选择自主择业的领取由中央政府发放的一次性退役金，并享受国家扶持就业优惠政策。

2. 建立士兵退役金制度，实现自谋职业补助经费由地方政府保障为主向中央财政保障为主转变

对符合政府安排工作条件但选择自主择业的退役士兵，可以按规定标准由军队统一发给一次性退役金。发放标准需参考参军服役时长、贡献大小等因素科学制定，中央财政承担财政投入主要责任，地方政府提供补助。建立与出兵规模相挂钩的中央和地方财政支出分担机制，消除出兵越多地方财政负担越重的问题。

3. 建立城乡一体化安置制度，实现城乡有别模式向城乡一致模式转变

将现行的区分城镇、农村两种不同安置形式的做法，改为同为国家公民、同尽兵役义务、享受同等安置待遇的制度。

4. 完善退役士兵优惠政策，实现享受优惠政策范围由个别、零散向普遍、全面的转变

除将现行城镇退役士兵自谋职业享受的就业服务、技能培训、学历教育、个体经营、税收贷款、社会保险、户籍管理等优惠政策，扩大到所有自主就业的退役士兵外，还应在优惠幅度和内容拓宽上有所突破。技能培训方面，进一步强化政府对退役士兵职业技能培训的职能；学历教育方面，加大在校大学生士兵退役后复学减免学费的力度，完善退役士兵免试进入中等或高等

职业学校、报考全日制普通高等学校或参加成人高等教育考试学习的优惠政策和措施；社会保险方面，进一步重申退役士兵军龄视同社会保险缴费年限的规定，确保士兵退役后按照有关规定参加和接续基本养老、基本医疗和失业保险；在安置落户方面，逐步放宽退役士兵落户条件。加快这些方面的改革，形成与市场经济要求相适应的“自主就业、经济补偿、重点安置、政策优惠、城乡一体”的多形式多渠道安置制度体系。

（四）优化优抚安置工作体制机制

1. 加强优抚安置法规政策体系建设

根据新时期国防和军队改革需要，全面梳理现行的优抚保障法律法规政策，对与经济社会发展相脱节、失去意义的政策及时予以清理、废止；对适合与相关法规政策整合实施的，及时进行归并；对亟待规范的领域要论证出台相应的法规政策，对实际工作中存在弱化的法规政策及时进行强化和改进，为深化优抚安置制度改革提供强有力法制保障。

2. 推进退伍军人管理机构改革

优抚安置政策类多复杂，不仅分散在多个政府职能部门，而且与军队密切相关，迫切需要统筹协调，解决目前政出多门、职责交叉等问题，进一步理顺管理体制，强化职能整合和工作协同。可以考虑借鉴美国专门设立退伍军人事务部的做法，在国务院组成部门中新设退伍军人服务局，统一负责目前由民政、人社等部门以及中央军委承担的军人荣誉等级评定、评烈（残）、转业安置、优抚对象的抚恤优待以及住房保障、医疗保障、军队离退休干部服务等职责。退伍军人服务局为副部级单位，工作人员从现有相关职能部门调配；省级以下地方各级退伍军人服务局比照中央层面的退伍军人服务局组建原则设立。同时，研究建立部门间协调机制，统筹全国军人优抚安置法规政策拟定、协调优抚安置工作体制、机制和措施的落实，协调解决政策落实中的重大问题。

3. 建立完善精细的优抚安置工作机制

第一，区分对象特点，因势利导，满足不同对象的合法需求。一是区分不同优抚对象的需求差异。优抚对象的诉求主要集中在生活照料、维护权益和荣誉保障等层面。在政策的制定落实过程中，必须充分考虑各类优抚对象的不同方面不同层次的需求。二是区分优抚对象的差异。对每类优抚对象实施平衡管理，区分不同优抚对象的身份、服务贡献、年龄等不同因素，根据不同诉求，实施针对性措施。三是做好疏通引导工作。一方面全面落实现有政策，另一方面认真做好政策宣讲解读和部分优抚对象的思想教育工作，确保优抚对象知晓和准确掌握各类优抚政策。

第二，扩大信息化手段的运用，提高优抚工作效率。建立全国联网的优抚对象信息管理系统、国家级烈士纪念设施管理系统、烈士褒扬信息管理系统，并与军队退役士兵管理信息系统、军功表彰管理信息系统、伤病残军人管理信息系统实时联网、共享信息，为优抚工作提供动态的基础性数据支撑。以唯一的社会保障卡为载体，将优抚对象分类管理的信息系统与社会救助信息系统、医疗保障信息系统等平台建立信息共享机制，打造整合化的优抚保障信息平台。

第三，建立优抚服务资源整合机制。依托基层公共服务管理体系内的资源，如街道、社区、村（居）委会及其承担的就业、养老、医疗卫生、文化、物业等服务职能，通过签订协议、建立共建关系、购买服务、开展联谊等方式，共同为优抚对象的就业、养老、医疗卫生、文化、精神慰藉等提供服务保障。引导社区社会组织、慈善组织、居民自治组织以及社工协会、义工志愿者等社会资源，为优抚对象提供服务。尤其要统筹利用民政部门负责管理的光荣院、优抚医院、军休所、烈士陵园、公办福利院、敬老院、儿童福利院等具有服务功能的资源，加强调配调度，发挥民政资源在服务优抚对象中的作用。

第四，拓展基层优抚对象管理服务的载体和平台。充分利用现有相关政府部门在基层设置的管理服务机构和载体，拓展优抚对象管理服务内容，将优抚对象管理服务的触角全面向基层延伸。重点是依托村（居）民自治机制，指导村（居）民委员会建立社区优抚对象定期家访机制，及时掌握优抚对象的真实需求；在街道（乡镇）层面，优抚对象服务要纳入社区养老服务体系、社区公共服务体系和城乡社区建设等发展规划，完善优抚对象服务设施机构网络，进一步壮大基层优抚管理服务阵地。

第五，完善优抚慰问纪念机制。在国家重要节庆日针对个别优抚对象、优抚服务机构开展的选择性慰问活动有失公允，容易引起攀比效应。针对个别优抚对象的慰问活动，政府部门要从具体组织实施向支持社会力量参与转变，可以在取得优抚对象同意并经备案的情况下，政府公开辖区内贡献突出或生活困难的重点优抚对象信息，引导社会各界开展形式各样的走访慰问活动，有条件的地方可以采取政府购买社会工作服务的方式，由专业社会工作者上门服务。进一步完善重大节庆日举行纪念慰问活动的长效机制，落实好为优抚对象寄发慰问信、慰问牌匾等措施，营造良好双拥氛围。

4. 推动新形势下拥军优属工作创新

国家层面出台加强拥军优属工作指导性意见，及时清理难以执行、滞后的政策措施，进一步明确国家优待优抚对象的内容、标准、方式和相关职能部门的责任。加强优抚对象优先优惠的各项政策措施的落实，强化列入法规政策中的优待政策执行的监督检查，确保责任落实到位。重点围绕解决优抚对象最直接、最现实、最关切的问题，以落实政治待遇和生活保障为重点，以人性关怀为指引，加强拥军优属形式创新，逐步实现由粗放向精细化转变。广泛利用各种现代化的传媒技术，通过喜闻乐见的形式，开展爱国主义教育和国防教育；搜集整理优抚对象事迹，支持开展军地联谊、优秀退伍军人评选表彰、关爱优抚安置对象等活动，积极传播正能量。

第八章

慈善事业的改革与发展

近年来，慈善事业受到了党中央、国务院的高度重视，慈善活动的质量和慈善事业发展的环境明显改善、作用更加显著。特别是2008年汶川特大地震的发生极大激发了民间的慈善热潮，2016年《中华人民共和国慈善法》的出台，又使中国的慈善事业朝法治化方向迈出了至为关键的一步。在推进国家治理体系建设和全面建成小康社会的大背景下，慈善事业迎来了发展的重要机遇期，但同时改革发展的任务也还十分艰巨。本章着重梳理新世纪以来慈善事业发展中存在的矛盾与问题，分析慈善事业发展面临的形势，探讨中国慈善事业发展的策略与路径。

一、近年来慈善事业的发展状况

慈善事业是建立在社会捐献基础之上并以援助困难群体和促进社会公益为己任的社会事业。我国传统文化中的慈善思想可以说源远流长，但是由于一些认识上的误区，慈善事业的发展受到了长期的禁锢和压制，直到改革开放以后，以邓小平同志为核心的中央领导集体高度重视慈善事业，逐步扭转了传统社会主义理论对慈善事业的否定态度，对“慈善”的认识才逐渐趋于理性。1994年《人民日报》发表了一篇题为《为慈善正名》的文章，提出“社会主义需要自己的慈善事业，需要自己的慈善家”，“慈善”一词以积极正面的含义重回公众视野。近年来，以慈善组织专业运作为特征的现代慈善事业在我国开始起步，并随着经济社会的发展而不断壮大，民间慈善意识显著增强，各类慈善活动积极踊跃，在赈灾、济困、扶老、助残以及发展教育、科技和医疗卫生等方面发挥了积极作用。

（一）慈善法规政策不断完善

慈善事业的发展离不开法律法规的保驾护航。早在20世纪涉及慈善事业的法律法规，主要包括全国人大于1991年颁行的《中华人民共和国外商投资企业和外国企业所得税法》，1993年的《中华人民共和国红十字会法》，1999年的《中华人民共和国公益事业捐赠法》和《中华人民共和国合同法》，以及国务院于1988年颁布的《基金会管理条例》，1989年颁布的《社会团体登记管理条例》和《民办非企业单位登记管理暂行条例》等行政法规。

进入21世纪以来，慈善立法进程进一步加快，不仅对已有的法律法规进行了与时俱进的修订完善，而且还适应时代需要颁布了一系列新的法律法规。比如，2004年国务院修订出台《基金会管理条例》，同时废止了1988年出台的《基金会管理条例》，修订了《社会团体登记管理条例》和《民办非企业单位登记管理暂行条例》。特别是慈善领域法律法规出台和修订的频度加大。比如，全国人大于2001年4月通过了《中华人民共和国信托法》，从2005年以来多次修订《中华人民共和国个人所得税法》，2007年3月通过了《中华人民共和国企业所得税法》等。

一些具有立法权的地方也制定了一系列地方性法规。比如，2010年1月江苏省人大出台了《江苏省慈善事业促进条例》，2011年5月湖南省制定了我国第一部专门规范募捐的地方性法规《湖南省募捐条例》。这些法律法规对于保护公民和各类企事业单位的慈善捐助行为起到了重要作用。特别值得一提的是，在继1999年6月全国人大常委会通过了新中国第一部关于慈善公益方面的法律《中华人民共和国公益事业捐赠法》之后，2016年3月16日十二届全国人民代表大会第四次会议审议通过了《中华人民共和国慈善法》，对发展慈善事业，弘扬慈善文化，规范慈善活动，保护慈善活动参与人的合法权益，提供了基本法律保障。围绕慈善法的贯彻落实，有关部门抓紧完善有关配套性政策措施，民政部于2016年8月29日出台了《慈善组织认定办法》《慈善组织公开募捐管理办法》两个部门规章，推行慈善组织年度报告制度，建立公开募捐资格许可制度，以及制定慈善信托文件备案、信托监察人管理等具体制度；国务院法制办启动了社会组织三个条例的修订工作，财政部、税务总局于 2016 年 4 月发布《关于公益股权捐赠企业所得税政策问题的通知》，还将研究修改企业所得税法实施条例。

除了通过法律法规对慈善事业的发展进行规范外，从中央到地方高度重视对慈善事业发展的引导与支持。比如，民政部于 2006 年和 2011 年分别发布了两个慈善事业发展的五年指导纲要，2014 年与全国工商联联合出台了《关于鼓励支持民营企业积极投身公益慈善事业的意见》，2016 年发布《中国社会服务志愿者队伍建设指导纲要（2013—2020 年）》。特别是，2014 年国务院首次以中央政府名义发布了促进慈善事业健康发展的指导意见。为贯彻落实国务院文件精神，近年来各省（自治区、直辖市）结合实际，纷纷制定出台贯彻落实的实施意见，明确本省慈善事业发展的目标、原则、主要任务和措施，市级层面出台支持慈善事业发展意见的也不在少数。与此同时，近年来国家出台的有关民生保障、教育、体育、金融保险等多个领域的政策中，都从不同角度把动员社会力量、发挥慈善公益组织作用放在突出位置。慈善法规政策和规划措施的密集出台，极大地推动了我国慈善事业快速发展。

（二）社会组织快速发展助推慈善事业长足发展

社会组织是慈善事业发展的重要载体，也是反映慈善事业发展的重要指标。

1. 对社会组织培育扶持力度的加大，为慈善事业的发展提供了有力的组织保障

2008 年以来，中国慈善事业在各类社会组织的推动下，取得了重大进展和丰硕成果。数据显示：截至 2008 年年底，全国共有社会组织 41. 4 万个，到 2016 年底，全国各类社会组织达到 67. 52 万个，其中，社会团体 33. 5 万个、民办非企业单位 35. 9 万个、基金会 5523 个，直接登记的社会组织超过了 3 万多个，同时全国共建立经常性社会捐助站（点）和慈善超市共 3 万多个，其中慈善超市 9654 个。伴随着社会组织数量的快速扩张，以公益慈善为宗旨和目标的社会组织也得到了同步扩张。特别是对公益慈善类等四类社会组织采取直接登记和采取慈善组织认定的新办法之后，慈善类社会组织的准入门槛进一步降低，大批慈善类社会组织获得了合法地位。据公开信息报道，截至 2016 年 12 月 31 日，中央和地方共登记认定 2401 家慈善组织，约占全国

社会组织总量的 0. 59‰①。

2. 民政主管的慈善总会系统成为慈善事业发展的重要推力

1994 年，新中国成立了首家以“慈善”命名的全国性慈善组织——中华慈善总会。经过 20 多年的发展，目前中华慈善总会已发展团体会员 350 多家，主要是各省（自治区、直辖市）级慈善总会和部分县市级的慈善总会，截至 2013 年 6 月，全国县以上慈善会数量超过 1966 家，范围覆盖我国大陆所有省（自治区、直辖市），不少省份的慈善组织还延伸到街道、乡镇乃至村庄、社区，基本形成了广泛高效、全覆盖的慈善网络。20 年间，慈善总会系统所募集的款物名列慈善类社会组织的前列，受助对象数以千万计。2013 年，中华慈善总会和全国团体会员中的 204 家慈善会，共计筹集款物 302 亿元，约占当年全国筹集款物的 1/3。2016 年中华慈善总会共接收捐赠款物 187. 89 亿元，其中货币资金 5. 78 亿元，物资 182. 11 亿元，同期社会捐赠款物支出 174. 88 亿元，其中支出货币资金 4. 41 亿元，发放捐赠物资 170. 47 亿元，全年捐赠款物支出占收入的 93. 61%。20 多年来，慈善总会系统始终坚持人道主义精神，弘扬中华民族扶贫济困的传统美德，积极开展多种形式的公益慈善活动，在慈善事业发展中发挥了重要龙头作用。

3. 慈善行业组织发展迅速

行业联合是一个行业发展达到一定水平的标志，又会促进这个行业的发展。从“十一五”时期开始，慈善行业组织的出现无疑是新世纪以来我国慈善事业发展中的一道风景线。2007 年 12 月 26 日，由北京青少年发展基金会等 13 家慈善组织发起成立了“首都慈善公益组织联合会”，这是第一家省级慈善行业组织，标志着中国慈善行业在联合发展上实现了重大突破。2013 年 4 月 19 日，作为中国公益慈善领域的首家全国性、枢纽型的社会组织——中国慈善联合会成立。中慈联以联合慈善力量，沟通社会各方，促进行业自律，推动行业发展为宗旨，承诺不开展慈善募捐活动，不从事慈善项目运作，不充当慈善领域资源竞争主体。中慈联的成立，将对增强慈善组织的行业自律，搭建多方合作平台，促进行业规范化建设以及促进慈善政策体系的完善和实务工作的开展，发挥积极而有益的作用。

① 北京师范大学中国公益研究院：《中国慈善月度分析》，2017 年第 1 期。

（三）慈善公益愈趋活跃

1. 慈善捐赠显著增长

进入 21 世纪，慈善捐赠总量以每年翻一番的速度增长。2006 年首次突破了 100 亿元大关，2008 年汶川地震激发了全民捐赠热潮，慈善捐赠总量达到历史最高点。据初步统计，2008 年度，全国接收各类捐赠款物总额达 1070 亿元，占 GDP 总量的 0.356%，其中民政部门接收 498.8 亿元，慈善会 187.9 亿元，各类在民政部门登记的社会组织接收 77.3 亿元。据不完全统计，2011 年全国慈善捐赠总量约为 845 亿元，2012 年为 817 亿元，在经历了小幅回落之后，2013 年慈善捐赠迅速回暖，全国社会捐助总量接近 1000 亿元。2015 年全年共接收社会捐赠款 654.5 亿元，其中，民政部门直接接收社会各界捐款 44.2 亿元，各类社会组织接收捐款 610.3 亿元。

分析表明，自 2007 年有全国性捐赠统计以来，民营企业家或企业的捐赠数额一直占据企业捐赠的 50%以上。① 在接收方的结构上，2008 年民政部门接收捐赠的数额占据绝对比重，而此后出现了明显的变化，各类社会组织逐渐成为慈善捐赠接收的主体，根据中国公益研究院的研究，2013 年在 158 亿元的大额捐赠中，各类基金会接收的数额占 72%。《2016 中国捐赠百杰榜》显示，2016 年中国慈善大额捐赠刷新了历史纪录，达到 379 亿元，其中马化腾宣布捐赠 1 亿股腾讯股票，价值 169.85 亿元；10 亿级捐赠人数和捐赠过亿元的人数均创新高，分别达到 5 人和 38 人。借助移动互联网捐赠便捷的优势，我国大众小额捐赠的参与人次、捐赠总量也呈不断扩大态势。2016 年，“99 公益日”爱心网友捐款 3.05 亿元，共有 677 万人次参与捐款，涉及 3643 个在筹公益项目，总计善款金额超过 6 亿元；中华少年儿童慈善救助基金会 2016 年度筹款额突破 3 亿元，其中个人捐赠占 64%。

2. 志愿服务快速发展

志愿服务是现代慈善事业的重要组成部分，党中央国务院对发展志愿服务事业高度重视。党的十六届四中全会正式提及“志愿服务”，党的十七大报告提出“完善社会志愿服务体系”，党的十八大报告明确提出要“大力发展志愿服务”。近年来“志愿服务”陆续写入中央到地方各级政府的工作报告、经

① 王振耀：《现代慈善与社会治理》，北京：社会科学文献出版社，2014 年 7 月第 1 版。

济社会发展规划。在政府重视和推动下，志愿服务的发展十分迅速，已经逐渐发展成为一项社会广泛参与、全社会共享的公益事业，在奉献精神的感召下，党员志愿者、青年志愿者、老年志愿者、妇女志愿者、亲子志愿者、专业志愿者、社会组织志愿者、外籍人士志愿者等社会各个阶层、各个方面的群众主动加入志愿服务的行列中来，志愿服务项目和活动广泛涉及扶老助残、关爱儿童、治安、环保、防灾减灾、社区治理等多个领域，全国各地涌现出大批志愿服务品牌，有力促进了社会和谐稳定和志愿精神的传播。比如，2017 年河北省启动“善行河北 · 爱心奉献”学雷锋志愿服务活动，江苏省发起“青春志愿行，温暖回家路”青年志愿者服务春运的“暖冬行动”，北京市 2015 年推出“志愿家庭”行动计划，等等。这些志愿服务活动的开展产生了良好的社会反响。据统计，2014 年度中国（大陆地区）志愿服务组织大约有 200 多万家，登记的志愿者总人数约 6710 万人，未登记但参与志愿服务的民间志愿者约 4200 万人，实际参与志愿服务的人数达 1.1 亿人，提供的志愿服务约 152 亿小时，捐赠的价值合计约 540 亿元。

（四）民间慈善与救助福利制度衔接更加紧密

慈善事业对于以政府为主体实施的社会救助和社会福利制度能起到重要补充作用，而且本身具有诸多政府部门所不具有的独特优势。进入 21 世纪，各类民间慈善力量广泛开展赈灾、扶贫、扶老、助残等活动，其强大的资源动员能力逐步显现，在社会保障体系中的重要补充作用得到积极倡导和重视。比如，2014 年 5 月国务院颁布的《社会救助暂行办法》将“社会力量”参与明确写入其中，放在与低保、特困人员供养等八项社会救助制度同等重要位置。2015 年 12 月 31 日，国务院常务会议专题研究社会救助政策的完善问题，其中专门对加强慈善与社会救助制度衔接提出明确要求。可以说，在国家出台的一系列有关民生保障政策中，发挥慈善机制的作用都在不同程度上得到强调，更有一些专门政策文件对衔接慈善事业作出明确规定，如 2013 年民政部下发《关于加强医疗救助与慈善事业衔接的指导意见》，要求“主动向慈善组织提供救助对象的慈善需求信息”，建立健全民政与相关政府部门、慈善组织、医疗机构等共同参与的协调机制，共同研究医疗救助和慈善事业衔接工作中存在的问题，统筹开展慈善援助活动；2016 年 11 月，国务院发布的《“十三五”脱贫攻坚规划》提出“鼓励有条件的企业设立扶贫公益基金、开展扶贫慈善信托”。通过政策性文件的出台，引导慈善事业参与扶贫济困，特别是与政府职能部门相协调，使慈善事业在参与扶贫济困行动中，取得了显著进展和成效。

总之，进入21世纪，在法规政策不断完善和应对重大自然灾害事件的推动下，我国慈善事业的发展取得了令人瞩目的巨大成就，公益精神和慈善文化广为传播，慈善捐助行动与政府行为相得益彰，为正在进行中的中国社会建设作出了重要贡献。

二、慈善事业发展中面临的突出问题

我国现代意义上的慈善事业总体上正处在发展起步阶段，在诸多方面还存在不少“短板”和瓶颈问题。

（一）慈善税收制度不健全

为促进慈善事业发展，近年来国家在税收法律制度中提出了多项优惠政策，鼓励慈善捐赠，支持慈善组织发展。比如，企业所得税法、个人所得税法、海关法、企事业所得税法实施条例都专门规定了对捐赠者的税收优惠政策，可以说慈善捐赠税收优惠的相关制度已初具体系。尤其是慈善法颁布实施以来，无论是允许企业大额捐赠连续结转扣除，还是股权捐赠人以历史成本在捐赠环节免于所得税征收，慈善税收政策在不断走向完善。然而，从总体上看，我国慈善税收优惠政策仍较零散，也还不健全，一定程度上制约了慈善事业快速发展。

1. 慈善组织的公益捐赠税前抵扣资格与所得税免税资格认定相分离，两者之间的逻辑关系有待理顺

目前，有税前抵扣资格的非营利组织，是经民政部门登记或认定成立的公益性社会团体，并由财政、税务部门公布名单，而我国慈善组织的免税资格由财政、税务部门联合审核认定，缺乏民政部门的参与。在非营利组织免税资格的审批上，财税部门拥有较大的自由裁量权，导致慈善组织的免税资格难以取得。同时，公益性捐赠税前扣除资格涉及多个部门，慈善组织必须分别向相关部门提交申请材料，审核审批和办理的程序烦琐，税收优惠资格

难以取得。

2. 慈善捐赠优惠政策不尽完善

目前对货币捐赠的税前抵扣规定已相对完善，但问题主要表现在，一是缺乏必要的结转机制，除了大额捐赠之外，捐赠者只可以在当期申报纳税时获得抵扣，而当期扣除剩余的捐赠余额还无法获得延期抵扣。二是不动产、股权、知识产权等非货币捐赠要想获得税收优惠，还缺乏必要的操作性政策，法律规定的优惠原则无法有效落地。三是企业捐赠产品货物的，一般仍需缴纳增值税、消费税、营业税等，不能有效给予相应的税收减免。另外，沉重的税负及行政性费用，也成为妨碍非货币性捐赠的重要因素。

3. 慈善组织和慈善受益人的税收优惠政策还存在空白

在理论上，慈善组织的活动应当享有税收优惠，但实际上一些慈善组织除了开展非营利性活动之外，有的也涉及营利性的活动，现行税收优惠政策还不能做到准确区分，同时由于税制具有“普适性”，与慈善行业缺乏必要的对接，对慈善组织的多种形态考虑不全，导致税法中大量税收优惠政策并不能有效涵盖所有慈善组织。在捐赠受益人方面，虽然《基金会管理条例》等相关法规在原则上规定受益人享受税收优惠，但慈善受益人的税收优惠缺乏制度规范。

（二）慈善组织的发育还相对滞后

拥有一大批结构合理、参与广泛、透明度高、行动力强的各类慈善组织是慈善事业发展的重要保证。但总体上，目前我国慈善组织的发育程度还不高，慈善组织的潜能还没有得到充分释放和激发。

1. 慈善组织数量少

据 2016 年数据，全国县级以上慈善总会 2000 家，经认定的慈善组织 2400 家、基金会 5523 家，近年来各类社会组织增量尽管发展较快，但若是以 14 亿人口来衡量，与中国扶贫救助和福利服务事业发展的现实需要相比，慈善组织的规模无疑还相对较小。与一些发达国家相比，我国的慈善组织在绝对量上也是偏少的。比如，我国人口总数是美国的 4 倍，然而注册的基金会和慈善组织数量仅为美国的四分之一。

2. 慈善募集能力普遍较弱

根据中国社会科学院发布的《慈善蓝皮书：中国慈善发展报告（2016）》，

2015 年全国预期社会捐赠总量达 992 亿元，加上志愿服务折价 600 亿元和彩票公益金 340 亿元，全国慈善公益的总价预计达到 1932 亿元，这一规模占当年 GDP 的比重为 0.28%，而美国在 2013 年慈善捐赠占 GDP 的比重就已经达到 2.2%，中国这一比例不仅远远低于美国、英国等发达国家，也低于“金砖”国家。其中的原因是多方面的，但主要是慈善组织的资源动员能力不强，一方面，慈善组织内部治理机制不健全，特别是慈善募捐的财务公开程度还不够，导致社会公众对慈善组织信任度不高；另一方面，慈善组织与公众的接触面少、接触频率低，在日常生活中人们基本上感受不到慈善组织的存在和作用，形成不了广泛的社会动员。慈善组织之间的协同能力也比较差，比如，在募捐环节，时常会出现多头募捐的问题，加重了企业的负担，造成全社会慈善资源的不合理配置，也影响了慈善组织的社会形象。

（三）行政干预“缺位”和“越位”并存

慈善事业的发展需要政府提供必要的引导和扶持性政策，但归根结底需要在各类慈善组织的主导下，由民间专业机构运作。在慈善事业发展的初级阶段，政府的扶持和引导是必不可少的，但主要在于制定法规政策，将慈善事业的发展纳入规范化轨道，同时培育和扶持慈善组织，创造慈善事业发展的主体，并加强慈善募捐和慈善资源使用的监管，而不是越俎代庖、政府包办。在现阶段，由于慈善文化和慈善意识还没有得到广泛普及和认同，在应对重大自然灾害和突发事故时，为弥补公共资源的不足，我国传统上行政劝募还是主导形式，主要通过单位对口扶助、赈灾捐赠等指令性、突击性劝募来进行慈善筹款筹物，募捐的自愿性和社会化程度不高，在慈善资源本身还没有达到极大丰富的条件下，政府行政劝募无形中与民间慈善组织形成竞争关系，一定程度上替代了本该由民间慈善组织发挥的作用，进而排挤了社会自发机制的空间，压制了民间慈善活力。

（四）慈善监管机制不健全

慈善事业的发展离不开有效监管，目前我国对慈善事业的监管主要是围绕慈善组织的登记审批和认定以及募捐市场进行的，从整个慈善运行来看，对慈善组织内部的监管和慈善项目的监管还比较薄弱。主要表现在：一是对慈善组织的设立采取比较严格的登记准入制度，但是一旦慈善组织设立以后，主要是采取评估和报送年度工作报告等手段，而没有相关的法律法规对慈善组织的内部机构设置和规章管理给予必要的监管，不可避免地出现各种滥用、挪用和私吞慈善资源的可能性。二是慈善事业的进入、评估、监管、公益产权界定与转让、融投资、退出等完整法律框架尚未形成。① 由于慈善主体的本质属性最终由其具体行为所体现，各国和地区一般放宽慈善组织的法人身份获取条件，而将慈善项目的准入和相关行为履行的规范监管作为慈善法律内容的重点条款，我国却注重慈善组织法人身份的严格准入监管，对慈善项目和慈善行为的监管失之宽软，导致一些基金会虽然通过项目形式开展公益活动，但项目本身的设计十分初级化，不能充分实现应有的社会价值，而监管部门也缺乏必要的手段给予规范和引导。三是慈善募捐市场监管不到位，“多头募捐”“诈捐”等募捐中的负面事件时有发生。法律法规对慈善募捐监管的责任主体规定不明确，慈善组织的业务主管单位管理弱化，而民政部门的职能主要是登记审批和募捐备案，对募捐市场的监管缺乏必要手段，尤其对网络募捐中骗捐等不良行为的监管打击力度不够。慈善项目也普遍缺乏必要的监管制度规定，一些慈善项目的立项和实施缺乏科学评估，导致部分慈善项目声誉不良或效益不高。

三、新时期慈善事业发展面临的形势

在社会快速转型的过程中，受人们的思想观念、利益关系和阶层结构变动的影响，慈善领域中一些乱象一时还难以消除，慈善事业要迈上持续健康发展的道路还面临不少挑战。但总的来讲，未来慈善事业在中国的发展将机遇多于挑战，有利因素多于不利因素，慈善事业发展提档升级并在更多领域发挥更大作用，完全可以期待。

（一）党和政府高度重视慈善事业，为慈善事业的发展提供了坚强保证

党的领导和政府推动是慈善事业健康发展的根本保证。从改革开放之前

① 林闽钢，朱锦程：《我国慈善立法的目标定位和基本框架》，载《湖北社会科学》，2014 年第 11 期。

对慈善事业认识的片面性，到现在明确了慈善事业与中国特色社会主义制度不是矛盾关系，而是兼容和促进的关系，这标志着确立了慈善事业发展的正确方向。延续改革开放以来慈善事业确立的正确方向，党的十八大报告在加强社会建设一节中，将慈善作为一项事业正式提出，强调“支持发展慈善事业”，并把慈善与完善社会救助体系一并要求，这一论述奠定了慈善事业在社会建设中的地位和作用。在党的十八届三中全会通过的决定中，进一步明确了发展慈善事业的具体要求，比如，要“完善慈善捐助减免税制度”“重点培育和优先发展行业协会商会类、科技类、公益慈善类、城乡社区服务类社会组织”，要求政府进一步简政放权，将适合由社会组织提供的公共服务和解决的事项交由社会组织承担。在国民经济和社会发展“十三五”规划、“十三五”国家老龄事业发展和养老体系建设规划、防灾减灾救灾体制机制改革的意见等重大文件中，均从不同角度提到了慈善事业，对发挥公益慈善在扶老、脱贫、助残中的积极作用提出了明确任务。慈善事业写入党中央国务院的重要文件，向社会传递了积极的政策导向和鼓励发展的信号，而且伴随党中央国务院上述决策部署的贯彻落实，可以确信，慈善事业发展的大政方针不会改变，倡导和推动慈善事业发展的力度只会强化不会削弱。

党和国家领导人对慈善事业高度重视、亲力亲为，为慈善事业的发展注入强大动力。比如，2008 年召开了首届中华慈善大会，时任中共中央总书记胡锦涛同志、时任国务院副总理李克强同志等党和国家领导人接见与会代表。2013 年 9 月 26 日，中共中央总书记习近平同志会见第四届全国道德模范及提名奖获得者并作重要讲话，强调要弘扬真善美、传播正能量、激励人民群众崇德向善、见贤思齐，鼓励全社会积善成德、明德惟馨；在 2015 年 11 月 27 日召开的中央扶贫开发工作会议上，习近平总书记指出，要借鉴其他国家成功做法，创新我国慈善事业制度，动员全社会力量广泛参与扶贫事业。一些党和国家退休领导人直接参与慈善活动。2013 年原国务院总理朱镕基成立了实事助学基金会；公开出资成立非公募基金会或专项基金会的还有李瑞环、李岚清、李鹏、吴官正等原党和国家领导人；2013 年 4 月 19 日，中国慈善联合会在人民大会堂成立，原国务院副总理回良玉同志担任名誉会长。党和国家领导人的关怀重视和亲身参与，将产生强大的号召力，必将极大地推动中国慈善事业的发展。

（二）我国经济运行态势良好，为慈善事业的发展提供了坚实物质基础

慈善款物的捐赠规模是衡量慈善事业发展水平的重要指标。一般而言，经济发展阶段越高，社会财富的积累越雄厚，可用于慈善公益事业的物质基础就越坚实，而且随着财富的不断增长，大多数人会逐渐看淡财富，转而更加关注公益和社会问题，寻求个人社会价值的实现。美国等一些西方国家之所以慈善捐赠占 GDP 的比重较高，一个不能忽视的因素，就在于这些国家的总体经济实力比较雄厚，各类企业成立了大量基金会，使大笔社会财富通过慈善之门而汇聚起来，用于社会各个领域中的公益慈善事业。我国从改革开放以来，特别是 20 世纪 90 年代以来，经济发展搭上了全球化高速列车，总体经济实力不断增强，虽然从 2008 年以来受国际金融危机的冲击很大，加上国内经济结构调整等因素，经济增长一度从高速降到中低速，但经济增长依然保持 6%左右增长水平，领跑世界绝大多数国家，经济总量依然在增加，这是未来慈善捐赠继续保持在较高水平的有力保障。

尤为重要的是，进入 21 世纪，中国经济增长呈现出一系列新的变化，这种新的变化孕育着慈善事业快速发展的有利因素。一是随着供给侧结构性改革的逐步深化，中国经济结构更加趋于合理，第一产业增加值在下降，而服务业的贡献迅速增大，2016 年服务业的贡献首次突破了 50%，未来服务业的增加值还将继续保持领先地位，与此相关，医疗、教育、金融、物流、互联网等行业蓬勃发展，蔚然成势。二是技术进步正在加速，为经济发展注入的动力日益增强。三是民营经济总体实力在不断改善，登上财富百强榜的民营企业家所拥有的财富越来越雄厚。相比农业和制造业占主导地位的时代，迈入新常态之后的中国经济，其本身更加有利于慈善事业的发展，因为在传统社会中，由于财富、渠道、技术手段和组织等方方面面的局限，公益慈善很难突破宗族和社区的狭小范畴，不可能产生现代意义的慈善事业。而在经济发展迈入新阶段后，物流、互联网技术和金融产品的创新将使慈善捐赠变得更加便捷，慈善信息渠道更加多样和透明；简政放权改革使企业的营商环境不断改善，一大批非公有制企业家获得商业上的成功之后，关注和参与慈善事业的积极性会更高。从普通公众来看，人均收入水平的提高和人们闲暇的增加，也会使越来越多的人愿意拿出钱物和时间参与到公益慈善中来。

还要看到，共享经济成为我国未来引领经济发展的一股不可忽视的力量。国家信息中心发布的《中国分享经济发展报告2017》显示：2016年我国分享经济市场交易额约为34520亿元，比上年增长103%；分享经济融资规模约1710亿元，同比增长130%；预计未来几年，分享经济仍将保持年均40%左右的高速增长，到2020年分享经济交易规模占GDP比重将达到10%以上，到2025年分享经济规模占GDP比重将攀升到20%左右。[①] 共享经济的出现，无疑将极大拓展慈善事业发展的空间和平台，推动公益慈善不断创新。

总之，从经济角度看，改革开放以来中国经济稳定发展的机制不断成熟，增长定力显著增强，而且创新成为潮流，这将使慈善事业发展的经济基础更加牢固，未来汇聚的慈善资源不断增长是完全可以实现的。

（三）社会主义初级阶段和社会转型的基本国情，既需要发挥慈善的积极功能助推社会发展，又存在着慈善事业大显身手的广阔天地

综合研判我国现阶段特征，普遍认为，当前我国仍处在社会主义初级阶段，虽然中国特色社会主义现代化建设取得了显著成就，但我国人口多、发展不平衡、城乡二元化发展格局依然存在，特别是城乡贫困面较大、贫困人口多，大量的低收入群体面临生活、医疗、住房、教育等方面的困难；市场化改革使人们生活水平显著提高，但同时也带来了社会阶层分化、环境污染、道德滑坡等问题。比如，城镇化中流动人口的城市融入问题，农村留守儿童、留守妇女、留守老年人问题，老龄化加剧带来的养老服务供需矛盾问题，等等。这些问题的出现反映了当前和今后一个时期，中国跨入转型阶段，也就是由传统向现代、由静止向变动、由单一向多元、由简单向复杂转变的一个时期。在这样一个时期，利益诉求多元，矛盾问题复杂，公益慈善在社会运行中的作用更加凸显。公益慈善是社会正常运转的重要组成部分，尤其在一个变动不居的社会中，人们借助慈善行为可以表达价值观念，可以互助共济，对于公共权力的化身政府而言，慈善是以公共财政为后盾的社会保障制度的有益补充，在国家正式的社会保障制度无法顾及一些特殊群体或社会问题时，或者公共资源不能满足某些社会成员的需求时，公益慈善事业的补充作用就

① 国家信息中心分享经济研究中心：《中国分享经济发展报告2017》，http：//www.sic.gov.cn/News/260/7734.htm。

变得至为重要。如果从社会发展的阶段性特征来看，在全面深化改革、全面建成小康社会的关键时期，化解和消除社会矛盾和问题留给慈善组织和慈善力量发挥作用的空间是无限的，慈善事业必定大有可为。

（四）公益慈善创新方兴未艾，未来慈善事业发展有望动力更强

创新是引领发展的引擎。技术创新、理念创新、方式方法创新等各方面创新已在中国各个行业和领域悄然成风。慈善领域的创新更是方兴未艾，且已渐成趋势。公益创投、金融、信托、股票、债券等各种市场机制创新被广泛用于公益慈善；一些兼具公益性和市场性双重属性的业态不断涌现，比如，社会企业、慈善超市、公益银行等新生载体平台已经深入大众生活；以公益慈善为关键节点的新型产业链相继出现，比如，捐赠旧衣物循环产业链、废旧材料再生产业链等。新的公益业态，借助"公益+金融"方式，以市场化为驱动力，融合了农业、工业、服务业与知识产业，形成了以跨业组合为特点的公益产业集群，激活了各类市场机制，创造出了巨大的社会效益。与此同时，公益慈善领域中跨界融合、政社合作的趋势也渐成规模。主要表现在，通过公益创投和政府购买服务，政府与公益慈善组织的合作进一步密切，大量公益慈善活动实现了政府出钱、公益性社会组织运作；企业的社会责任越来越强，社会责任的履行和共享机制的形成，企业与公益组织的合作变得越来越密切；移动互联网、信息技术与商业支付方式创新的结合，催生出各种开放、共享、透明的平台，扩大了公益慈善的参与度和透明度，比如，汶川地震发生后，一分钟内淘宝支付宝网友就捐款 1 万元，在短短十几天内淘宝网友捐款 2000 余万元，充分展现了新平台对慈善事业的巨大支撑作用。在未来中国的发展中，创新所带来的"红利"更加显现，也必将有更多的创新在慈善领域中生长出来，这种创新趋势势必为慈善事业的发展注入强劲动力。

（五）经济迈入新常态，慈善事业发展面临的不确定因素增多

2014 年 11 月，习近平总书记对中国经济发展阶段性特征首次以新常态作了概括。进入新常态，经济从高速增长转向中高速增长，经济结构性改革迫在眉睫，使就业、财政、居民收入等都会受到影响，由此可能引发一些新的社会问题和社会矛盾。比如，传统制造业化解过剩产能必然出现一些企业关停倒闭，从而引起下岗失业问题，就业压力增大；经济增速放缓之后，财政

收入同步降低，而逆经济周期而为的社会保障和公共服务政策对财政支出的刚性需求提高，财政紧张的状况可能会进一步加剧；为摆脱经济增长迟缓的风险，刺激性经济政策可能提高通货膨胀率，使居民实际收入缩水，从而使得居民储蓄意愿提高，消费水平降低。经济运行是慈善事业发展的“晴雨表”。在经济运行较好的情况下，社会上绝大多数人能够从经济平稳运行中获得体面的收入和改善生活的物质条件，一般慈善捐赠的规模不会陡然变差；相反，若经济运行不能显示良好预期，这时绝大多数社会成员的谨慎动机就会抬头，从而必然影响慈善捐赠的积极性。特别是作为我国慈善捐赠主体的各类企业，经济景气指数将直接决定着企业的捐赠规模。近年来一些新兴民营企业成为慈善捐赠的大户，但是当大批民营企业面临生存之虞时，即使它们想履行社会责任，也不得不将其放在次要位置。因此，在经济下行时，慈善捐赠的不确定性必然增大。比如，2008 年以来受金融危机的影响，美国华尔街的慈善捐款大幅下降，以“希望行动”为例，2009 年募集到的善款曾创下历史新高，而 2014 年善款募集量却下降了 20%；2013 年，花旗集团的慈善捐助减少了 60%，约合 11.5 万美元；荷兰国际集团推迟了 30 万美元捐助资金计划；摩根士丹利的捐助资金也从 2007 年的 5430 万美元下降至 2010 年的 4670 万美元。①

慈善作为“第三次分配”机制，它能否有效，从长远看取决于社会的文明程度，而在短期则取决于慈善专业组织的运作能力，特别是在现代社会中，人们的公益慈善精神和参与程度在很大程度上需要专业慈善组织的开发和引导。在经济新常态之下，一方面社会需求的扩大会使慈善组织的活力增强，另一方面由于就业、收入和经济形势的不确定性，个体自我理性的强化会进一步降低社会的凝聚力，从而使慈善组织游说和劝募面临的挑战增大。同时，由于需要慈善机制解决的社会问题变多，慈善项目和慈善活动受到的关注度提高，慈善风险容忍度降低，人们期望慈善组织能够解决更多的问题，对慈善组织而言维系公共形象、强化内部治理的压力也会增大，慈善组织能否经受得住考验必然多了诸多不确定性。

---

① 经济不景气致华尔街慈善业善款募集量骤降，2014 年 3 月 13 日，中国经济网。

（六）“互联网+”使公益慈善更有力量，同时也使公益慈善生态更加脆弱

公益慈善生态是由慈善组织、慈善项目和慈善法规政策等因素构成的。互联网技术的快速发展和应用，使慈善事业发展的这些要素实现了新的聚合，推动了慈善运行效率的提高，带来了慈善模式的创新。中国有着世界上最大规模的网民和移动互联网用户，越来越多的人通过互联网进行学习、工作和日常生活，凭借微信、微博等网络平台，善款募集与支付、慈善项目运作、信息公开以及公益慈善传播的速度必将随着互联网技术的广为应用而得到极大提高，从未来看，互联网将为公益慈善事业带来新的变化和发展契机。但是，互联网技术是一把“双刃剑”，用好了会发挥其积极的一面，若疏于监管或监管的政策工具跟不上，它所产生的危害同样是不可估量的。一是它的传播速度快，负面事件瞬间即可迅速扩散，往往因为微不足道的个案就可能造成不可估量的影响，比如 2016 年发生的罗尔事件。二是信息不对称。互联网的传播优势是显而易见的，但由于网络的虚拟性，对网络募捐者特别是个体募捐者发布的信息，社会公众更不易明辨真伪，也无法知晓善款的真正用途。一些不法分子借助网络进行“诈捐”的案例屡见不鲜。三是对网络慈善难予监管。从理论讲，依靠网络技术和新的支付方式，公益慈善完全可以实现跨地域、跨国界进行款物募集和善款的使用，将极大推动慈善事业的创新，但同时需要完备的规范性政策和监管工具与之相适应。互联网融入慈善事业将直接改变慈善生态，这种变化既有正向的一面，也存在潜在的负面因素，特别是负面的因素需要引起关注，因为互联网的优势既可以让“指尖公益”“随手行善”成为现实，但也可能会放大某些负面事件的影响，使人们的慈心善举更易受到侵蚀，慈善生态变得更加需要保护。从某种意义上说，互联网技术融入慈善的程度越深入，加强慈善生态保护的任务就会越紧迫。

四、慈善事业发展的策略与路径

改革开放以来，我国慈善事业蓬勃发展，但发展的水平和成熟度明显不够，特别是还存在一些“短板”，亟待厘清发展策略和具体政策路径。

（一）慈善事业发展的策略

2016年慈善法的颁布，确立了慈善事业发展的法治框架，要把法律的规定落实在慈善事业的多样化实践中，使法律的规范作用和引导作用充分发挥出来，还应当根据客观需要明确慈善事业发展的目标，制定行动的方针和方式方法。在策略上应当重点聚焦以下几个方面：

1. 明确慈善事业发展的大方向

我国是一个有着悠久慈善传统文化的国家，国民身上体现着根深蒂固的慈善美德，但是传统慈善很难突破血缘、宗族和共同生活的社区的局限，达不到现代社会对公民的公益精神的要求。现代社会要发展的慈善事业，大的方向是从传统慈善文化、慈善道德推而广之的公益慈善，它至少要在三个层面发挥积极作用：一是引导社会成员自觉践行社会主义核心价值观，传播社会主义先进文化，发挥巩固马克思主义在意识形态领域的指导地位、巩固全社会共同思想基础的作用。二是引导和动员慈善组织、企事业单位和社会公众等社会力量，共同参与教育、科学、文化、卫生、体育等社会事业，凝聚起推动中国社会建设的强大力量，促进国家治理迈入现代化。三是汇聚社会资源，用于扶老、救孤、恤病、助残、优抚，帮助贫困人口和困难群体摆脱生存困境、改善生存条件，发挥慈善调节收入分配、促进民生改善的功能。慈善事业发展的方向明确了，才能进行科学的顶层设计和落实鼓励发展的政策举措。

2. 科学设定慈善事业发展的目标

目标是行动的方向，慈善事业发展的目标明确，才能有的放矢、稳健前行。促进慈善事业的发展首先需要有远景目标，在远景目标的指引下，使慈善事业发展适应时代要求，符合发展规律和人民意愿。从现在起，我国将从不全面的小康社会到全面建成小康社会，再从全面小康社会走向共同富裕社会，国民生产总值将从世界第二位上升到世界首位，国民收入将从中下等向中上等、再向高收入阶段迈进，国家的现代化水平将追上发达国家水平。中国特色社会主义建设的远景，应该说远不止这些，定位慈善事业发展的远景目标，应当以中国特色社会主义建设的远景目标为靶向，紧扣每一阶段的发展特征、发展需要和发展任务来科学筹划慈善事业发展的目标、途径和法规制度建设，从而使慈善事业融入“五位一体”的总体布局中来，并与之相协调、相一致，从而更好地激发慈善正能量，发挥慈善的积极作用，助力中国的现代化建设。慈善事业发展的阶段性目标，需要契合国家经济社会发展阶段性任务，明确每个时间节点的目标，将远景目标细化为具体任务，层层分解、环环相扣，推动慈善事业健康稳健发展。慈善事业在“十三五”时期的发展，重在以慈善法、公益事业捐赠法为总纲，以规范慈善组织、税收优惠和慈善募捐监管为重点，逐步健全完善法规制度政策体系，打通政策落实“梗阻”，引导慈善组织规范自身管理，完善慈善事业监督运行机制，全面普及慈善文化和公益理念，增强全社会的公共意识，使慈善事业发展的法治化、规范化和社会化水平显著提升。

3. 完善制度环境激发慈善事业发展内生动力

慈善事业发展的动力根本上来自于公众自愿奉献和自觉参与，但离不开政府的倡导、规范和监管，就是要通过依法履行法律规定的政府职责，明确慈善活动的制度框架，制定慈善税收优惠政策，实施行政监管、加强行业约束，引导社会监督等方式，创造公平、法治、透明的制度环境，支持和规范慈善事业有序发展。对于慈善组织成立、募捐发起、税收优惠的落实，只要符合法律的规定，就应当使所有慈善参与主体平等地享有；慈善组织或企业、社会公众等不同主体参与公益事业，要为其创造有利条件，符合优惠政策或能提供扶持的，就要使相关政策落实到位，尤其要使企业、个人参与公益慈善活动变得简单透明又能产生应有的社会回报；制定出台的优惠扶持政策，特别是税收减免政策，既要对相同主体一视同仁，又要简政放权、简化程序。对慈善领域中的违法违规行为，要依法查处取缔，使慈善事业环境得到净化。

4. 培育公共精神，传播慈善理念，使社会责任成为全社会的价值导向

慈善是我们这个社会的精神家园，与社会主义价值观和民族传统美德是一脉相承密切关联的。在现代社会中，慈善的精神力量能弥合现代社会中人与人之间的疏离，增强社会的向心力和凝聚力，因此成为政府、市场之外维系社会团结的第三种力量。慈善的这种精神不是凭空而来的，培育人人可慈善的精神，首先要加强公共精神的培育，增强公民、企业和其他社会主体的社会责任意识，提高人的公益修养和文明程度。其次，要传播慈善理念，将慈善精神融入精神文明建设，推动慈善宣传进社区、进企业、进校园，使慈善精神竞相传递，大力营造“人人参与慈善、人人享受慈善”的浓厚氛围。慈善理念和公共精神的培育传播，要上升到企业社会责任、公民道德建设的

高度，与培育和践行社会主义核心价值体系同步加强和推进。

（二）慈善事业发展的路径

“十三五”时期是我国全面建成小康社会、实现第一个百年奋斗目标的决胜阶段，也是经济社会全面转型的关键时期。慈善事业的发展，应当从中国现阶段的国情和服务国家发展的要求出发，着眼于增强慈善事业可持续发展的内生动力，明确发展导向、改革重点和推进举措。

1. 继续简政放权，厘清政府责任，深化政社分开

慈善事业是民间事业，政府的参与必须遵循一定原则，可以明确的是政府不能既当“运动员”又当“裁判员”，而后者才是其真正的职责所在。传统上，行政主导和行政干预在我国的惯性较大，要破除慈善事业发展的困局，首先要做的是厘清政府的责任。政府必须扮演好规则制定者的角色，规范政府的干预之手，以积极而适度的姿态，使政府的责任回归到政策制定、监督管理和扶持引导上来，营造良好的制度环境，让各类慈善组织、企业和社会公众在相同的规则之下参与慈善活动，并对各类合法慈善行为提供保护，维护它们的合法权益。尤其要形成职责法定的思维，不应通过行政权力搞强制慈善募捐，也不应直接管制慈善组织内部的管理和日常运作。其次，应当继续推动政府职能转变。在慈善领域应当制定和公布政府权力清单，凡是社会组织能接得住、管得好的事情，凡是可以动员社会力量参与的公益慈善领域，政府都要向社会放权，通过赋权于社会，激发社会参与积极性；还要减少不必要的行政审批，简化行政审批的程序和环节，使鼓励性政策便于落实、监管限制性措施简明易行。再者，在现阶段的特定国情下，慈善事业自我发展的内生动力还显著不足，政府不能抽身而退，任其自生自灭，除了通过释放行动空间，完善政策之外，还应当注重对慈善组织的培育，通过注入资源、公私合作等手段，积极促进多元主体参与，搭建多方合作的平台。

2. 以贯彻落实慈善法为主线，加快完善慈善法规政策体系

党的十八大明确提出“支持发展慈善事业”，从体制和政策上大力推进公益慈善发展。2016 年 11 月国务院发布《关于促进慈善事业健康发展的指导意见》，作出了我国公益慈善发展的整体规划。民政部先后颁布了两个《中国慈善事业发展指导纲要》，系统地提出了我国慈善事业发展的方针、指导思想、原则和目标任务。为了将党中央国务院关于慈善事业发展的决策部署上升到

法律层面，全面规范慈善事业的发展，2016 年全国人大正式启动了酝酿多年的慈善法起草工作，并于同年 9 月 1 日颁布实施，慈善法的颁布将我国公益慈善法制建设推到了一个新的高度。这部法律有许多重要的创新，对慈善组织、慈善募捐、慈善信托、慈善服务、信息公开等重大问题专设章节阐述，对慈善财产保护、税收优惠、网络慈善等焦点难点问题作了具体规定。这部法律虽然几经波折才得以面世，但是它确立起来的这部上位法还需要在相关法规政策的配套下，构建完整的法律政策体系，才能真正发挥出应有的作用，同时慈善法本身是一部基础性、综合性的法律，它不可能将所有需要调整和规范的事项全都涵盖在内，慈善法颁布之后的后续法规政策的修订和完善应当及时跟进。比如，社会组织三个条例的修订、税收优惠政策的完善和慈善信托条例的制定、网络募捐的监管等，都需要及时启动。需要注意的是，慈善配套法规政策的完善，必须根据实践的发展而渐进推进，只有相关慈善行为稳定成型，才适合于上升到法律法规制度，使之固定下来，配套性法规政策过早或过晚出台都不利于慈善事业发展。当前加强慈善配套性政策应当首先在慈善组织的认定、公益信托管理、捐赠人和受益人的税收优惠、行政性收费减免以及公募资格审批等重点和关键环节上制定更具操作性的实施细则和办法，使慈善法的相关规定真正能够落地见效。

3. 全面落实慈善税收优惠政策，激活慈善发展活力

税收优惠是现代国家支持慈善事业发展的通行做法，就是减免捐赠人和受益人本该承担的税负，以此鼓励企业、个人和各类社会主体自愿捐款捐物，参与公益事业。我国税法、公益事业捐赠法和慈善法对个人和企业捐赠规定了相应的税收优惠政策，特别是慈善法对大额捐赠超过当年税前扣除的部分，允许在此后三年内结转抵扣的最新规定，有利于促进大额捐赠，表明国家对慈善捐赠的税收优惠力度有所加大。但是国家的税收优惠政策如何便捷高效地落实下来，使各类慈善参与主体真正能享受到便捷的申报办理服务，还需要在税收管理服务方面不断创新。首先，要坚持税收法定原则的前提下，完善慈善组织税前资格认定办法，使符合条件的慈善组织公平享有开具税前抵扣税票的资格；税务部门和慈善组织监管部门要建立联审联批机制和监督评估机制，对享有税前抵扣资格的慈善组织采取动态化管理。其次，针对股权、知识产权、不动产等非货币形态的捐赠，需要基于实践合理性科学地设置相应的税收优惠政策，对于不动产捐赠，应免除捐赠人应缴付的营业税、个人

所得税和交易手续费，以及受赠方应缴付的契税、印花税、交易手续费等税收和行政性收费。最后，要尽快完善慈善信托支持性税收优惠政策，重点围绕慈善信托可以享受哪些税收优惠，在哪些环节享受税收优惠，除备案以外享受税收优惠还需满足哪些条件，以及在业务中如何操作等重点问题，研究出台具体的税收优惠政策；对于以动产、不动产、无形资产、商品货物等财产设立慈善信托涉及的增值税、印花税、契税、车辆使用税、房产税、土地使用税等税收优惠问题也需要尽快考虑。

4. 以慈善组织为核心，支持慈善载体建设

慈善组织的自身建设需要突出公信力建设和能力建设两个方面。加强公信力建设，一方面，需要通过建立监测机制，强化监管措施，提高违规慈善组织的违规成本，筑牢公信力的底线；另一方面要建立违规社会组织通报公示制度，定期公布违法违规社会组织名单，倒逼社会组织强化公信意识。能力建设方面，政府要做的是严格执行登记准入各项规定，将不符合登记审批条件的慈善组织排除在外，同时要在公益项目、购买服务、公益创投等方面，加强对慈善组织的扶持，强化与慈善组织的合作，给它们以发展壮大的机会。提高慈善组织自身能力，政府的职责主要在于培育一个完全竞争的“慈善市场”，履行好对这个市场中各类主体的监管职责，确保规则公平，维护市场秩序。自身能力建设在根本上是慈善组织自身的事，政府要保持慈善市场公平竞争的前提下，减少对慈善募捐的行政干预，让慈善组织唱主角，引导慈善组织增强资源动员能力和筹资能力；要鼓励和支持慈善创新，对慈善组织运用新手段、新方法或新方式来筹款募捐、开展公益活动、提供社会服务的行为，要允许试错、宽容失败，使公益慈善创新成为常态；要加强行业自律，指导慈善组织成立行业性组织，提倡行业标准，规范行业行为；要建立慈善项目绩效评价指引制度，引导慈善组织从关注筹资向提高慈善资源使用效益转变，增强慈善组织以优良业绩回报社会的能力。

5. 以社会主义核心价值观为引领，培养公民的慈善意识和慈善自觉

慈善意识和慈善自觉是慈善事业发展的价值基础，只有从理念和文化上加强慈善意识和文化的培育，不断提升全社会的慈善自觉，慈善事业的发展才能最终长成参天大树。这种价值层面的东西虽然看不见、摸不着，但所起的作用是无法估量的，西方国家以宗教立国，宗教信仰对世道人心、社会风气乃至主流文化的形成，产生了至为关键的作用，这也是一些西方国家慈善

事业长盛不衰的文化基础。中国市场化改革带来的社会发展与进步是毋庸置疑的，但在快速发展的过程中，人们的价值观念急剧变化，中华民族的一些传统美德在物质主义下遭到了很大冲击，一些不良社会风气正在侵蚀着我们的这个社会机体，部分社会成员道德滑坡、行为失范，一些企业不讲诚信，假冒伪劣产品和坑蒙拐骗行为屡有发生。推动慈善事业发展，绝不能就慈善而论慈善，也不能把慈善简单等同于筹款筹物，慈善所折射出来的是一个社会的主流价值和社会道德，也是社会文明进步和公民道德水准的集中反映。发展慈善事业必须把它放到社会主义核心价值体系中，与中国传统美德的弘扬相联系，与公民道德建设相同步，要融入中国特色社会主义文化建设，作为一项事关中国特色社会主义建设全局的大事来认识与推进。要注重公民道德素养的培养，通过宣传守法意识、诚信意识、文明意识、敬业乐群意识，在全社会传播社会责任、弘扬正气，大力提升公民的公益慈善意识，增强公民慈善自觉。要提倡正确的财富观，树立以合理合法的方式获取财富，以利人、利己、利社会的方式使用财富的正确财富观，积极引导人们特别是富裕阶层，热心参与公益慈善。要积极倡导社会人道主义，引导人们互助友爱、和谐相处、乐善好施，推动慈善意识的提高。要创新慈善宣传方式，大力推广慈善理念，宣传“企业公民”、树立慈善典型，积极营造参与慈善事业高尚的社会氛围。

第九章

民政工作在新型城镇化建设中的作用

推进新型城镇化建设是中国改革发展的重大战略。2012 年 12 月召开的中央经济工作会议上，中央提出要“积极稳妥推进城镇化，着力提高城镇化质量”。2014 年 3 月，中共中央、国务院印发《国家新型城镇化规划（2014—2020 年）》，从战略高度对今后一个时期我国城镇化发展作出规划。2016 年 2 月，国务院印发《关于深入推进新型城镇化建设的若干意见》，全面部署深入推进新型城镇化建设。新型城镇化是加快缩小城乡、地区发展差距，增强发展的平衡性、协调性和可持续性的重大战略决策，也是正视和解决我国过去长时期城镇化过程中出现的偏差和问题的客观需要。新型城镇化建设涉及农业转移人口市民化、社会保障制度转型以及基层社会治理创新等多个方面的改革。全面落实新型城镇化战略，实现以物为中心的城镇化向以人为中心的城镇化转变，是一项艰巨而复杂的系统性工程。

民政工作属于政府公共服务和社会管理范畴，民政部门负责的区划地名、社会救助、社会福利、社区建设、基层民主、社会组织管理等多项业务是城镇化战略实施中不可或缺的重要方面，在城镇区域设置、促进农业人口城镇化、保障城镇贫困群众生活等方面发挥着重要基础性作用。本章主要分析新型城镇化对民政工作提出的新任务新要求，探讨民政工作服务于新型城镇化建设的方向和思路。

一、新型城镇化的科学内涵

城镇化是一个历史范畴，同时也是一个发展中的概念。党的十五届四中全会通过的《关于制定国民经济和社会发展第十个五年计划的建议》中正式采用了“城镇化”一词。这是近50年来中国首次在最高官方文件中使用“城镇化”这一概念。城镇化是人类生产和生活活动在区域空间上的聚集，它是人类现代化过程的重要表现形式。①《国家新型城镇化规划（2014—2020年）》指出，城镇化是伴随工业化发展，非农产业在城镇集聚、农村人口向城镇集中的自然历史过程，是人类社会发展的客观趋势，是国家现代化的重要标志。城镇化带来了生产生活方式的转变，同时又是生产生活方式变化的结果。在世界历史发展中，城镇化的过程是一个国家和地区产业结构向更高阶段递进，人口向城市聚集、社会文明不断进步的一个过程，在这个过程中伴随着生产力不断提高、传统农业社会不断收缩、商业和工业文明不断进步，国家向更高级阶段发展。

当今中国正处在全面建成小康社会的决定性阶段，经济结构正在转型升级，人口流动快速加剧，工业化、信息化和农业现代化正在提速推进，与其他国家和地区或历史上的城镇化相比，我国现阶段正在推进的城镇化是以人为核心的城镇化，也是问题导向、全面协调、“四化”同步的城镇化。新型城镇化的特点和内涵，主要体现在以下几个方面：

新型城镇化要从土地城镇化向人口城镇化转变，是农业转移人口真正融入城市社会的城镇化。近年来，我国城镇化实践中出现了一些值得警惕的苗头，一些地方以推进城镇化为由大搞“造城”运动，而户籍改革、公共服务、产业支撑等跟不上，使建成的房子无人居住，形成了大量的“空城”“鬼城”。与此同时，全国高达2.3亿农民工及其随迁家属选择在城市中就业生活，但在教育、医疗、养老、社保等方面，依然不能享受与城镇居民同等的待遇，而不能进城的农村留守儿童、妇女、老年人的生活、教育、安全和社会保护等问题日益凸显，不仅城乡二元化依然存在，城镇内部又出现了新的二元矛盾，给经济社会发展埋下不少风险隐患。必须扭转土地城镇化的偏误，加快

① 国务院发展研究中心课题组：《中国城镇化：前景、战略与政策》，北京：中国发展出版社，第134页。

户籍制度改革，推进城镇基本公共服务覆盖进城农民工群体，建立城乡统一的公共服务体系，使土地城镇化与人口城镇化同步发展、相得益彰。

新型城镇化是城镇空间合理布局，城市发展与资源环境承载能力相适应的城镇化。我国目前东部人口密度大，城市群密集，一些大城市资源环境的承载能力接近饱和，而中西部一些地区，由于人口大规模外流，产业相对薄弱，城镇化潜力还有待深入挖掘；在城镇化发展具有一定规模的区域，一些城市群布局不够合理，大城市资源、人口集聚程度高，交通、环境、人口压力偏大，中小城市集聚产业和人口不足，城乡之间、城市之间的发展水平、功能作用存在很大差距。新型城镇化应当是城镇化空间布局和城镇规模结构趋向合理的城镇化，是大中小城市功能互补、资源共享、协同发展的城镇化，也是与资源环境承载能力相匹配的城镇化。

新型城镇化是实现“四化同步”、城乡统筹，为经济社会发展设置新引擎的城镇化。我国经济发展面临增长乏力，有效需求不足，社会发展对城乡资源公平配置、社会治理创新、改善公共服务提出更高要求，社会建设存在“短板”多，城乡之间、区域之间发展不协调，工业化、信息化、城镇化和农业现代化发展不同步，城乡区域差距过大、产业结构不合理等。这些问题既是城镇化建设中的障碍，也是城镇化发展中要瞄准解决的重点问题。新型城镇化必然是促进城乡统筹发展，有利于产业结构转型升级、推动“四化”协调发展的城镇化，是以工促农、以城带乡、工农互惠、城乡一体发展的城镇化，也是为未来中国经济由速度型向质量型发展转变提供动力的城镇化。

新型城镇化是解决“城市病”，促进公共服务协调发展的城镇化。新型城镇化的核心是人的城镇化，强调居民生活质量，基本公共服务均等化、标准化和普及化要及时跟上。只有劳动力的非农业化和劳动力的空间转移不是真正意义的城市化，仅有人口的集聚和产业结构上的升级，而不能让进城农民享有基本的公共服务，没有生活质量的提升和人居环境的改善也算不上城镇化；大城市人口拥挤、公共资源过分集聚，而一些中小城市公共服务薄弱，吸纳就业能力低、产业落后，不同规模城市功能重复，这样的城镇化也不是新型城镇化。新型城镇化以资源环境承载能力和公共服务功能配套完善为原则，在尊重城市发展规律基础上，合理控制大城市过度扩张，鼓励支持中小城市发展，引导人口和产业在不同类型和规模的城市集中集聚，形成大、中、小城市合理有序的发展格局。

二、民政工作在城镇化过程中具有重要基础性作用

民政工作是社会服务和公共管理的重要组成部分，在保障改善民生、加强和创新社会管理中扮演着重要角色。民政的这一功能定位意味着民政在城镇化过程中发挥着不可或缺的重要作用。

第一，行政区划在城镇化规划布局中发挥着先导作用。行政区划是国家行政管理的基本手段，行政区划合理与否，对城镇化发展影响甚大。民政区划工作负责城镇空间结构布局的合理规划、调整，是城镇设置调整的重要内容，是促进城乡、区域和城市之间协调发展的有力工具，对于优化城镇空间布局，引导资源和人口流动，实现国家区域发展战略，具有基础性作用；民政主管的地名公共服务，有助于提升城市的公共服务水平，方便各类商业活动和群众生产生活，为信息、人口、资源的有机流动提供有利条件。

第二，民政行政管理性工作是加强城镇社会治理的重要方面。民政主管社区、社会组织、社会工作人才队伍建设和婚姻殡葬等工作，新型城镇化建设所需要的和谐文明的社区环境、广泛的社会参与、健康文明的社会风气，都离不开上述民政工作发挥作用。一是民政工作以城乡基层群众自治为着力点，以社区建设为载体，落实基层民主政治制度，有利于完善城镇基层社会治理网络，健全党组织领导下的充满活力的基层群众自治机制。二是民政工作负责社会组织登记管理，培育城乡社区社会组织，有利于动员和集结社会资源，形成党委领导、政府负责、社会协同、公众参与的城镇社会治理机制，动员各方面群众参与社会管理和社会事务。婚姻殡葬等工作有利于倡导移风易俗，推广健康文明生活方式，慈善事业对于形成团结互助、平等友爱、和睦和谐的人际关系发挥着价值引导的作用。

第三，民政在城镇化建设中发挥着民生“兜底”保障作用。城镇化是农村人口向城镇转移和集聚的过程，在这一过程中，留在农村的贫困人口以及留守儿童、留守老年人等群体需要得到妥当的照顾、关爱和保护，进入城市的新市民因各种原因遇到生活困难，也需要国家和社会及时给予救助和支持。民政主管低保、特困人员供养、医疗救助等社会救助制度，负责老年人、儿

童和残疾人福利制度以及流浪乞讨救助，是城镇化建设中民生兜底保障必须强化的重要内容，对于消除城镇化过程中产生的贫困和各类社会问题，调节人与人之间关系，促进社会公平正义，增进社会和谐发挥着“最后一道防线”的作用。

第四，民政在城镇化建设中承担着相关公共服务的供给职责。农业转移人口的市民化是新型城镇化的关键所在。以人为中心推动城镇化，必须深化公共服务体制改革，推进进城农民工和市民在养老、教育、医疗服务、社会保障等基本公共服务方面的均等化。民政部门负责的养老服务、社会工作人才培养、社区服务等工作，本质上属于公共服务的范畴，有利于完善城镇公共服务体系，满足市民对公共服务的需求。

三、新型城镇化对民政工作提出的新任务新要求

中央提出新型城镇化战略，意味着其推进的路径必须由传统的“外延式”“速度型”向“内涵式”“质量型”转变。这对政府作为主导新型城镇化进程的关键主体提出了新的更高的要求。推进新型城镇化应当特别注意以下不同于以往的新要求：

其一，新型城镇化的根本要求是以“人”为中心，实现“造福百姓、富裕人民”。人是社会发展的手段，也是社会发展的根本目的。新型城镇化要从一切有利于人的自由、平等和发展这个根本目标出发，实现有尊严、有保障、有均等发展机会的城镇化。反思传统城镇化发展道路，不难发现人的主体性和人的存在长期得不到应有的尊重和承认，使城镇化演变为只见“物”不见“人”的土地城镇化。推进新型城镇化，就必须在城镇化的过程中强调人本、公正、持续、协调、和谐的理念，正确处理人与自然的关系、开发与保护的关系、速度与质量的关系，使城镇化成为增加社会成员福祉的过程。

其二，新型城镇化的核心任务是有序实现人的城镇化。西方发达国家城镇化的历程表明，城镇人口的规模是衡量城镇化发展水平的重要指标。我国目前农业人口通过多种方式向城镇转移的规模尽管十分庞大，但是进城务工人员很少能够得到与城市市民同等的待遇，逐渐取消阻碍限制农业转移人口融入城市的制度政策，使进城农民有序地转变为市民已经成为改革的重要议

题；人的城镇化的过程中，不能延续城乡分割的做法，而是要实现城乡发展一体化，即城乡在社会经济结构上的高度融合与协调发展，让城乡居民过上更加健康优裕的生活，消除城乡居民生活水平上的不合理差距。

其三，新型城镇化的载体是文明祥和的社区。社区是指集聚在一定空间（地域）范围内的人群为了满足他们的各种需要所组成的社会生活共同体。社区是城镇化人口集聚的主要载体。改革开放以来，随着市场经济和城镇化的快速发展，社会流动的规模已经越来越大，跨地区的流动已经成为常态。同时，随着城市规模的扩大，也带来了城市民生问题、基层社会管理问题以及公共服务供给等问题的凸显。城镇化不是“造城”运动，更应当注重对城镇的管理和服务，建设包容性和和谐式城镇，这需要在发挥政府行政管理作用的同时，更要调动和发挥社区的积极性，依靠社区的力量和社区自治机制，在微观层面上实现对城镇的管理和服务，形成基层社会和谐稳定的局面。

其四，新型城镇化的重点是优化城镇形态和布局。由于不同城市承载能力和资源环境条件不同，国外成功的城镇化案例往往表现为城市以及城市群在规模、特点、功能、形态等方面呈现多样性。纵观世界城镇化发展历史，可以发现，驱动城镇化发展的力量不外乎有两种：其一是以市场机制为主的社会力量，其二是以政府为主体的行政力量。从 20 世纪 80 年代末开始，在市场机制的作用下，我国城市建设飞速发展，制造业、服务业等产业迅速向城市集聚，农村人口大规模向城镇转移，尽管市场机制不断向外输出着推动现代城市发展的巨大动力，但体制和制度上的阻隔却无法自动消亡，反而更多地形成“马太效应”，使城市强者越强、农村弱者更弱。阻碍城镇化合理发展的体制性和政策性问题，只有依靠行政机制才能解决。从这个意义上讲，城镇化的过程是一个推动诸多制度渐进变迁的过程，政府作为最强有力的制度创造者和制度变迁的最强有力的推动者，在这个过程中无疑具有决定性的主导地位和作用。

民政工作与“人”的基本生存、“人”的基本权利和人的活动空间等基本问题息息相关。在推进新型城镇化建设的大背景下，对于民政部门而言，破解新型城镇化中的难题，同样需要回答新型城镇化对民政工作提出的新要求，明确需要进行的政策调整和改革的现实问题。新型城镇化对民政工作提出的要求，一方面来自于纠正城镇化过程中的偏差，另一方面来自于经济社会发展呈现出来的新形势。从民政的职责看，需要积极应对的挑战和任务主要有如下几个方面：

第一，新型城镇化是以和谐发展为基本特征的城镇化，必须化解城镇基层社会管理中的矛盾与冲突，完善基层社会管理体制机制，为此需要加大社会组织培育、基层民主和社区建设等工作的改革创新力度。社会管理是政府通过制定和实施相关政策法规，规范和管理社会组织，调整社会关系、协调社会利益、化解社会矛盾，维护社会和谐稳定的管理活动。随着社会转型的加快，我国基层社会矛盾呈多发高发趋势，特别是在人口流动已经呈现常态化的背景下，农民工进城、人口大规模跨区域流动以及人口居住地与户籍地分离等现象已经十分普遍。据第六次人口普查结果显示：目前中国的流动人口已达到2.6亿人，同2000年相比增长81.03%。人口流动带来了巨大的社会活力，但在有限的城市空间中，外来人口与本地人口在资源、环境和居住空间等方面存在的竞争和利益冲突正在变得日益严重，基于户籍基础上的城乡分治体制，又造成大量的进城务工人员无法取得与居住地公民同等的就业、教育、社保、福利等待遇。这些问题的存在进一步加剧了农民市民化转换的障碍。在当下的中国，确保基层社会稳定的根本之策在于坚持政府主导之下，支持社会参与、鼓励社会协同，形成行政管理与基层自治有效衔接和良性互动机制。在中央提出构建的社会管理格局中，“社会协同”“公众参与”与民政关系密切。“社会协同”，需要民政培育社会组织，并在协同社会组织（包括社会工作者队伍）凝聚各方力量方面发挥优势，让更多社会治理主体参与到社会事务的管理中来；“公众参与”方面，需要民政以城乡社区建设为基础平台，依托城乡社区自治组织发动群众共同参与社会治理。这既是民政工作的传统优势，也是新型城镇化过程中需要民政工作的功能充分发挥的重要着力点。

第二，新型城镇化是以人为核心的城镇化，必须保障进城农民基本生存的权利，确保城乡居民享有同等的生存保障权，为此需要破除户籍限制，进一步完善针对流动进城人口的社会救助体系。尽管通过建立和实施社会救助体系，为城乡贫困群体的基本生活构筑起了一道安全网，解决了过去群众普遍存在的“温饱”问题，社会救助标准、救助水平逐年提高，城乡特殊困难群体的生存状况得到了显著改善。但必须看到，目前社会救助水平仍然偏低，城乡差距较大，城市与农村之间政策尚未衔接，属地化管理造成社会救助项目只覆盖户籍人口，而陷入生活困难的农村进城务工人员却难以在常住地申请和获得相关救助。城乡分割的社会救助制度在一定程度上不利于进城农民基本生存权的保障，对农民向市民转变造成了不少阻碍。目前，农村进城人口的就业结构已经与城镇产业结构基本相适应，主要分布于建筑业、服务业，这些行业的特点决定了进城人口需要相应的社会救助政策，以应对可能发生的生存风险，避免陷入生存危机，从而维持基本的生存权，这也就意味着政府有责任使流入城市的常住人口纳入制度化保障范围，与当地户籍人口一样享受城市低保、医疗救助、临时救助等各项待遇。为此，需要社会救助工作以拓展体系、完善制度、加强衔接为重点，加快建立城乡一体、制度健全、衔接有序、公平普惠的社会救助制度体系，为进城流动人口提供基本的生活保护。同时，伴随城镇化的推进，必然带来大规模的农村集体土地转化为城镇建设用地，有可能存在失去土地的农民由于找不到工作而陷入生活困难，这一部分群众的生计也需要通过社会救助制度予以妥善保障。

第三，新型城镇化的过程是一个人口快速地向不同规模和功能的城市聚集的过程，城镇化造成的城市人口涌潮现象，不可避免地将对城市社会福利服务、社区服务提出新的需求和新的要求。根据联合国研究预测，我国的城镇化率还有近 20 年的快速增长期，到 2030 年城镇化率将提高到 65% 至 70% 左右，城镇人口将新增 3 亿人。如果这种预测成为现实，可以作出这样的推论，没有随着城镇化发展而同步发展的社会福利服务体系建设，就不可能有中国真正的城镇化。从应对城镇人口的紧迫需求来看，城镇社会福利体系建设的首要任务，是完善基本养老服务和社区服务方面的政策，健全服务机制，有效提高服务供给水平。农村进城人口结构，表明大多数进城人员属劳动年龄段的青壮年，而这些家庭的多数老年人、儿童则留在了原户籍所在地，形成了“留守老人”“留守儿童”。这种问题产生的原因，一方面是我国长期将公共服务、社会福利供给与户籍挂钩，导致基本公共服务城乡分割，造成进城农民难以融入城镇，另一方面也源于城镇养老、教育等支出的成本较高，进一步抬高了农民转化为城镇居民的门槛。不改变这种状况，就有可能进一步加剧农村的“空壳化”问题，使城乡发展的差距更加拉大。大力发展面向农村转移人口的社会福利机构、救助机构以及社区公共服务机构建设，健全完善城镇（市）基本功能，进一步降低农村转移人口在城市养老等方面的成本，已成为新型城镇化建设进程中无法绕开的基本任务。

第四，新型城镇化的推进对适时进行行政区划调整提出了新的要求。行政区划与城镇化密切相关。作为上层建筑的行政区划必须与反映经济社会发展综合水平的城镇化进程相适应。随着城镇化的发展，政府着眼于推动区域经济发展、集中提供公共服务等考虑，需要适时对行政区划作出调整。目前我国的行政区划设置与经济社会发展的要求是相适应的，但也存在一些亟待进行改革问题，比如，由于缺乏有效措施和调控机制，在城镇化宏观整体布局上，还存在着大城市过度集聚、小城镇规模偏小且布局分散、发展无序，以及作为未来城镇化发展重点的区域中心城市和中小城市发展相对滞后等问题。这些问题虽然尚未对我国经济社会发展造成严重影响，但如果不随着新型城镇化战略的推进而相应地进行调整和改革，势必将对城镇化发展造成阻碍。因此，要按照党的十八大提出的“优化行政层级和行政区划设置”的要求，根据不同情况，积极稳妥地推进行政区划调整，有序地解决行政区划设置方面的突出问题，发挥行政区划调整在推进城镇化进程中的规范引导作用。

第五，新型城镇化对民政工作发展的重心和管理服务的方式提出了新的要求。以人为核心的城镇化其最根本的目标是建设和谐、包容、宜居型城市，不是片面的美化城市运动，而是彰显城市的人文精神。在这个意义上，推动城镇化意味着对传统城市的管理方式应当突出人本化的管理，寓管理于服务，并注重引导和扩大社会参与，在政府与社会之间进一步推动建立良好的伙伴关系。适应这一转变，对于民政工作而言，应当在传统救助工作为重心的基础上，适时将工作的重心放在社区、社会组织和社会工作人才队伍建设上来，也就是通过在城乡深入推进和谐社区建设，大力发展各类社区服务，塑造宜人的社区空间和人居环境；通过培育社区社会组织、培养社会工作人才队伍，发挥其在提供服务、反映诉求等方面的专业功能，促进农村转移人口在心理上获得认同，在情感上找到归宿，尽快融入城市社区。同时，应当推进民政工作方式改革，在社会管理上要由传统的管理和控制模式向提供服务转变；在服务的方式上要解决大包大揽、管办不分的问题，既要相信和依靠社区自治组织，又要加快政府向社会组织购买服务，促进民政公共服务供给方式改革。

总之，新型城镇化的提出，对相关民政工作指明了改革和发展的方向，也对民政工作提出了新的任务和要求，对此需要民政部门及时予以回应，进一步明确相关制度和政策改革完善的重点，以确保民政工作在新型城镇化建设中的作用得到充分发挥。

四、以加快新型城镇化为目标的民政工作改革思路

在当前资源环境对发展的约束不断增大的条件下，保持我国发展的可持续性，在发展中推动转型升级，在发展中增进民生福祉，在长期战略意义上，没有其他更好的选择，只有把新型城镇化作为今后一个时期驱动经济社会发展的巨大引擎，才能使新型城镇化助推中国经济社会实现全面协调、可持续发展。

推进新型城镇化，使城镇化成为有利于内需驱动型的可持续增长模式的重大战略，对民政工作是一项重大而艰巨的任务。尽管民政工作不是新型城镇化建设的核心和主导力量，但是民政工作的核心理念与新型城镇化的本质要求内在一致，多项民政工作在新型城镇化过程中发挥着不可或缺的重要作用。尤其是民政工作的进一步加强，最能体现政府职能的转变，能直接纠正传统城镇化的弊端，使城镇化真正实现围绕人的城镇化而展开，从而推动城镇化建设实现转型升级。面对新型城镇化提出的新的要求，必须立足于民政工作在社会建设、社会治理中的职能和优势，针对新型城镇化建设的目标和要求，进一步调整有关政策、深化重点领域的改革，进一步推动民政工作创新体制机制，使民政工作更加符合新型城镇化对社会保障改革、加强基层社会治理以及改进社会服务等方面的要求，发挥好民政工作在新型城镇化建设中的作用。

（一）完善城乡一体、覆盖流动人口的托底性民生救助制度体系

推动新型城镇化的过程中，保障困难群体的底线民生、托住困难群体的基本生存权是一项基础性的工作，也是城镇化建设的一项极为重要的配套性制度建设。一是应当保障农村进城流动人口享有与户籍居民同质、均等的基本生活保障权。通过加强对流动人口就业、居住、纳税、社保等信息的动态监测，加快城乡低保与户籍制度脱钩，在已有基础上建立面向辖区常住人口的低保制度，使农村转移人口在异地陷入生活困难时也可以依法获得基本生活救助，避免陷入贫困。实施临时生活救助制度，重点解决进城新市民、失地农民因就业无门、寻亲不遇、征地拆迁或遭遇突发事故所导致的临时性生

活困难。完善分类分层的救助办法，统筹考虑救助申请者的家庭收入和实际生活需求，对有残疾人、老年人和未成年人的进城低收入家庭给予更多的救助和优惠政策。二是完善医疗救助制度。适当放宽准入条件，扩大救助范围，使城乡低收入家庭的成员都能得到有效的医疗救助；加强医疗救助与城镇基本医疗保险、新型农村合作医疗、商业医疗保险的衔接，扩大大病医疗救助病种范围，提高大病医疗救助封顶线；放宽异地就医和非定点医疗机构就医报销限制，提高医疗救助管理服务效率。三是加大保障性住房建设力度，采取租赁补贴、实物配租、低价转让等方式，优先保障失地农民和进城贫困家庭的基本住房需求。四是完善进城流动人口子女教育救助制度，使之与户籍人口享有同等的受教育权，对农村困境留守儿童入学提供优先就学帮扶。

（二）创新城乡社区管理体制，构建包容、参与、和谐的城镇社区

面对城市化带来的城市人口积聚，社区层面汇聚的矛盾和问题越来越突出。新型城镇化建设不仅是城市硬件的建设，更要实现管理上的升级。为此，须积极鼓励和支持社区居民的参与，包括让城市化过程中进城外来人员参与社区服务和社区管理，增强社区共同体意识，促进社区融合。当前应当消除公共政策、公共服务对进城流动人口的歧视，特别是教育、就业、社保等政策的歧视性规定，逐步建立面向所有居民完善的社区服务体系，增强广大居民对社区的认同感和归属感；应当高度重视和解决居民的居住流动性对落实基层民主政治权利带来的问题，积极扩大城镇居委会直接选举的覆盖面，逐步将流动人口特别是常住人口纳入基层民主选举范围，使他们享有与户籍人口同等的民主权利。针对农村人口外流造成的“空壳村”以及由农村社区转变为城镇社区对基层民主实践造成的影响，要通过探索新的村治模式和城镇民主机制，确保基层社会稳定。要进一步理顺政府及其职能部门与村（居）委会的关系，明确区、街、居各自的组织属性和职能定位。特别是政府要转换角色，实现由领导、管理到指导、服务的角色转变，对村（居）委会多支持、服务，主动指导、支持和帮助开展自治工作。同时，要建立健全社区利益协调、矛盾化解机制，正确处理社区常住人口与外来人口、户籍人口与非户籍人口之间在资源利用和利益上的矛盾和纠纷。

（三）创新社会组织培育和管理机制

在城镇化过程中，外来人口与本地居民交相融合、农村体制向城市体制

转换以及利益分配不均等问题，都将不可避免，处置不好甚至会加剧矛盾和冲突。社会组织可以通过整合、协调不同群体的利益关系，在政府与新旧市民之间形成一个中介力量，进行利益的下情上达，防止社会失范行为和对抗性社会冲突的发生。[①] 我国对社会组织的管理在体制上还不尽合理，今后深化社会组织管理体制改革，应当按照中央的要求，突出对原有体制进行全面的改革，加快形成政企分开、权责明确、依法自治的现代社会组织体制。一是应注重社会组织培育。进一步完善和落实社会组织发展的各项政策，重点扶持行业协会、公益慈善类组织、城乡基层社会组织的发展；稳妥地发展枢纽型社会组织，把性质相同、业务相近的社会组织联合起来，进一步形成合力，促进社会组织共同发展；推进政社分开，扩大政府向社会组织转移职能、政府购买社会组织服务，引导社会组织实行民主选举、民主决策、民主管理，逐步提升社会组织治理能力和社会公信力。以加强社会组织党的建设为总开关，指导社会组织完善规章制度，健全内部治理机制，帮助解决发展中遇到的问题，为社会组织的发展创造良好的制度环境。二是加强社会组织监管。首先要把好入口关，适当降低准入门槛的同时，强化监督、检查和评估。总的思路应当是：以完善制度为重点，针对不同类型社会组织，强化分类指导、分类规范、分类管理。完善登记管理的法规政策，积极推进社会组织管理体制改革和登记方式创新，逐步取消社会组织业务主管部门的限制，建立登记管理、备案管理相结合的社会组织管理方式。完善社会组织年检制度，采取独立的第三方评估的方式强化对社会组织的评估，同时加大对社会组织的行政执法力度，多管齐下增强社会组织发展的法制化、规范化水平。

（四）谨慎科学地开展行政区划和市镇设置调整，发挥区划调整对城镇化的规范引导作用

党的十八大提出“优化行政层级和行政区划设置”的要求，有序解决城市型政区设置方面的突出问题，有利于促进城镇化健康发展。一是应当完善市镇的设置标准。目前的设镇、设市标准分别于 1984 年和 1993 年开始实施，现如今已经严重滞后于当前经济社会发展和城镇化发展的实际。与此同时，我国尚未出台市辖区设置标准，在一定程度上导致了“假性城镇化”、人口城镇化与土地城镇化、产业现代化不相协调等问题。完善标准，应当对城市型

① 彭小兵：《发挥社会组织在新型城镇化推进中的作用》，《中国社会组织》，2013 年第 4 期。

政区设置标准进行调整，更加注重以人为核心，注重集约、绿色低碳和产业、公共服务协调发展。二是完善设市、设区的模式。应当综合考虑经济社会发展水平、行政管理成本、机构编制约束等因素，探索实行综合性的城市型政区设置模式。在标准的制定上，要充分考虑地区差异，增强标准对不同地区、不同发展阶段的指导性，发挥标准统筹城镇化同步协调发展的作用；标准的制定还要将健全完善地级市、县级市、市辖区和建制镇等政区的设置标准作为重点，增强标准的全面性。

（五）以社区为平台，加快发展社会福利服务

我国已进入城镇化加速发展阶段，高速的城镇化必定是与公共服务相协调的城镇化。作为公共服务的重要内容，适应城镇化快速升级发展的趋势，社会福利服务发展的重心应当由满足特殊群体生活需要为主向满足社会成员较高层次的发展性或功能恢复性需求拓展，加快发展面向特殊群体的寄养服务、社区照顾、家庭扶助计划，针对特殊问题的康复服务、心理矫治、法律援助、就业扶持等福利服务，最大限度地提高福利对象的普惠程度。要使社会福利服务植入社区，依托社区平台，建立以支持家庭为目标、面向社会开放的、对进城流动人口友好型的社会福利服务体系，突破对农村进城人员的歧视性限制和仅服务低收入对象及特殊困难对象的局限，针对不同对象采取不同的提供方式，促进社会福利项目、服务机构向全体社会成员开放，并采取社会化的手段发展福利事业，最大限度地方便群众，提高福利服务效率。

第十章

民政公共服务能力建设

民政公共服务内容庞杂、业务多元，既面向困难群体和特殊群体提供民生保障和福利服务，也向社会提供婚姻、殡葬、社会组织登记等社会事务管理服务。民政公共服务对于保障贫困群体的基本生存权，增进人民福祉，促进社会有序运行，发挥着不可或缺的重要作用。全面提升民政公共服务能力，提高民政公共服务效率，让民政服务对象享有更多更好的公共服务，是贯彻落实党中央国务院有关民生保障决策的要求，是国家治理体系和治理能力建设中至关重要的一环，也是新时期全面加强民政工作的重要任务。本章主要分析探讨在全面建成小康社会的关键冲刺阶段，加强民政公共服务能力建设的重点任务及思路对策。

一、民政公共服务能力概述

（一）公共服务能力

公共服务是政府履行基本职能的重要内容和方式。提升公共服务能力是构建公共服务型政府的必然要求，只有具备满足社会发展所需要的公共服务能力，才能保证政府公共服务职能的履行。一般意义上，政府的公共服务能力是指以政府为主的公共组织为社会提供公共产品和服务，而不断满足社会公共需要的本领、能力和力量。对于政府的公共服务能力和水平，一般可以从供给的绝对水平、供给效率和公共服务供给所需要的社会负担水平等维度来衡量，如果供给水平对社会公共需要满足的程度较高，所耗费的公共资源又相对较低，社会可以承受，这样的公共服务能力是较高的；反之，如果对公共需求缺乏回应性，大量为社会发展所急迫、提高群众生活质量所亟须的公共服务得不到满足，公共服务的生产和供给的方式与公共服务的外部性不适应，资源配置失当，这种情况自然是低水平的公共服务能力。

考量政府公共服务能力，最核心的指标是公共服务的有效性，简而言之，就是以最少的资源花费带来最大效果。政府的一切公共行为都是以公共财政为基础的，而在一定发展阶段上，社会所能承受的税收负担总是有限的，这就产生了如何用有限的资源去满足有着无限需求的公共服务需要的问题；同时，公共部门出于追求自身利益最大化的动机，天然存在扩大公共服务供给的冲动，这样一来，可能会产生大量无效的公共服务供给。如何使有限的公共资源解决社会急切的公共需求问题，就成为衡量公共服务水平的关键指标。

在现实中，衡量公共服务的有效性是颇为困难的，难在我们无法准确掌握社会最急迫的公共服务的内容、水平和范围，特别是公共服务的需求不是一成不变而是动态变化的，而且不同收入群体和不同阶层所希望的公共服务是各不相同的，对公共部门而言，不能掌握全面的信息，就不能作出最优的决策。因此，在现实社会中公共服务的有效性总是相对而言的，它所包含的基本含义至少有三个方面：一是如上所述，在资源既定的前提下，实现公共服务供给最大化，或者既定水平的公共服务所耗费的资源是最少的。二是能最大限度地满足社会的公共需求，尤其是外部性强，而社会和市场主体又缺乏提供激励的公共服务，政府有责任保证有效供给。三是体现优先原则。公共服务要优先满足贫困等困难群体和大多数人的公共需求。政府在提供公共服务的具体过程中，若能体现这些原则，公共服务的有效性才可能得到保证，同时将原则进一步细化为相关量化指标，也有助于指导和衡量公共服务的有效性。

影响政府公共服务能力和绩效的因素是多方面的。从现阶段的实际看，对政府公共服务能力产生影响的因素，比如政府的公共资源获取能力、公共机构的最佳规模、对社会需求的回应能力，以及公共服务生产机制是否恰当等。在特定的社会需求条件下，政府公共服务的能力和绩效主要受上述因素的影响。上述变量中，资源获取能力是制约公共服务提供的客观条件；公共机构的最佳规模并非越大越好，只有规模适度才有助于保证公共服务的效率，尤其是对于直接向基层群众提供的公共服务，基层公共机构是否健全对公共服务绩效将产生重要影响；社会需求的回应性则反映政府的偏好和意愿，特别是反映特定阶段上政府对其职责履行的先后排序问题，体现着政府选择什么样的目标方向；公共服务的生产（提供）机制对于公共服务绩效不可忽视，在市场经济体制下，大量公共服务的生产实际上可以借助社会化或市场化机制来实现，而把生产和提供完全集中到公共机构本身不见得会产生好的效果。

现实表明，公共服务能力是多种因素综合作用的结果，单纯强调某个因素可能不会带来实质性作用。近年来，我国经济社会快速发展，随之而来的是公共需求全面快速增长，而由于种种原因，公共产品和公共服务的供给严重滞后于需求的增长。为了适应公共需求的全面快速增长，党的十六届四中全会从深化行政体制改革入手，对大力发展公共服务作出部署；党的十八大提出要“深入推进政企分开、政资分开、政事分开、政社分开，建设职能科学、结构优化、廉洁高效、人民满意的服务型政府”；党的十八届三中全会进一步提出“深化行政体制改革，创新行政管理方式，增强政府公信力和执行力，建设法治政府和服务型政府”。适应公共服务需求的快速增长，增强政府的公共服务职能已逐步成为中国政府转型的方向和重要任务。近年来，政府公共服务转型改革的力度不断加大，比如，2013 年国务院公布了《国务院机构改革和职能转变方案》，以壮士断腕的决心，取消和下放了上百项行政审批事项，简化政府行政管理程序，划清政府与社会和市场的关系，聚焦向社会提供公共服务的主业。地方各级政府积极推进政府购买服务，加大社会保障、社会福利、公共医疗、义务教育等公共服务制度改革力度，积极为各类市场主体创造平等竞争环境。跟改革开放前 20 年相比，我国的公共服务制度框架已经初步形成，政府的公共服务能力和水平有了大幅度提高。但是要看到，政府与市场、社会之间的关系还没有完全厘清，随着工业化、新型城镇化和城乡一体化的快速推进，在公共服务中也还存在不少越位和缺位问题，一些基本公共服务在城乡之间、不同区域之间还不够均衡，政府的公共服务能力与经济社会快速发展的要求相比还有待增强。落实中央决策部署，推进城乡基本公共服务均等化，更好地满足经济社会发展和人民群众对提高生活质量的期盼，政府公共服务能力和水平还需要进一步提高。

（二）民政公共服务

民政公共服务是指民政部门利用公共资源向社会提供的公共产品和服务。民政公共服务事项与民生保障和社会事务的管理密切相关，属于基本公共服务范畴，而且具有多元性和社会性的特点。目前，民政基本公共服务包括三大类：第一大类属于基本民生保障的范畴，又包括两小类，一类是低保、特困人员供养、医疗救助、临时救助、受灾群众生活救助以及城市生活无着的流浪乞讨人员救助等社会救助服务；另一类是老年人、儿童、残疾人等特殊群体的福利服务和面向退役军人的优抚安置服务。第二大类与社会治理有关，包括基层民主、社区服务、社会组织登记管理服务等。第三大类是面向全体社会公众的公共服务，包括婚姻登记服务、地名服务、殡葬服务、志愿服务等。

民政基本公共服务有其自身的特殊性：一是在民生保障功能中发挥兜底功能。国家向社会提供基本公共服务，并大力推进基本公共服务均等化，这些基本公共服务针对全体公民，对所有公民而言都可以享受标准相同、水平均等的公共服务，然而社会中总有一些困难群体，虽然具有获得基本公共服务的权利，但由于自身贫困、残疾或没有法定监护人，而使得仅靠普惠性的基本公共服务不足以维持生存和发展的需要，需要政府对这部分人提供特殊的公共服务，使之补足基本公共服务难以保障的落差。民政公共服务中的社会救助和福利服务很大程度上就属于此类性质。二是针对特殊群体。与兜底功能相联系的是民政公共服务的对象中很大一部分是社会困难群体，他们不掌握话语权，需要民政部门为其充当合法权益的代言人，有的还需要民政部门充当监护人。比如，城乡“三无”人员、孤儿、贫困老年人和残疾人等困难人群，以及为革命和国防建设作出贡献的退伍军人等优抚群体。三是民政的某些公共服务具有全生命周期的性质。比如，婚姻登记、养老服务、殡葬服务贯穿于人的不同生命阶段，没有哪个政府部门提供的公共服务具有类似的全生命周期性。在政府基本公共服务体系中，民政公共服务特点鲜明，在当今任何一种体制的社会中，民政公共服务都是社会正常运转所不可或缺的，在中国，它对于发挥民生兜底保障作用，增进社会困难群体的基本权益和发展能力，不断增强全体人民的获得感发挥着基础性作用。

近年来，随着我国经济社会发展，民政公共服务体系建设有了长足的进展，各类基础设施不断完善，服务社会的功能不断增强、作用日益显现。“十二五”时期，我国社会救助标准大幅提升，城乡最低生活保障标准年均增长率均超过 10%，分别达到 451.1 元/人月和 3177.6 元/人年，孤儿基本生活保障、临时救助全面建立。残疾人和儿童福利服务进一步加强，全国 20 多个省份建立了困难残疾人生活补贴、重度残疾人护理补贴等制度。社会养老服务体系更加完善，养老设施建设实现跨越式发展，每千名老年人拥有养老床位数达到 30.3 张。覆盖城乡的社区综合服务设施大幅增长，服务内容日趋丰富。民政部门登记管理的各类社会组织达到 66.2 万个。综合防灾减灾和救灾物资储备库体系更加完善。优抚安置工作积极推进。殡葬、流浪乞讨人员救助、婚姻收养、区划地名等社会事务管理服务水平明显提高。但是，与人民群众的现实需求相比，民政公共服务在各地的发展还不够平衡，基础还比较薄弱，手段和方式还相对落后，特别是民政公共服务产品的供给与人民群众的需求之间的矛盾已经成为促进经济社会发展必须正视解决的重要问题。尤其在养老服务、防灾减灾、社区服务等方面供求矛盾比较突出，还存在着护理型养老床位缺口大、城乡社区服务覆盖面窄等诸多不足。

（三）民政公共服务能力

民政工作要进一步兜住民生底线、深度参与社会治理、主动服务国防和军队改革、有效提供均等化社会服务，必须加强公共服务能力建设。加强民政公共服务能力，是经济发展迈入新常态下，民政工作为全面深化改革服务的需要；是瞄准全面建成小康社会目标，打赢脱贫攻坚战，让全体人民共同进入小康社会的需要；是顺应我国城乡居民对提高生活质量的要求不断提高、适应人口老龄化和流动性不断加剧的需要，同时加强民政公共服务能力建设也是推进公共服务型政府建设的必然要求。

立足当前民政公共服务的现实基础，民政公共服务能力建设应当重点聚焦以下方面：

第一，加强法制建设，增强民政公共服务的制度保障。政策法规是政府部门提供公共服务的行为准则。长期以来，民政部门在推进依法行政、规范行政行为、提高行政效能等方面取得了显著进步，民政法规制度建设有了良好基础。2017 年 3 月召开的全国民政法治工作会议披露，目前民政法律有 12 件、行政法规有 25 件、部门规章有 53 件、规范性文件有 212 件，地方性法规和政府规章有上百件，各级民政部门的法治思维和依法行政能力有了较大提高，形成了良好的法治风尚。但同时民政法规制度建设还存在许多差距和问题。比如，法规制度体系不健全，社会救助、社会工作、志愿服务等民政业务没有起支架作用的法律，有的仅靠规范性文件代行法律功能；社会组织管理、区划地名管理、殡葬事务管理等领域行政法规已经老化。还比如，一些地方执行法规制度不到位，基层行政执法力量比较薄弱。法治是公共部门行政的根本遵循，也是政府公共服务的依据，既可以规范自身的行为，又有利于界定服务供给者与服务接受者两者权责关系。加强民政公共服务能力建设必须在健全的法治环境中进行，这样才能依法向社会提供公共服务。

第二，加强队伍建设，增强民政公共服务的人才保证。民政人才是推动民政事业科学发展之本，是民政部门履行公共服务职能的智力支撑和人才保障。民政领域的人才，既包括行政机关和民政事业单位干部职工，也包括各类民政社会服务机构管理人员、专业服务人员。统计数据显示：截至 2015 年年底，民政行政管理人才队伍受过高等教育的比例达到 85%，民政专业技术人才资源总量占民政事业单位人才资源总量的 30%以上，民政高技能人才占民政技能劳动者的比例达到 25%左右。当前，民政人才发展的总体水平与民政公共服务需求快速增长的现实相比，还存在较大差距，主要表现在：人才总量不足、人才结构和布局不尽合理，高层次人才、创新型人才匮乏，基层优秀人才尤为短缺，推动和服务民政人才发展的体制机制尚需健全创新，民政人才资源开发投入相对不足。要坚持人才优先、人才至上、人才是最重要的资源的原则，确立人才发展战略在民政事业发展中的基础性、战略性地位，把人才工作和民政人才资源的开发摆在优先发展的位置，把民政队伍建设作为提高民政公共服务质量和水平的根本保障，围绕民政事业的科学发展确定人才队伍建设的目标、任务和措施，推动民政人才队伍建设不断迈上新的台阶。

第三，加强机构设施建设，完善民政公共服务网络。民政公共服务中的养老服务、儿童和残疾人福利服务、婚姻和殡葬服务、流浪乞讨救助服务等都需要依靠相应的公共服务机构或相关设施来实现。截至 2015 年年底，全国共有各类民政社会服务机构和设施 176.5 万个，固定资产总值 8183.1 亿元。全国注册登记的提供住宿的社会服务机构达到 3.1 万个，共有床位数 393.2 万张，其中登记注册为事业单位的机构 1.8 万个，登记注册为民办非企业单位的1.2万个；提供住宿的养老服务机构和设施达11.6万个（其中，注册登记养老服务机构2.8万个，社区养老服务机构和设施2.6万个，互助型养老设施6.2万个），各类养老床位672.7万张；提供住宿的智障与精神疾病服务机构共有242个（其中，社会福利医院和精神病院151个；复退军人精神病院91个），床位总数达到7.8万张；提供住宿的儿童福利和保护服务机构753个（其中，儿童福利机构478个、未成年人救助保护中心275个），共有床位10万张；全国各类救助管理机构达到1766个、安置农场15个、军供站320个。上述数据表明，通过"十二五"时期的投入建设，民政公共服务机构和设施布局更加合理，服务社会能力显著增强，但是民政公共服务机构设施的总量还相对不足，农村地区和偏远、贫困地区的公共服务机构设施陈旧简陋，难以满足基本需求，更为严重的是服务的专业化水平和质量普遍不高，一些公办的社会服务机构经营机制僵化，而不少民办社会服务机构专业人员不足、管理水平低下，甚至存在安全隐患，一些极端性事件还时有发生。这些问题的存在严重影响了民政公共服务水平的提升，迫切需要根据供需实际，加大改革创新和建设的力度，加快建立现代民政公共服务机构设施体系。

第四，加强民政科技和信息化建设，强化民政科技支撑力。科学技术是第一生产力，也是民政工作走向现代化的重要推动力。近年来，民政科技研发和应用取得了显著进步，尤其在救灾减灾、康复辅具、养老服务等领域引进和采用了大批先进科技产品和技术，极大地提高了民政公共服务的科技含量，但是民政科技和信息化应用的步伐还不够快，不同业务的信息化技术平台彼此不兼容，缺乏有效整合；与其他同类公共服务机构相比，民政公共服务的科技化水平依然偏低，甚至长期以来民政科技落后的面貌在不少服务项目中依然没有根本改观，管理服务依然习惯于传统手段，不善于运用先进科技；民政科技基础比较薄弱，存在着创新能力不足、成果推广转化和普及应用水平不高、科技投入不稳定；民政科技创新体制机制尚未形成等问题。全面提高民政公共服务的水平，必须走科技支撑之路，通过科技手段规范服务提供、服务管理和服务内控行为，优化公共服务流程，提高公共服务的稳定性和效率，构建一个具有坚实科技支撑的民政公共服务系统。

第五，推动管理创新，全面提升民政公共服务效能。作为直接向社会提供公共服务的公共部门，必须考虑如何提高服务的规范化和效率问题，尤其是民政对象中有很大一部分是困难群体，他们自身不具有"谈判"能力，更加需要公共部门始终要从服务对象的角度保证服务的质量和效率。从根本上看，提高民政公共服务的效能，一是要靠强化组织内部的管理和质量控制，使依法管理和规范管理贯穿于各类民政公共服务的全部环节。二是要鼓励和支持服务机制改革创新，既要克服公办公营造成的活力缺失问题，又要通过引入市场机制，改变公共服务机构的组织架构、服务模式，从而使提升效率成为最终目标；同时要恰当处理好公平与效率、效益与公益之间的关系，使民政公共服务体现公益性。还要强化公共服务绩效考核和行政问责，制定公共服务绩效考评指标体系，以正确的导向引导公共服务提升效率和水平。

第六，强化民政公共资源整合。当前民政公共服务资源的主要构成，包括国家财政投入、社会公益资金和社会力量的参与。对于国家财政投入应当采取建立稳定增长机制的战略，通过科学论证和测算对象需求、经费缺口以编制民政业务经费预算的方式，建立民政事业费与公共财政投入同步正比增长的机制。筹集社会公益资金，应当放在稳妥发行福利彩票、鼓励社会捐赠上来，将公益性资金纳入政府性基金统一进行预算管理，建立公开、透明和重在绩效的公益金使用管理制度，使公益性资金使用安全、高效、透明。要积极拓宽筹资渠道，扩大民间融资，广泛动员社会力量和民间资本参与养老、福利设施项目建设；通过引进民间资本发展增量，通过“公办民营”盘活存量，使民政公共服务做大做强。在资源的整合使用上，需要在严格的监管之下，采取 PPP、股份制等多种形式，搞活经营方式，提高资源整合能力。

二、推进民政法制建设

当前和今后一个时期，民政法制建设需要研究的首要问题，应当是如何通过法制建设，推动民政体制机制创新，突破民政事业发展的制度瓶颈，全面提升民政工作依法行政水平，使民政工作更好地服务于经济社会发展。

（一）制订立法规划

规划是行动的先导。民政工作业务多元，涉及部门众多，法律调整的对象比较宽泛，而且民政事业的发展具有明显的阶段性，不同发展阶段对民政立法的需求是不一样的。这样的特点决定了必须做好立法规划，对民政立法作出系统而科学的谋划安排，使民政立法工作科学进行。因此，需要根据不同民政业务的进展情况和立法需求，认真研究哪些业务领域需要尽早制定起支架作用的法律，哪些业务领域的支架性法律制定工作可稍微延后，哪些业务领域的法律法规需要尽快修改完善，哪些业务领域应该以法律形式制定，哪些业务领域可暂时制定行政法规或部门规章等来规范。对于这些问题，都需要梳理论证，按照轻重缓急分类排序，确定重点制定（修订）项目，增强立法工作的系统性和前瞻性。

（二）抓住立法重点

要按照有利于调动人民群众的积极性和创造性，激发社会活力、维护公平正义、规范权力运行的要求，紧紧围绕民政事业改革发展的需要，重点把社会高度关注、实践急需、条件相对成熟的立法项目作为立法的重中之重，集中力量攻关。最近一到两年内，重点需要推动中央关心重视、群众关切的《军人抚恤优待条例》《行政区划管理条例》《志愿服务条例》《社会团体登记管理条例》《民办非企业单位登记管理暂行条例》《基金会管理条例》《中国公民收养子女登记办法》等行政法规尽早出台，确保党中央国务院在这些领域作出的重大决策部署得到贯彻落实。未来三到五年内，要着力推动将《中华人民共和国城市居民委员会组织法》《地名管理条例》《殡葬管理条例》等法律和行政法规修订列入全国人大和国务院立法计划。未来五到八年内，根据相关业务工作推进的实际，至少应当考虑把《中华人民共和国社会救助法》《中华人民共和国社会福利法》《中华人民共和国社会组织法》等支架性法律作为立法研究的重点。

（三）健全完善配套法规制度

目前民政领域不少法规制度还存在不衔接不配套等问题，要充分发挥中央和地方的积极性，形成上下互动、统筹推进的工作格局。首先应当加大部门规章的制定力度，未来几年需要认真梳理现行民政法律、行政法规确立的制度是否需要在内容、程序等方面加以细化，现行法律、行政法规没有涉及的问题或新出现的问题，是否需要及时上升为部门规章予以规范。要统筹做好法规政策的立改废释工作，对不合时宜的部门规章和配套性政策，该废止的要及时废止，该修订完善的要抓紧修订完善，保证时效性。从地方层面看，新修改后的立法法赋予了所有设区市的地方立法权，加上原有的地方立法权安排，地方的立法资源越来越丰富、主动权越来越高，各地民政部门配合修法立法的自主性也越来越大，应当抓住机遇，加大民政法规制度体系建设工作力度，首要的是制定对国家立法的实施性法规规章，比如，制定老年人权益保障法、慈善法等法律的地方性配套法规；其次，要为国务院出台的行政法规做好配套立法前期准备，以加快形成全方位、多层次的民政法规制度体系，使民政工作更加规范化和制度化。

（四）提高民政法制建设质量

民政立法作为政府立法的重要组成，总的要求是符合经济社会发展规律，充分反映人民意愿，能够解决普遍性问题和深层次矛盾，制定的法律制度要具有较高的科学性和可操作性。要树立一个重要观念，民政立法本身不是目的，能够解决问题，特别是能够为民政对象和人民群众服务才是民政法制建设的出发点和落脚点。民政工作具有广泛的社会性，而且很大一部分业务直接为社会困难群众服务，民政的立法，首先要站稳群众立场，坚持以人民为中心，始终坚持开门立法，完善公众参与立法的制度和机制，保证人民群众的意见建议得到充分表达、合理诉求和合法利益得到充分体现，广集民意众智，做到为人民立法、用立法造福人民。其次，要坚持问题导向，哪里出现了问题，立法就跟进到哪里。不能为立法而立法，不能绕着问题走，而要迎着问题上，要为解决问题而立法。立法过程中，要建立健全专家咨询论证制度，充分发挥专家学者在民政立法中的参谋咨询作用。要积极探索开展民政立法成本效益分析、社会风险评估、实施情况后的评估等工作，把立法失败的风险降到最低，使民政立法件件有实效。总之，民政立法工作是一项复杂的系统性工程，既要尊重规律性、避免盲目性，又要顺势而为，谋定而动积极作为，这样才能踩准民政立法的节奏，顺应民政立法的规律，保证立法质量。

三、加强民政人才资源建设

当今时代，人才资源是第一资源。培育开发利用好人才这个第一资源，是当前和今后一个时期提高民政公共服务能力的关键之举。建立符合现代民政事业发展需要的高素质民政人才队伍，要着眼于以提高人才素质为核心，以完善人才结构为主线，以培育高层次、高技能人才为重点，通过健全政策体系，创新体制机制，统筹推进民政人才资源建设。就目前来讲，加强民政人才资源建设，需要着重研究以下问题：

（一）以能力提升为目标，全面盘活人才资源存量

统计数据显示：截至 2015 年年底，全国各类民政行政机构年末职工 95141 人，其中县级工作人员 76969 人，乡镇（街道）民政工作人员 53345 人，其中，大学本科及以上职工占比为 43%。各类社会服务机构年末职工 1308.9 万人，其中大学本科及以上职工占比为 10%。民政系统人力资源的状况近年来不断改善，较好地支撑了履行公共服务职能的需要，但也还存在能力素质不能完全适应全面依法行政和高效行政的要求，特别是民政工作直接面向服务对象，不少政策和资金要落到具体的“人”身上，这样一个特点使一线基层民政工作者承担着大量琐碎而又繁重的工作任务。在国家严控机构编制的条件下，适应人民群众对民政公共服务要求不断提高的趋势，没有更好的捷径可以选择，必须首先立足于现有的民政人才资源存量，通过加大教育、培训的力度，使之掌握民政行业所需的法律法规、政策理论、业务技能和做群众工作的本领，全面提高民政工作人员的能力和素质。民政工作在不同层级、不同领域所需要的管理和专业技能不同，要根据不同的业务、针对不同层级，采取针对性强的教育培训方案。同时，要根据供需适配、人尽其才的原则，建立基于竞争的人才资源配置机制，加快盘活现有人才资源存量，让优秀人才引领民政事业改革发展。

（二）以优化结构为目标，大力引进高层次人才

未来民政事业的发展取决于能否拥有一批高层次行政管理人才、高层次经营管理人才和高层次的专业技能人才。目前，民政人才总量已经初具规模，但高层次人才比较紧缺。要采取纳入国家人才引进战略引进一批、立足民政重大科研和管理实务引进一批的“两个一批”工程，制定实施更加积极、优惠、有效的人才引进政策，加快引进一批支撑引领民政事业发展的急需紧缺人才。要根据民政事业发展的实际需要，定期编制发布高层次急需紧缺人才需求目录，设立民政改革所需要的特设岗位，实现常态化引才。要下放事业

单位人才引进自主权，对于纳入高层次人才需求目录、符合事业单位发展需要的高层次人才，允许事业单位拥有自主用人权。要强化高技能人才培养载体建设，在减灾救灾、康复辅具、养老服务等领域，加快建设一批高技能人才培训实训基地和技能人才工作室，加大对各类人才培训实训和创新项目的资助力度，以舞台和载体吸引更多优秀人才加入民政行业。

（三）以补齐短板为目标，造就基层高素质人才

县乡一级承担着各项民政政策、资金落实的职责，直接体现民政公共服务的成效，目前县乡普遍面临人力不足的问题。基层民政工作人力不足，对提升民政公共服务的人性化和精准化水平构成了严重障碍，必须尽快补上这块“短板”。要以加强基层民政工作力量、提升基层民政部门的执行力为目标，制订和实施基层民政人才队伍建设总体规划，重点建立基层民政人才教育培训制度，完善紧缺岗位和急需人才选聘任用办法，推行向基层倾斜的人才支持政策，支持基层民政人才队伍建设。要采取多种方式，健全和充实基层民政工作队伍，适合列入事业编制和财政预算安排的地方，要积极争取党委政府重视，设立专门的基层民政工作机构，充实专职人员；适合政府购买服务方式的，要争取财政部门纳入政府购买服务目录；适合与相关部门基层公共服务整合在一起建立综合性公共服务机构的，要把民政公共服务纳入其中，确保民政工作有相应人力保障。要做好基层民政工作人力资源需求的测算和论证工作，探索以地域面积、服务人口和业务经费规模为参考因素的人员配置方案，优化基层民政工作力量配比，既确保民政公共服务有人管，又要避免人浮于事。

（四）完善政策体系，优化民政人才发展政策环境

好的人才政策可以吸引人才、培养人才和激励人才。完善民政人才政策体系，一是要分类别分层次建立民政人才培养开发制度，在各个层级推进教育培训和职业教育，为各类民政工作者接受培训、教育和学习提供制度保障。二是在殡葬、康复辅具、减灾救灾、养老照料、残疾康复等领域，完善民政特有职业（工种）技能鉴定政策，积极推行民政特有职业持证上岗制度，以鉴定为抓手引领民政技能人才培养工作。三是坚持竞争导向、突出业务实绩，建立健全各类民政人才选拔使用评价的竞争机制，将鼓励竞争的理念和要求

贯彻落实到民政人才工作的各个层面、各个环节，营造良好的竞争环境。四是完善“平台”和项目扶持政策，依托民政重点实验室、民政重点创新基地，出台对重点科研项目、实验基地和项目特殊优惠或倾斜性扶持政策，建立“项目—基地—人才”一体化建设的培养机制。此外，要完善有利于各类民政人才成长的评价激励制度，突出业绩导向，建立优胜劣汰机制，最大限度激发和释放民政人才活力。

四、加强民政公共服务机构设施建设

民政公共服务机构设施是民政公共服务的重要载体，主要包括各类养老服务机构、儿童福利机构、婚姻登记机构、救助管理机构、殡葬服务机构等。民政公共服务机构设施的今后发展，不仅应当向传统民政服务对象提供政府“兜底”服务，而且要向社会普通公众提供公共服务，加快社会化转变。

（一）目标与原则

民政公共服务设施机构建设的目标是向社会提供优质、高效、便捷的民政公共服务，满足不断增长的公共服务需求。民政公共服务设施机构的建设不能再继续走过去简单的规模扩张之路，而应当在全面把握需求的基础上，以群众需求为导向，以调整布局结构、提升能级为主线，强化专业服务，规范管理运营，适度有序发展。各类服务设施机构要优先保证政府对低保人口、特困人群以及经济贫困的老年人、残疾人和孤儿等特殊人群提供基本保障的需要，促进公平公正；要发挥公共资源向社会提供普惠性公共服务的功能，逐步实现由服务特定对象向服务全体社会成员转变。民政公共服务机构设施的建设和运营，要从政府单一主体投入、单一主体管理向建立多元化融资、多样化经营机制转变，充分发挥市场机制在资源配置中的决定性作用。

（二）优化功能配置与资源布局

民政公共服务设施机构的功能是依据服务对象特点和需求确立的，现阶段基本上能够满足相应服务对象的需求，但由于专业人员、技术和设施缺乏，一些机构的专业化水平还远远不能满足服务对象的需要。各类民政服务机构的功能配置亟待从低层次向高层次提升。养老服务机构要从服务健康老年人向服务高龄和失能老年人转变；儿童福利机构要在服务对象上向事实无人抚养儿童、“留守”儿童、困境家庭儿童拓展，在内容上，要从基本生活保障向康复和心理干预支持转变；残疾人福利机构要向残疾人康复、照料护理、社会援助等综合性服务转变；流浪乞讨救助管理机构要在服务流浪乞讨人员的同时，向突遇临时困难人员提供服务；殡葬服务机构要在提供殡葬服务的同时，向传播健康文明的社会道德风尚转变。要严格控制民政公共服务机构的单体规模，避免贪大求全，保证最优规模。要注重发展集团化、连锁式的经营管理模式，注重民政公共服务机构设施与公共卫生、社会保障服务等机构融合式发展，大力提升服务的规模化效应。

要优化各类民政公共服务机构的资源布局。根据需求的轻重缓急程度，优先发展基本公共服务机构，优先满足需求紧迫的服务事项。加大农村地区、贫困地区、民族地区的民政公共服务机构设施的建设力度，同时适应国家实施新型城镇化和区域经济发展新战略，合理调控公共服务资源的流向，在京津冀、长三角、珠三角等具备一体化发展条件的区域，探索打破行政区划的限制，跨区域统筹设置民政公共服务机构，推动资源优化调整，实现大区域范围内资源共享，提高配置效率。

（三）推进投资和管理机制改革

要稳定和扩大政府公共财政对民政公共服务机构设施建设的投入，在此基础上，探索引入社会资本，尤其是在面向全民的公共服务领域要对社会资本全面开放，增强公共服务的供给能力。对于需要财政投入建设的公共服务机构设施，要积极争取国家、行业和地方各类配套资金和专项资金的支持，纳入各级经济社会发展和公共服务发展规划，在总体公共服务规划中科学配建民政公共服务设施。要推进公共服务设施建设投融资方式改革，加快推广应用 PPP 模式，同时落实社会资本投资的优惠政策，支持社会资本扩大投入。民政公共服务机构管理机制的改革要尽快提上议程，总的原则是政府公建公营的服务机构主要应当限定在执行特定管理职能的机构范围内，对于向社会提供公共服务的机构，凡是能通过购买服务方式的，不应当再由政府投资建设，而应当采取购买服务的方式实现；适合交给社会力量经营管理的机构，可以通过协议委托、承包经营等方式推进公建民营。对于公建公营的民政公共服务机构，要积极推进社会化改革，在承担起政府兜底责任的基础上，逐步扩大服务对象的范围，增强民政公共服务的社会效益。要落实政府购买服务的政策，探索采用民办公助、公益创投等方式，扶持社会组织等社会力量承接民政公共服务机构运营，向社会提供多样性、个性化服务。

（四）完善民政公共服务标准体系

民政公共服务机构设施直接为各类民政对象提供服务，其管理状况与服务对象的身心健康、人身安全和人格尊严密切相关。要保证民政公共服务机构设施的服务质量，最关键的措施是制定和执行严格的设施建设标准和服务标准。2016 年民政部、国家标准化管理委员会印发了《全国民政标准化“十三五”发展规划》，提出到 2020 年在各业务领域建立起结构合理、功能完备、运行高效的标准体系，为各项民政工作提供有力支撑。今后一个时期，就是要按照规划提出的目标任务，稳步推进社会救助、残疾人康复辅具及服务、防灾减灾救灾、养老服务、区划地名、殡葬、婚姻登记管理服务等业务领域标准体系建设，加快建立优抚安置、街道服务管理、城乡社区治理、社会组织管理、专业社会工作、志愿服务、儿童福利、残疾人福利、未成年人保护、慈善事业、福利彩票、民政信息化、民政公共服务基础设施等领域标准体系，形成包括通用基础标准、业务专用标准、技术支撑标准三大体系，覆盖民政范围各业务领域，科学合理、层次分明、全面配套、功能完备的民政标准体系。民政公共服务的标准制定工作是一项长期的复杂系统性工程，必须从基础理论研究抓起，建立民政法制建设、业务推进与民政标准化研制协同进行的机制；鼓励在实践基础上形成的成功经验和民政科研成果及时向国家标准和行业标准转化，推进事业发展、科技研发和标准研制工作一体化发展。

（五）强化公共服务监管

对民政公共服务机构的管理服务状况依法进行监管是民政部门的基本职责。随着在公共服务领域引入社会和市场主体并采取多元化的经营机制，强化政府对公共服务的监管职能，弱化公共服务直接供给职能成为包括民政部门在内的公共部门职能转变的重要方面。民政公共服务监管的目的在于通过将公共服务机构的管理纳入法制、标准和政策框架之下，限制和打击潜在的机会主义行为和危害服务对象合法权益的行为，使服务对象获得安全有效的公共服务。当前民政公共服务机构的监管，需要重点聚焦机构建设标准、设施配置、人力资源配置、内部控制等方面。要进一步完善许可准入制度，扎好各类民政公共服务机构设立的入口关；监督建设、消防、卫生、环保等各项标准的落实情况，确保硬件建设符合国家规定。针对不同民政公共服务机构的性质和功能，重在检查人员和设施配置是否符合相应的国家和行业标准，以及管理运行主体执行有关人员编制、经费支出、服务标准等内部控制机制的状况；对向社会提供公共服务的民政服务机构，要检查其价格是否符合物价标准，是否存在安全风险隐患；对于以政府购买服务方式承担公共服务的经营主体，重点检查其法人资格、服务标准等情况。要加快完善民政公共服务监管体制，尽快改变监管机构缺失、监管碎片化、监管政策不健全等问题，加快建立民政行政监管、行业监管和社会监管相结合的综合监管体制，既发挥行政监管的刚性作用，又要利用社会监督的优势，以全方位监管保证民政公共服务质量。

五、强化民政科技支撑力

当今世界，科技保持快速发展态势，科学技术孕育着新的突破，学科交叉和技术融合的速度在不断加快，科技在经济社会发展中的渗透和应用日益广泛。在这样的背景下，如果能够在更大范围、更广领域把科技创新的成果融入民政事业，民政公共服务的改革创新必然会注入更强的动力。

（一）民政科技支撑的目标

从民政公共服务的需求看，扩大科技成果在民政领域中的应用，最根本的目标就是通过为民政管理和服务提供更高效的技术手段，从而增强民政公共服务的效率，更好地满足社会需求。应当紧紧围绕满足人民群众最关心的生活保障和向社会提供优质高效公共服务的需求，将互联网、卫星探测、康复辅具、物联网等现代科技运用到民政工作中来，支撑民政公共服务转型升级，促进现代民政服务事业加快发展。

（二）民政科技支撑的重点领域

民政工作业务多元，不同业务对科技支撑的需求不一。除了作为共性的需求之外，需要根据各项业务的特点和发展的不同阶段，具体分析在哪些环节以及在这些环节需要什么样的科技支撑。基于一般民政工作均需要从“需求”到“供给”两大环节来提供公共服务，所以增强科技支撑也需要从两端着力。在需求端上民政科技支撑，需要重点考虑如何汇聚群众的公共需求，并对公共需求进行精准甄别和筛选，为落实针对性政策措施，制定保障和服务的标准提供科学的决策支持。在基本民生保障领域，一是应当考虑运用现代信息技术，动态采集留守儿童、贫困对象和各类特殊困难人口基础数据，建立民政服务对象数据库，动态掌握各类现实和潜在民政服务对象的需求状况。应当依托信息化技术和开发手机 APP 等手段，建立养老服务需求监测和居家养老服务支持平台，为规划发展社会养老服务体系和提供供需适配的居家养老服务提供支持。要进一步扩大卫星遥感技术在救灾减灾领域中的应用，提高核灾救灾的精准性和效率。在社会管理领域，需要围绕建立社会组织统一的信用代码制度，借助信息化手段建立和完善全国联网的社会组织信息数据库、婚姻登记信息数据库、国家地名信息数据库、流浪乞讨救助人员全国信息数据库，全面建成以互联网门户网站、综合办公业务平台、综合监测分析平台为主体的民政信息化支撑体系，促进民政管理服务方式转变。

（三）民政科技研发的重点任务

除了引进先进科学技术，民政系统还要结合实际，加强民政科技研发工作，扩大技术创新在本领域中的应用。当前和今后一段时期，民政科技研发工作要瞄准外部供给不足、民政特殊行业所急需的重点领域，加大科技攻关和研发力度。一是加强民政科技基础研究，重点开展防灾减灾、地名、康复辅具、殡葬、老龄等领域基础研究，在自然灾害形成演变规律、巨灾发生规律与机理、复杂环境下灾害链形成机理、地名基础理论、康复辅具制作原理、残障人功能障碍发生和功能康复机理、殡葬污染控制技术、老龄照护理论等方面取得一批具有独创性的研究成果。二是加大应用技术研究，掌握一批重大关键技术。在防灾减灾领域，要突破和掌握多源海量灾害信息的快速集成与服务技术、灾害综合评估及风险预警集成技术、空间科技减灾工程技术、灾害应急保障综合集成技术、现代减灾救灾装备技术；在地名领域，要突破和掌握地名维权、公共服务工程技术、地名信息化应用技术；在康复辅具领域，要突破和掌握“人-机”仿生技术、功能补偿技术、特性材料技术、机电信号技术、辅具专用设备技术；在殡葬领域，要突破和掌握殡仪场所节能减排技术、火化及遗物焚烧设备技术、传染病预防控制技术、遗体防腐整容技术；在老龄科研领域，要突破和掌握老龄化社会居住环境规划设计技术、老年人健康管理和护理照料技术等。组织实施国家自然灾害综合业务系统、集中供养机构无障碍技术改造、殡葬节能减排、老龄信息实时监测、民政综合管理服务平台、福利彩票统一销售系统建设等重大科技工程，提高民政行业的整体技术水平。

（四）民政科技研发应用的保障

一是要深化科研管理体制改革。进一步理顺行政机关与科研机构的关系，制定促进科研机构发展的扶持政策，减少对具体科研事务的行政干预，促进科研机构成为科技创新、自我发展和市场竞争的主体。二是要强化科研机构扶持。加大科研机构分类改革力度，支持民政科研机构做强做大，推动成为一流科研机构，引领行业科技发展；要支持系统内科研机构在科研项目、科学仪器设备共享、科研人才培养等方面，与系统外科研院所、高等院校、企业加强合作与交流，充分利用系统外资源发展民政科技。三是要加强科技条件平台建设。落实《民政部重点实验室建设与管理暂行办法》，大力推进国家和部级重点实验室建设。依托民政所辖行业企事业单位，加强科技成果转化基地和示范工程建设，不断提高技术转化率。加强民政部标准化专家委员会、标准化技术委员会建设，充分发挥其在标准研究、制定、宣传、实施等方面的组织、指导作用。四是加大民政科技人才培养。把民政科技人才纳入国家科技人才发展规划，培养民政领域科技专家。促进科研项目、科研基地和人才培养的有机结合，将人才培养作为项目研究、基地建设的重要考核指标。加快民政领域高技能人才和一线科技骨干人才的培养，通过多种方式，使国家技术能手、行业技术骨干在民政领域大量涌现。

丨参考文献丨

论文类：

张占斌：《新型城镇化的战略意义和改革难题》，《国家行政学院学报》，2013 年第 1 期。

彭小兵：《发挥社会组织在新型城镇化推进中的作用》，《中国社会组织》，2013 年第 4 期。

刘兴云：《新型城镇化顶层设计的思路》，《光明日报》2013 年 2 月 27 日。

俞可平：《全球治理引论》，《马克思主义与现实》，2002 年第 1 期。

敬乂嘉、刘荣春：《居委会直选与城市基层治理——对 2006 年上海市居委会直接选举的分析》，《复旦学报（社会科学版）》，2007 年第 1 期。

朱健刚：《论基层治理中政社分离的趋势、挑战与方向》，《中国行政管理》，2010 年第 4 期。

刘安：《协商共治：建构农村基层治理的制度性合作关系》，《南京师范大学学报（社会科学版）》，2011 年第 2 期。

孙柏瑛：《基层政府社会管理中的适应性变革》，《中国行政管理》，2012 年第 5 期。

郑杭生、黄家亮：《论我国社区治理的双重困境与创新之维》，《东岳论丛》，2012 年第 1 期。

乔耀章：《关于“民政”问题的理论探微》，《上海行政学院学报》，2012年3月第13卷第2期。

常宗虎：《论民政工作与人民群众社会化权益的保障》，《民政论坛》，1997年第6期。

戚攻：《论社会关系嬗变与民政工作转型》，《西南师范大学学报（人文社会科学版）》，第28卷第6期。

王培暄：《收入差距扩大与社会结构失衡》，《南京大学学报》，2012年第5期。

黄益平：《走向新的经济增长模式》，《行政管理改革》，2013年第11期。

刘中起：《转型期社会治理创新及其体制建构：挑战与路径》，《观察与思考》，2016年第1期。

潘逸阳：《新技术革命与制造业再转移带来的机遇和挑战》，《理论研究》，2013年第4期。

蓝云曦、谭晓：《适度普惠型社会福利制度对我国社会和谐发展的促进作用》，《四川大学学报（哲学社会科学版）》，2011年第1期。

尚晓援、陶传进：《中国儿童福利制度的权利基础及其限度》，《清华大学学报（哲学社会科学版）》，2009年第2期。

窦玉沛：《从社会管理到社会治理——理论和实践的重大创新》，《行政管理改革》，2014年第4期。

孙荣：《社会组织如何融入基层治理创新》，《人民论坛·学术前沿》，2015年1月下。

王名：《走向公民社会——我国社会组织发展的历史及趋势》，《吉林大学社会科学学报》，2009年第5期。

谢菊、马庆钰：《中国社会组织发展历程回顾》，《云南行政学院学报》，2015年第1期。

林闽钢、朱锦程：《我国慈善立法的目标定位和基本框架》，《湖北社会科学》，2014年第11期。

北京师范大学中国公益研究院：《中国慈善月度分析》，2017年第1期。

江治强：《慈善救助与社会救助的衔接机制建设》，《行政管理改革》，2015年第5期。

江治强：《经济新常态下社会救助政策的改革思路》，《西部论坛》，2015

年第4期。

江治强：《当前基层社会治理机制的建构路径》，《社会治理》，2015年2期。

江治强：《优抚制度改革顶层设计的若干思考》，《行政管理改革》，2017年第2期。

江治强：《中国社会福利转型的驱动因素与路径选择》，《学习与实践》2013年 第4期。

专著类：

陈振明：《公共管理学——一种不同于传统行政学的研究途径》，北京，中国人民大学出版社，2003年版。

多吉才让：《中国社会福利史》，北京，中国社会出版社，2002年版。

谢宇等：《中国民生发展报告2013》，北京，北京大学出版社，2013年9月第1版。

郑功成：《中国社会保障发展报告2016》，北京，人民出版社，2016年版。

王齐彦等：《中国新时期社会福利发展研究》，北京，人民出版社，2011年版。

向德平、孔海文：《南海区社会管理创新案例集锦》，武汉，华中科技大学出版社，2013年9月第1版。

王振耀：《现代慈善与社会治理》，北京，社会科学文献出版社，2014年7月第1版。

国务院发展研究中心课题组：《中国城镇化：前景、战略与政策》，北京，中国发展出版社，2010年7月第1版。